作者简介

周志山　浙江兰溪人，博士，教授，现任浙江师范大学法政学院院长。主要从事马克思主义理论及其当代性研究。出版著作5部，在《哲学研究》《马克思主义研究》等刊物发表论文50多篇；主持国家社科基金1项、教育部人文社科基金2项、浙江省哲社规划项目5项；获浙江省哲学社会科学优秀成果奖二等奖2项、三等奖1项、学术进步奖1项。

教育部人文社会科学规划基金项目成果：

《马克思公共性视域中的民生问题研究》 （11YJA710078）

中国
科 大学经典文库

马克思公共性视域中的民生问题研究

周志山／著

光明日报出版社

图书在版编目（CIP）数据

马克思公共性视域中的民生问题研究 / 周志山著.
－－北京：光明日报出版社，2016.8
ISBN 978－7－5194－1708－6

Ⅰ.①马… Ⅱ.①周… Ⅲ.①马克思主义—人民生活
—思想评论②人民生活—研究—中国 Ⅳ.①A811.64
②D669.3

中国版本图书馆 CIP 数据核字（2016）第 197121 号

马克思公共性视域中的民生问题研究

著　　者：周志山

责任编辑：曹美娜　朱　然　　　　　责任校对：赵鸣鸣
封面设计：中联学林　　　　　　　　责任印制：曹　净

出版发行：光明日报出版社
地　　址：北京市东城区珠市口东大街 5 号，100062
电　　话：010－67078251（咨询），67078870（发行），67019571（邮购）
传　　真：010－67078227，67078255
网　　址：http://book.gmw.cn
E－mail：gmcbs@ gmw.cn　　caomeina@ gmw.cn
法律顾问：北京德恒律师事务所龚柳方律师

印　　刷：北京天正元印务有限公司
装　　订：北京天正元印务有限公司
本书如有破损、缺页、装订错误，请与本社联系调换

开　　本：710×1000　1/16
字　　数：245 千字　　　　　　　　印　张：15
版　　次：2016 年 8 月第 1 版　　　印　次：2016 年 8 月第 1 次印刷
书　　号：ISBN 978－7－5194－1708－6
定　　价：68.00 元

版权所有　　翻印必究

目　录
CONTENTS

导　言

在导言中,就本论著所选论题的研究背景、研究意义、研究现状和主要内容做一简要叙述。

一、研究背景

民生即民众的生活或生计,关系到人民群众最为关心、最为现实的利益问题——生存和发展的基本问题,包括"学有所教、劳有所得、病有所医、老有所养、住有所居"等,因此,自古以来就受到人们的高度关注。人类社会从衣不蔽体、食不果腹到基本温饱、衣食无忧再到全面小康、生活殷实,每一步的发展都是民生的进一步改善,标志着人类文明和社会进步的的程度,所谓"民生在勤,勤则不匮"①。从某种意义上说,一部人类社会的生存与发展史,就是一部保障和改善民生、巩固和发展民生的历史。在中国历史上,历来就有将"民生"与"国计"相提并论的说法,民生问题一直与国家发展、民族振兴紧密相关。儒家治国理政的思想核心就是"民惟邦本,本固邦宁"②。纵观我国几千年的历史嬗变,凡是百姓安居乐业,生活殷实,则天下太平,国家昌盛;凡是民怨沸腾,民不聊生,则社会动荡,最终逃脱不了一个个王朝衰弱或灭亡的命运。古人云:"治国之道,必先富民。民富则易治也,民贫则难治也。"③因此,保障与改善民生诉求,追求民生幸福,历来是实现国家富强和民族振兴的社会根基和不竭动力。

第一次明确提出民生范畴的是孙中山,其民生主义思想为民生范畴注入了新

---

① 《左传·宣公十二年》
② 《尚书·五子之歌》
③ 《管子·治国》

的内涵,并将其提升到国家大政方针乃至民生史观的高度。"民生就是人民的生活——社会的生存、国民的生计、群众的生命","民生就是政治的中心,就是经济的中心和种种历史活动的中心","民生是社会一切活动的原动力"①。按照马克思主义基本原理,民生的"民"就是广大的人民群众,就当代中国而言,就是广大的工人、农民、知识分子和新的社会阶层人士,以及其他社会主义建设者。他们占中国人口总数的绝大多数,是中国社会的主体部分和社会进步的基本依靠力量。民生的"生"就是生活,既包括生活过程,也包括生活条件;既包括经济生活、政治生活和文化生活,也包括满足这些生活所依存的人文社会环境和自然生态环境。因此,保障民生就是保障广大的工人、农民、知识分子和新的社会阶层人士以及其他社会主义建设者的最为基本的经济生活、政治生活和文化生活;既要保障他们基本生活过程的正常进行,也要保障他们满足生活的基本条件;既要保障他们生活的人文社会环境,也要保障他们生活的自然生态环境。

民生是一个具有时代性特征的概念,在历史发展的不同时期,人们所达到的民生水平和面临的民生问题都会不同。但按照民生水平的层次性要求,民生问题首先表现为生存问题即温饱问题,它是社会发展的永恒主题。比如:衣食住行作为人类社会最基本的社会行为,是人类社会生活的基本需要;生老病死作为人类不可抗拒的自然规律,是任何人都必须面对的共同问题。其次,民生问题表现为发展问题,包括人民发展机会均等、基本发展能力提升、基本权益得到保障等方面的问题,这是更高层次的民生发展需求。比如良好的教育、公平的收入分配、高质量的就业、均等化的社会保障、安全健康的生活环境、自由平等的发展空间、民主的政治体制与法制环境、丰富的精神文化生活等。民生问题改善的最高目标,是所有人民获得的幸福感的最大化问题。总之,改善民生是人类发展的根本动力,这种动力源自于人们对美好生活的向往和追求。

我国新时期改革开放的初始动因,实际上就是从解决当时迫切的民生问题开始的。30多年改革开放的历史进程,就是沿着不断解决和改善民生问题的历史轨迹艰难探索和行进的。从"是否有利于提高人民生活水平"作为判断改革成败的重要标准,到"代表最广大人民的根本利益"重要思想;从"以人为本、立党为公、执政为民"的执政理念,到"国家富强、民族振兴、人民幸福"的强国梦,新时期的观念

---

① 孙中山:《孙中山选集》,人民出版社1981年版,第802、825、835页。

变革和发展理念创新,始终是围绕民生问题而展开的。当前党中央提出的"四个全面",首要的就是"全面建设小康社会",中国的现代化建设日益聚焦在一个明确的发展目标上,即"创造人民美好生活",它将继续引领着中国迈向现代、文明、进步的全新发展阶段。

同时也应该看到,民生问题越来越成为社会发展的瓶颈。由于我国的现代化是一种超赶型、浓缩型的现代化,加上长期以来我们改革的政策目标和导向主要关注于追求 GDP 的增长上,而改革的民生取向以及政府在社会管理和公共服务方面的角色扮演在一定程度上受到了忽视,因此,随着改革开放的深入,长期以来形成的资源分配不公以及解决民生问题的制度性短缺,最终都以民生问题的方式凸显出来,民生问题越来越成为社会发展的瓶颈。

事实上,民生问题的解决不仅依赖于经济财富的增长与积累,它还与社会制度安排、经济社会发展的价值取向等公共性环境、规则,以及公共利益、公共精神密切相关。党的十八大报告中明确指出,"加强社会建设,必须以保障和改善民生为重点",而社会建设的中心是公共性建设。因此,解决民生问题应该将公共性视域映入眼帘,解决民生问题的关键在于建设和壮大公共性领域。本著以民生问题为出发点和落脚点,以马克思的公共性思想为基本视域,考察马克思公共性视域中的民生问题及其解决路径。

二、研究意义

本选题的研究具有重要的理论意义和实践意义。

首先,该课题具有基础理论研究上的学术价值。"马克思公共性视域中的民生问题研究",是一项以现实重大问题带动和拓展基础理论研究的选题。虽然马克思等经典作家没有直接讨论过民生、公共性等概念,但重视人的发展、关注人的生活、关心人的利益、关爱人的幸福,是马克思主义理论的一个重要议题,关注民生是马克思主义唯物史观的必然要求和生动体现。马克思一生实践活动所代表的民众化社会人格,他关于"现实的个人""他们的物质生活条件""他们的活动"等理论论述,蕴含着丰富的民生思想;马克思社会关系理论、交往实践理论、公共利益理论、共同体理论、公共产品理论、人类解放理论,体现了深刻的公共性思想。如果说,民生范畴意味着我们通过从马克思主义经典作家所创立的唯物史观中解读出和内在演绎出的现实关切,是一个不可忽视的马克思传统,那么,公共性理论则是马克思历史观中不可或缺的重要维度。展开"马克思公共性视域中的民生问题"研究，不仅可彰显马克思主义理论的当代性质和当代意义，而且也拓展了马克思主义研究的新视野、新领域。

其次，从公共性视角去考察民生问题，也是中国现代化发展到一定阶段提出的必然要求，是时代深刻的历史变化给执政党提出的新课题，具有重要的实践意义。改革开放以来，国人的社会生活在市场化、现代化过程中被重构，物质利益、生活方式、思想观念呈多元化格局，个体之间、群体之间的差异，个人、群体与国家、社会之间的矛盾日益凸显。探寻多元化制衡、差异性共在、共享型和谐，已成为当代中国亟待解决的问题。如果说，"民生"事关到执政党的执政之基，那么，"公共性"则体现了党和政府的公共职责。作为以马克思主义理论为指导思想的执政党，每一项重大战略任务和决策的出台，都必须做出马克思主义的理论阐释，以期获得意识形态的合法性。因此，挖掘和阐扬马克思民生思想、公共性思想，并将民生问题置于马克思公共性视域中加以研究，不仅能进一步巩固马克思主义在意识形态领域的指导地位，而且还可以为中国公共性建设的民生指向提供一定的理论资源、思想启示和方法论参照，因而具有重要的现实意义。

三、研究现状

（一）关于公共性问题与马克思的公共性思想

在国外，公共性并不是一个新问题，其渊源一直可以追溯到古希腊的城邦生活。如果说，古典自由主义凸显了个体自由，"集体的善"被个人的算计与功利所代替，最终导致当代公共性的危机，那么在当代，无论是以罗尔斯、诺齐克为代表的新自由主义，还是以泰勒、麦金泰尔、桑德尔为代表的社群主义；无论是关注"人的条件"的阿伦特还是倡导合理交往的哈贝马斯，都在积极探索如何克服原子主义的个体自由带来的诸多问题，以保证人类共在的持续可能性。因此，长期以来，人们一直将罗尔斯、哈贝马斯、阿伦特等人的思想看成是公共性研究的理论基础。

在中国，公共性作为一个引入性的话题或课题，日益被中国学者所关注。就问题的缘起而言，随着中国改革开放的深入和经济社会的发展，人们的公共生活日渐展开，使得公共性问题的研究具有明确的问题意识和强烈的实践指向，公共性问题的提出是解答中国现实问题的需要。就学科领域而言，它首先是在公共管理学、政治学、法学、经济学等切近社会现实问题的学科领域被探讨，然后逐步进入到教育学、伦理学、文学艺术等学科,最后再上升到哲学与历史观领域。就研究问题内容而言,中国的公共性问题研究以对公民社会、公民观、公共知识分子等问题的讨论为背景而逐步展开,并走向公共性的来源、内涵及其样态或层次、公共性危机、公共性的建构等问题的讨论,包罗万象不一而足。

虽然在以往马克思哲学历史观的研究中,并没有直接探讨过公共性的话题,马克思本人的著述中也没有直接关于公共性概念内涵方面的叙述,但随着公共性研究在中国的引入和深化,马克思的公共性思想也受到了越来越多的人的关注,许多学者也致力于马克思公共性思想的解读和阐发,甚至作为一种新的理论范式运用于马克思历史观的研究,成为近年来马克思主义理论研究的一个新的生长点。其中富有代表性和启发性的理论成果主要有:

郭湛把"前主体性—主体性—互主体性—公共(共主体)性",看作中国改革开放30年来马克思主义理论研究所经历的范式转换,认为公共性是当代世界和中国发展中的核心问题。在他看来,公共性作为当代中国和世界发展中一个具有核心意义的问题,理应成为当代哲学特别是马克思主义哲学关注的焦点。①

袁祖社从公共性文化理念出发理解、把握马克思的公共性。认为代表"人类先进文化"的马克思的基本品格和精神追求,是以"公共实践"、"公共交往"为基础,以公正、公开的人际共享性、群际共生性为价值理想和信念的。他还认为,马克思对传统的理解与批判世界方式的变革在于他是立足于"公共实践",凸显了实践的公共品性。因此,澄明新全球化时代人类合理性生存与实践基础上的公共性思维、立场和理想信念,是当代马克思主义哲学范式变革的内核。②

沈湘平认为,马克思的历史科学蕴含着丰富的公共性意蕴,马克思对个人利益、普遍利益、国家与市民社会的论述,就是我们今天所谓的公共领域问题。马克思立足于"社会化的人类",以"自由人联合体"为公共性的理想旨归,在对资产阶级市民社会和资产阶级公共领域批判的基础上,提出了协调个人利益与普遍利益的公共性解决途径。在全球化背景下的当代中国,公共性理应成为马克思主义哲

---

① 参见郭湛:《从主体性到公共性——当代中国马克思主义哲学的走向》,《中国社会科学》2008年第4期。

② 参见袁祖社:《文化"公共性"理想的复权及其历史性创生——马克思哲学的一种新的解释视域》,《学术界》2005年第5期;《"公共哲学"与当代中国的公共性社会实践》,《中国社会科学》2007年第3期;《实践的"公共理性"观及其"公共性"的文化—价值追求——马克思新哲学观的精神实质及其人文意蕴》,《学习与探索》2006年第2期。

学视域中心。①

贾英健认为,马克思以改变世界为己任的新世界观所具有的公共性品格,就在于把个体的生活和实践提升到公共生活与实践的高度来加以探讨,马克思的实践观、现实的个人、历史与时间观、社会观与共产主义理想都深含公共性旨趣。马克思通过"改变世界"最后实现人的全面发展的理想,为人类描述了一个公共的理想世界。由于公共性是人类在当代社会实践中凸显出来的重要课题,因此,应当把马克思哲学的研究提高到公共性这一新视域中,拓展对马克思主义哲学的当代理解。②

可见,马克思的公共性思想近年来已受到了国内马克思主义理论界的广泛关注和支持,人们致力于从马克思的思想中挖掘出公共性的意蕴、从中寻找出解决当代公共性问题的理论资源和思想启示,这不仅有利于推进公共性理论的丰富与发展,也为马克思主义哲学历史观在当前和未来的研究和发展提供了一个新领域和新视角。但总的来看,马克思公共性思想的研究刚刚起步,公共性思想在马克思思想体系中的地位、其思想体系的逻辑展开,马克思哲学历史观视野中的公共性思想的独创性、革命性,它与西方公共性思想的异同等问题,研究并未深入。

(二)关于马克思的民生思想研究

国内学者主要围绕唯物史观与民生思想的关系、马克思民生观的基本内涵、马克思主义中国化的民生视角及其当代意义等方面进行探讨。

关于唯物史观与民生思想的关系。学者们普遍认为,虽然马克思没有专门和直接讨论民生问题的著述,甚至没有明确提出或使用民生的概念,但在马克思主义的理论体系中,特别是在其唯物史观中,包含着十分丰富而深刻的民生思想。马克思指出:"人们为了能够'创造历史',必须能够生活。但是为了生活,首先就需要吃喝住穿以及其他这些东西。因此第一个历史活动就是生产满足这些需要的资料,即生产物质生活本身。"③可见,马克思一生实践活动所代表的民众化社会人格,他关于"现实的个人""他们的物质生活条件""他们的活动"等理论论述,

---

① 参见沈湘平:《个人利益、普遍利益与公共性批判》,《哲学研究》2008 年第 10 期;《历史性转折与公共性呼求——马克思主义哲学的视域转换》,《哲学动态》2008 年第 6 期。

② 参见贾英健:《公共性的出场与马克思哲学创新的当代视域》,《湖南社会科学》2008 年第 4 期;《公共性与和谐社会的构建》,《东岳论丛》2012 年第 1 期。

③ 《马克思恩格斯选集》第 1 卷,人民出版社 1995 年版,第 79 页。

蕴含的丰富的民生思想。马克思主义理论创立和发展的根本目的,就是为了解放和发展生产力,消灭一切不合理的制度安排,从而实现人的全面自由的发展,这是民生发展的最高标准和理想境界,也是人类社会民生思想的历史性飞跃。

学者们还认为,马克思关于民生思想的阐发,与唯物史观的形成是内在关联、相互促进的。民生问题不仅是马克思研究唯物史观的出发点和落脚点,也是唯物史观研究社会历史发展规律、解决历史观基本问题的生活基础和重要内容。按照恩格斯的说法,马克思之所以能够创立唯物史观,以及这一伟大发现的重大意义,就在于"马克思发现了人类历史的发展规律,即历来为繁芜丛杂的意识形态所掩盖着的一个简单事实:人们首先必须吃、喝、住、穿,然后才能从事政治、科学、艺术、宗教等等。所以,直接的物质的生活资料的生产,从而一个民族或一个时代的一定的经济发展阶段,便构成为基础,人们的国家设施、法的观点、艺术以至宗教观念,就是从这个基础上发展起来的,因而,也必须由这个基础来解释,而不是像过去那样做得相反"[①]。可见,民生问题的考察对于唯物史观的创立具有十分重要的意义,反过来,唯物史观的创立又使民生问题得到了科学的阐述,两者相辅相成、相互促进。

关于马克思民生观的基本内涵。主要观点有:人本视域中的马克思民生观——由于唯物史观是研究"现实的人及其历史发展的科学",民生思想的实质是对人的生存与发展的根本认识和看法。马克思民生观是以"现实的个人"的生存和发展为出发点,通过不断改善人民群众的生活状况为现实诉求,最终实现人的全面发展为目标(吴苑华、吴宁等);权利视域中的马克思民生观——以人的生存权、发展权为基本和首要权利,批判自由、博爱等资产阶级抽象法权,定位和拓展权利的人民主体性向度(唐钧、郑磊等);需要理论中的马克思民生观——从人的生活、需要及其满足谈及民生。在马克思的全部学说中,最关怀人的生活,最重视人的发展,最强调人的自由和解放,因而关注人民群众生存和发展的需要,是马克思民生观的逻辑起点,贯穿主线是人的实践,即实践活动是改善民生的途径,逻辑终点是人的全面自由发展,即人的全面而自由发展是民生实现的最终目标(袁贵仁、陈志尚等);政治民生视域中的马克思民生观——民生政治的要义在于满足人类自身的物质和精神生活的需要,这既是政治生活的基础和目的,又是政治体系

---

① 《马克思恩格斯选集》第3卷,人民出版社1995年版,第776页。

的功能和职责所在。把党的领导、人民当家做主和依法治理民生问题有效结合起来，以民主建设促进民生建设，构成了中国共产党领导民生政治的基本经验（林尚立等）。价值论中的马克思民生观——由"增长—进步本位"的物本价值观到"民生—幸福本位"的人本价值观（袁祖社等）；利益观中的马克思民生观（谭培文等）。

关于马克思主义中国化的民生视角。学者们普遍认为，能否为保障和改善民生问题提供理论支撑，已成为转型期中国民众接受和认可马克思主义中国化、大众化的根本标尺。对此，有学者提出了将民生作为马克思主义大众化的"生活世界—人文关怀—人民主体"等三重向度，认为整体的马克思主义大众化内含着"理论—实践—创新"三个层面的大众化（衣俊卿、华雷等）；有学者从改善民生的维度梳理了马克思主义中国化的几个阶段，即"民生建设的开创—丰富与发展—全面推进"（李亚彬、王浩斌、张弥等）。

不少学者还考察了马克思民生思想在当代中国的发展历程。新中国成立以来，我们党的主要领导人在不同的历史阶段提出了既具有历史继承性，又具有开拓创新性的民生思想。围绕"人民至上"的根本原则，党的第一代领导集体把"全心全意为人民服务"明确为民生政治的宗旨，党的第二代领导集体以"共同富裕"确立为民生政治的目标，党的第三代领导集体以"最广大人民的根本利益"创新民生政治的理论，而新一届中央领导集体提出以人为本的科学发展观作为党的民生政治理论。

关于马克思民生思想的当代价值。学者们认为，解决民生问题必须贯彻落实"以人为本"的执政理念，要把改善民生、提高人民群众的生活福祉作为衡量经济发展"又好又快"的重要标准；解决民生问题必须坚持人的发展与经济社会发展相协调的原则，克服指导思想上重经济增长、轻民生的"以物为本"的价值取向；必须坚持社会整体发展与个体发展相一致的原则，在促进社会整体发展的同时，重视和增进个体发展；解决民生问题必须发挥政治体制改革的作用，坚持党的领导、人民当家做主、依法治国的有机统一。

学术界关于民生问题的研究，为我国民生理论的发展提供了丰富的思想养料。但对马克思民生思想的研究还不够系统、不太深入，大多数研究成果集中在研究民生问题的必要性、价值和意义等方面，对研究各种民生理论的现代转化，以及结合中国特色社会主义建设的大背景进一步推进当代中国民生建设的研究，还显得相对不足。因此,有关马克思的民生思想及其当代意义,仍有很大的研究空间。

（三）关于马克思公共性与民生问题的关系研究

近年来,虽然对马克思的公共性思想、民生思想的探讨已取得了一定的理论成果,但是,从马克思的公共性视域探讨民生问题方面的研究,则几乎处于"空白"状态。因此,在作者看来,将民生问题置于马克思公共性视域中进行研究,是深化马克思公共性思想、民生思想研究的一个独特视角,同时也使马克思公共性理论获得了重要的实践意义。

四、研究内容

论著按照"马克思民生与公共性思想的理论资源→马克思民生思想的探索历程与多重维度→马克思公共性思想的多维度解读→马克思公共性视域中的民生意蕴→构建中国特色社会主义的公共民生体系"这一研究思路展开。首先,课题通过对"世情—国情—党情"等现实背景的分析,说明对民生问题进行课题化研究的重要意义。然后在辨析民生问题的各种思想资源的基础上,凸显马克思民生思想的时代性和中国化意义。其次,依据马克思从早期到晚期的经典文本,对马克思民生思想和公共性思想作深度解读和阐发,探寻马克思公共性视域中的生活维度或民生意蕴。再次,论述马克思公共性理论对解决中国民生问题的指导意义,特别是对构建中国特色社会主义民生体系的现实意义。最后,从公共生活领域提出构建中国特色社会主义公共民生体系的设想。

（一）民生问题的凸显与马克思民生观的理论资源

课题首先通过对"世情—国情—党情"等现实背景的分析,凸显民生问题是一个受到当今世界各国普遍关注的全球性时代课题,更是我们党和政府工作的重中之重。作为以马克思主义理论为指导的执政党,理应对此做出马克思主义的理论阐释。事实上,在经典作家马克思那里,蕴含着十分丰富的民生本位的理论资源。因为关注和改善民生是马克思贯穿一生的理论著述和革命实践的出发点、落脚点和现实诉求。

马克思的民生观有着深厚的文化底蕴和理论渊源,其思想直接或间接地继承和发展了18世纪法国启蒙思想家的"人道主义"民生观、德国古典哲学家黑格尔"绝对精神"的民生观、费尔巴哈"人本主义"的民生观以及空想社会主义者的理想主义的民生观。它们为马克思民生观的产生提供了丰富而广阔的理论资源和灵感源泉。马克思探索民生观的心路历程,历经上述思想的洗礼,是在对其既充分吸收又批判性扬弃的基础上形成的。可以说,马克思哲学历史观的每一次重大转换,都与其对民生观思想的重新思考和分析定位分不开的。在对马克思民生思想的多重维度的分析中,我们按照"生活需要—生产实践—公共视域—人的发展"的逻辑思路,论述马克思的民生总体谱系:其中:人的生存与发展需要及其满足是马克思唯物主义民生观的根本出发点;生活需要的无限多样性与生产实践能力的有限性矛盾,是推动人类民生改善的内在动因,也是马克思实践民生观的基本动力;通过构建公平正义的社会制度,是马克思民生建设的制度保障;促进人的自由全面发展,是马克思民生建设的价值旨归和人文向度。

（二）马克思著述中的公共性理论及其民生维度

虽然马克思没有专门论述过公共性问题,但其理论著述和革命实践中都始终秉承一种公共性信念和理想。马克思社会关系理论、交往实践理论、公共利益理论、共同体理论、世界历史理论、人类解放理论、国家—阶级—市民社会理论,都蕴涵着丰富而深刻的公共性思想。其中:人的社会关系存在("共在""能群"的"类特征"),实现人与人关系的最佳结合,是公共性产生的存在论基础;建立在人与人之间关系基础上的交往实践以及在交往实践基础上的人类共同活动,是马克思公共性思想的实践基础;从市民社会到公共领域,从"虚幻的共同体"到"真实的共同体",体现了马克思公共性思想的内在逻辑;将政治维度的政府公共性与经济学维度的公共产品结合在一起来加以论述,体现了马克思公共性的政治经济学维度;人的公共性与公共性的人的建构,体现了马克思公共性思想的人学向度和价值诉求。

关注和改善民生体现了马克思历史观产生和发展的现实关切,无产阶级的生活状况代表了马克思那个时代最广泛、最基本、最真实的公共生活领域。马克思民生思想的独特贡献和深刻之处,就是从公共性视域来考察民生问题的缘起、本质内涵和实现途径。一方面,在马克思的公共性思想中,包含着深刻的民生思想。无论是马克思揭示的公共领域、公共产品,以及交往实践的公共性意蕴,还是他关于公平正义、共建共享、人的全面发展的公共性价值理念,都与广大民众的生存与发展具有内在的关联。另一方面,马克思对于民生问题的论述,源自于人们的公共需求,体现在人们的公共生活中,并通过社会公平保障其实现。

（三）以马克思公共民生观为指导，构建中国特色社会主义公共民生体系

随着当代生活世界中日益增长的公共性质，发展与改善民生的关键在于构建和拓展公共性领域，包括公共产品、公共服务、公共制度等。当前，中国的社会主义的伟大实践是人类历史上崭新的人民大众自己的公共事业，而日益广泛而真实的共在共处、共建共享的公共性建设，是中国社会主义现代化事业的根本保证。马克思公共民生观的当代意义日益彰显，尤其体现在中国特色社会主义公共民生体系的构建上。

构建中国特色社会主义民生体系是一个有机的整体系统。正如民生包括经济民生、政治民生、文化民生、生态民生等多重维度一样，公共民生也是一个由公共经济、公共政治、公共文化、公共生态等组成的公共民生体系。其中公共经济建设是构建公共民生体系的物质基础，公共政治建设是构建公共民生体系的制度保障，公共文化建设是构建公共民生体系的精神支撑，公共环境建设是构建公共民生体系的自然前提。公共民生体系的构建是一个不断递进和发展的过程。

第一章

马克思民生与公共性思想的理论资源

民生事关每一个人的生活,是任何社会个体和社会共同体都必须面对和解决的生命活动。当前,不断保障和改善民生,是深入贯彻"以人为本"的科学发展观、全面建成小康社会进而实现中国梦面临的重大现实问题。但民生问题的有效解决,应该将公共性视域映入眼帘,因为解决民生问题的关键在于建设和壮大公共性领域。从公共性视角去考察民生问题,是中国现代化发展到一定阶段提出的必然要求,是时代深刻的历史变化给执政党提出的新课题。作为以马克思主义理论为指导的执政党,理应对此作出马克思主义的理论阐释。事实上,在马克思的经典著作中,蕴涵着十分丰富而深刻的民生思想和公共性资源,这些思想资源是对前人批判性继承和超越的理论成果,梳理和阐扬马克思民生思想和公共性思想的理论来源,具有澄清思想前提、划定理论界域的重要意义。

第一节　民生问题的情势分析

"民生问题的情势分析",旨在通过对"世情—国情—党情"等现实背景的考察,凸显民生问题是一个受到当今世界各国普遍关注的全球性时代课题,更是我们党和政府工作的重中之重。民生问题事关人心向背和政权的巩固,保障和改善民生是全面建设小康社会的题中之义,更是维护和加强党的执政合法性基础的不竭源泉。

一、世情分析:事关人心向背和政权的巩固

"民生问题无国界",民生是当代一个全球性的话题。改善人类的生存状态,提升人们的生活质量和幸福指数,是当前全球化时代各国政府或政党普遍面临的一个价值追求和发展定位。早在 20 世纪 90 年代,美国学者罗纳德·英格尔哈特就通过对 40 多个国家和地区的价值观进行了实证调查,得出的结论是:21 世纪人类的生存战略是"最大限度地保证生存和幸福"①。新世纪伊始,一个以诺贝尔经济学奖获得者为主组成的"经济表现与社会进步衡量委员会"专家组,共同完成了一份题为《对我们生活的误测:为什么 GDP 增长不等于社会进步》的研究报告,其中郑重指出,"太多的时候,我们混淆了目的和手段","为追求 GDP 增长,我们可能最终造成一个国民生活状况更糟的社会"②,今天的发展必须改造这种状况,我们的经济和政治目标应是"让我们更幸福"。可以说,提升人的生存状态,让人们生活更幸福,已是 21 世纪人类共同的追求和文明共识。

纵观几个世纪以来的世界政党史,可以发现,保障和改善民生是各国执政党获得民众支持的重要依据,世界各国的民生矛盾演绎着世界执政党的兴亡更替。民生是世界各国政府和政党共同关注的一个重大课题,世界各国人民都在致力于发展和改善本民族、本国度的民生问题。虽然解决民生问题已成为各国政府的一种公共服务、基本职责乃至施政的最高原则,但由于各国生产力发展水平、社会发展阶段、民族传统文化等各不相同,民生问题呈现多种样态和情势,其解决办法和侧重点也各不相同。在西方发达国家,人们的物质生活得到了极大的改善,但是政治、文化、生态环境等方面仍然存在各种问题;在发展中国家,民生问题的诉求则集中表现为生活物质资料的发展丰富、利益的分配、社会秩序的维护、人民权利的捍卫上。

在发达资本主义国家,为了缓和资本主义社会不断激化的社会矛盾和冲突,国家凭借其工业化的经济优势,纷纷采取发展社会福利的办法,使尽可能多的人有最低生活保障,免受生活困顿、穷苦潦倒的困境,从而大大缓和了阶级对立和冲

---

① [美]罗纳德·英格尔哈特《现代化与后现代化——43 个国家的文化、经济和政治变迁》,社会科学文献出版社 2013 年版,第 29 页。

② [美]约瑟夫·斯蒂格利茨等:《对我们生活的误测——为什么 GDP 增长不等于社会进步》,新华出版社 2011 年版,第 13－14 页。

突,维护了国家的稳定,维持了资产阶级的统治。比如北欧、西欧一些资本主义国家重视民生保障与持续不断地改善民生,缓和了社会矛盾,奠定了长久的繁荣与和谐。新加坡、韩国等在内的新兴工业化国家在经济发展到一定阶段后也将关注重点放在保障民生与改善民生上,同样走上了文明与和谐发展之路。同样,一些拉丁美洲国家在经历20世纪中后期的经济发展黄金时期后,因未能很好地关注民生问题的发展变化,城乡差距与贫富差距持续拉大,社会矛盾日益尖锐,政局动荡不安,结果丧失了持续大发展的良好机遇。因此,民生问题不仅是民众个人及家庭的生计、生活问题,而且已成为直接影响乃至决定国家发展进步与政权兴亡的根本问题。

虽然发达国家提升民众福利的举措在一定程度上缓解了社会矛盾,改善了大多数普通劳动者的生活境况,但它不是资本主义社会解决一切问题的良方。只要资本主义社会生产资料私有制和社会化大生产这一基本矛盾没有消除,真正的民生目标就不可能得到完全的落实。其中"单向度"的物质追求、日益恶化的生态环境成为发达国家发展民生的两大难题。

现代社会是由资本为其奠定世俗基础并指定努力方向的。在资本逻辑的指引下,不断满足物质需求成了个人最重要的甚至是唯一的目标追求,而几乎无暇顾及文化、精神需求,人与人之间缺乏交流与沟通,整个社会缺乏关爱和信任。在这个物欲无限膨胀的时代里,人们只知道不断追求物质享受,对物质的欲望已经变成一个无底洞,统摄了人的所有一切想法和行动。人们不再关心自己的精神、文化需求,不再关心除自身经济利益之外的东西。人一方面失去了作为完整的人的生活本性,另一方面人逐渐丧失了公民意识和公共精神,不再关心自身以外的世界。而公民意识和公共精神的丧失给国家公共权力向社会公共领域扩张提供了机会,而这又会进一步了削弱个体的人格尊严、自由、平等等权利。

不仅如此,在资本逻辑即利润最大化逻辑(自然资本化、环境资源商品化)的指引下,人们为了追求经济利益和物质享受,不惜牺牲生存的第一环境,造成公共生态环境的危机。生态环境危机往往通过以下三重矛盾表现出来:资本无限扩张本性与自然资源有限供给之间的矛盾;资本运行节奏和周期与自然界运行节奏和周期之间的矛盾;资本全球扩张与全球环境问题日益严重(收益内在化、成本外在化)之间的矛盾。人类不仅大量消耗了能源,还造成了极大的环境污染。目前,全球性的温室效应、世界性水源危机、森林惨遭毁灭、臭氧层变薄、物种相继减少等等问题层出不穷,直接影响人们的生存和生活。

我们再来看看发展中国家的民生状况。在发展中国家,民生问题的诉求集中表现为生活物质资料的发展丰富、利益的分配、社会秩序的维护、民主权利的捍卫上。比如非洲,自二战结束至今,全世界人民的生活水平发生了空前的变化,生活质量得到了巨大的提高,但是非洲地区的贫困人口所占比例不仅没有下降反而提高了。在过去几十年里,几乎所有非洲国家的平均收入都出现了下滑。据统计,非洲人口占世界人口的10%,但非洲经济仅占世界经济的2%左右。在联合国开发计划署编写的年度"人类发展指数"中,多数非洲国家的排名都比较靠后。除了贫困,困扰非洲大陆的还有政治制度脆弱、治理不善、腐败、暴力、贫富分化严重等问题,这些因素综合导致了非洲很多地区都处于不稳定状态。再如拉丁美洲的一些发展中国家,他们工业化起步都较早,但是截至目前,整个工业化水平还很低,没有大规模的现代化工厂,依然是以初级产品和原材料出口为主,仅有的主要的工业部门还被外国资本或者外国移民掌控着。而且拉丁美洲是世界上收入分配不均最严重的地区,富有的1%的人口占有总收入的40%—47%,而最贫穷的20%人口仅拥有1%—2%的财富。20%左右的人处于极端贫困之中,他们长期失业或者只能在报酬极低、劳动条件很差的非正规部门谋生,生活水平非常窘迫。在政治上,拉丁美洲主要国家从20世纪90年代开始民主转型,自由和人权逐渐得到尊重,但是目前他们的民主转型进程还不够稳定,国家充斥着大量政治暴力、有组织犯罪和恐怖主义。维护社会稳定、缩小贫富差距、提高普通百姓的生活水平已经成为拉美国家的重要关注点。

鉴前世之兴衰,考当今之得失。古今中外的历史发展已经证明,民生问题的解决程度决定着社会进步程度和政权兴亡。只有代表民意,倾听民声,关注民生,把解决民生问题放在首位并落到实处的政权,方能得到人民的拥护,其政权才得以巩固。

二、国情分析:全面建成小康社会题中之义

"国以民为本,民以食为天""天地之大,黎元为先""民生大于天"。按照恩格斯的说法,"国家的政治统治到处都是以执行某种社会职能为基础,而且政治统治

只有在它执行了它的社会职能时才能持续下去。"①这里的"社会职能"无疑包括政府的民生建设与民生改善职能。"加强社会建设必须以保障和改善民生为重点",保障和改善民生不仅是立党为公、执政为民的执政理念的重要体现,也是国家执行社会职能、全面建设小康社会的题中之义。

民生是一个具体的、历史性的范畴,在一个国家经济社会发展的不同历史发展阶段,呈现出不同的特点和内容,其关注程度和解决方式也有所不同。

新中国成立以前,中国社会处于半殖民地半封建状态,人民群众头上压着三座大山,那时社会最大的民生建设就是实现民族独立和解放,拯救人民群众于水深火热之中。毛泽东领导中国人民经过多年的无产阶级革命,建立了人民当家做主的新中国,从根本上铲除了滋生贫困的旧社会制度,极大地解放了民生。改革开放初期,社会物质还相对短缺,国家财政极其困乏,那时社会的主要矛盾在于解放和发展生产力,壮大经济规模,提高国家的经济实力。随着改革开放和经济、社会的发展,我国的综合性经济指标不断攀升,GDP已超越日本成为仅次于美国的世界第二大国,外汇储量世界第一,国家积累了大量财政收入,经济实力大增。我国已进入黄金发展时期,同时也进入了矛盾凸显时期,只有通过发展民生才能解决"矛盾"。"矛盾"的凸显有其主客观原因。

首先,资源分配不合理导致民生诉求不均衡。民生连着民利,改善民生的核心就是民众根本利益的实现。改革开放以来,我国经济结构、社会结构、组织结构和阶层结构均发生了深刻的变革和变动,并呈现出社会利益主体多元化、人们思想观念多样化和价值取向异质化的新趋势。虽然党和政府领导中国人民取得了举世瞩目的成就,创造了世界发展的奇迹,民生水平得到了很大的提高,但由于资源、利益的不合理分配,社会差距日益拉大,城乡之间、地区之间、阶层之间、行业之间发展不均衡。突出表现在失业问题、医疗问题、住房问题、教育问题上,"上学难、看病难、住房难"。党的十八大报告中提出了五个与民利直接关联的问题,以期解决民生建设中存在的问题。包括"必须坚持人民主体地位",以"更好保障人民权益,更好保证人民当家做主";"必须坚持解放和发展社会生产力",以"实现以人为本、全面协调可持续的科学发展";"必须坚持维护社会公平正义",以"保证人民平等参与、平等发展权利";"必须坚持走共同富裕道路",以"使发展成果

---

① 《马克思恩格斯选集》第1卷,人民出版社1995年版,第523页。

更多更公平惠及全体人民,朝着共同富裕方向稳步前进";"必须坚持促进社会和谐",以"确保人民安居乐业、社会安定有序、国家长治久安"。

其次,民生发展滞后已经成为制约我国经济持续健康发展的重要原因。长期以来,我国居民收入发展水平低于经济发展水平,我国高速增长的经济,长期依靠投资和出口拉动,消费和内需在经济增长的"三驾马车"中明显滞后。消费和内需的不足已经明显制约我国经济继续平稳健康运行和发展。如果经济发展不能让民众得到实际利益,不能回应人民的期待,不能改善人民的生活,这样的经济发展就会失去意义,也难以持续。实际上,民生是做好经济社会发展工作的"指南针",持续不断改善民生,能有效解决群众后顾之忧,调动人们发展生产的积极性,又能释放居民消费潜力、拉动内需,催生新的经济增长点,为经济发展、转型升级提供强大内生动力。既要通过发展经济,为持续改善民生奠定坚实物质基础,又要通过持续不断改善民生,为经济发展创造更多有效需求,实现两者良性循环。

为了促使经济继续健康平稳运行,发展民生、扩大内需、调整经济结构、实现产业转型升级已经势在必行、刻不容缓了。

再次,市场经济的发展提高了人民对民生的需求,生存型民生需求日趋弱化,发展型民生诉求日渐凸显。"从人的存在性质来讲,人具有生存和发展两种基本需求,相应的,民生也包括满足生存需求的民生和满足发展性需求的民生。[1]"随着经济的发展,居民消费观念不断更新、消费结构日益升级,从原来的追求温饱到实现小康生活,从原先满足于手表、自行车到追求电脑、私家车,从满足于基本生活物资到追求发展型、享受型的生活资料。"人民期盼有更好的教育、更稳定的工作、更满意的收入、更可靠的社会保障、更高水平的医疗卫生服务、更舒适的居住条件、更优美的环境,期盼孩子们能成长得更好、工作得更好、生活得更好。[2]"可见,人们不仅需要生活得更好,还需要发展得更好,民生诉求趋向多元化的发展。但我国现有体制下的生产力发展水平和分配方式还无法完全满足人民日益增长的民生发展型和多元化需求。

总之,在这"矛盾"凸显时期,党和国家根据社会矛盾的变化发展,适时调整方针政策,加大了对民生的关注和建设。党的十八大报告指出:"加强社会建设,必

---

[1]　韩庆祥等:《中国特色社会主义建设实践的内在逻辑与发展趋向》,《中国社会科学》2012年第3期。

[2]　习近平:《人民对美好生活的向往就是我们的奋斗目标》,《人民日报》2012年11月16日。

须以保障和改善民生为重点。提高人民物质文化生活水平,是改革开放和社会主义现代化建设的根本目的。要多谋民生之利,多解民生之忧,解决好人民最关心最直接最现实的利益问题,在学有所教、劳有所得、病有所医、老有所养、住有所居上持续取得新进展,努力让人民过上更好生活。"①

三、党情分析:执政合法性基础的不竭源泉

民生不仅是一个社会问题和经济问题,同时也是一个政治问题。民生问题解决的好坏,关乎人心向背、关乎执政党执政的社会根基。任何一个执政党要加强党的建设和巩固执政地位,都必须将民生问题的解决置于重要和突出的位置。

首先,保障和改善民生是践行党的根本宗旨、坚持党的群众路线的基本要求。中国共产党是工人阶级的先锋队,也是中华民族的先锋队,它始终代表最广大人民的根本利益。按照历史唯物主义群众史观,人民群众是实践的主体,社会历史的本质是人民群众实践活动的历史,人民群众是历史的创造者,是社会发展和变革的决定力量,也是实现自身利益的根本力量。马克思坚决摒弃英雄史观,主张"历史活动是群众的事业","历史上的活动和思想都是'群众'的思想和活动"②。"生气勃勃的创造性的社会主义是人民群众自己创立的","只有相信人民的人,只有投入人民生气勃勃的创造力泉源中去的人,才能获得胜利并保持政权"③。在《共产党宣言》中,马克思恩格斯指出:"过去的一切运动都是少数人的或者为少数人谋利益的运动。无产阶级的运动是绝大多数人的、为绝大多数人谋利益的独立的运动。"因为"他们没有任何同整个无产阶级的利益不同的利益"④。因此,一切发展要依靠人民群众,一切发展成果也应由人民群众共享,作为领导广大人民群众的无产阶级政党,理应将代表和实现人民群众的根本利益或共同利益作为自己的服务宗旨和基本职责。中国共产党执政活动价值维度的核心思想就是全心全意为人民服务,党的一切奋斗和工作都是为了造福人民,实现人民群众的根本利益。民生问题是人民群众最关心、最直接、最现实的利益问题。如果说政治就是

① 胡锦涛:《坚定不移沿着中国特色社会主义道路前进,为全面建成小康社会而奋斗》,人民出版社 2012 年版。
② 《马克思恩格斯选集》第 2 卷,人民出版社 1995 年版,第 103、104 页。
③ 《列宁全集》第 33 卷,人民出版社 1985 年版,第 53、57 页。
④ 《马克思恩格斯选集》第 1 卷,人民出版社 1995 年版,第 79 页。

众人之事,那么民生问题就成了最大的政治,保障和改善民生问题始终是党的实践活动的出发点和根本方向。可以说,关注民生、重视民生、保障民生、改善民生,是践行党的根本宗旨、坚持党的群众路线的基本要求。

其次,改善民生是奉行党的执政理念、提高党的执政能力、巩固党的执政地位的本质要求。一个执政党的执政基础的实质是依靠谁、依靠什么执政的问题。中国共产党执政地位的合法性基础在于"立党为公,执政为民"以及由此所产生的中国人民的广泛认同和支持。现阶段,我国进入发展的关键时期,教育、就业、社会保障、公共卫生、贫富差距、生态环境等民生问题日益成为社会的热点和焦点问题,解决民生问题就是奉行立党为公、执政为民的执政理念的切实表现。是否时时刻刻关注民生、千方百计保障民生、竭尽全力改善民生,成为检验各级党政组织和广大党员干部执政理念端正与否的试金石。

我们党在几十年的发展中从来都是把为人民群众谋利益作为第一位的目标,作为安身立命的基础。毛泽东早在 1934 年就指出:"一切群众的实际生活问题,都是我们应当注意的问题。假如我们对这些问题注意了,解决了,满足了群众的需要,我们就真正成了群众生活的组织者,群众就会真正围绕在我们的周围,热烈地拥护我们。"①十一届三中全会以来,邓小平把人民群众关心的问题当作"最大的政治",把是否"有利于提高人民的生活水平"当作检验一切工作是非得失的重要标准。他强调,"在社会主义国家,一个真正的马克思主义政党在执政以后一定要致力于发展生产力,并在这个基础上逐步提高人民生活水平"②。江泽民从党的建设的高度表达其民生思想,他指出:"历史和现实都表明,一个政权也好,一个政党也好,其前途与命运最终取决于人心向背,不能赢得最广大人民群众的支持,就必然垮台。""我们党的宗旨是全心全意为人民服务。我们搞社会主义,是要解放和发展生产力,消灭剥削和贫穷,最终实现全体人民共同富裕。"③胡锦涛把关注与改善民生作为党的全部工作的重中之重,确立了民生为本的执政理念,认为"人心向背,是决定一个政党、一个政权盛衰的根本因素。马克思主义政党的理论路线和方针政策以及全部工作,只有顺民意、谋民利、得民心,才能得到人民群众

---

①　《毛泽东选集》第 1 卷,人民出版社 1991 年版,第 137 页。
②　《邓小平文选》第 3 卷,人民出版社 1993 年版,第 28 页。
③　《江泽民文选》第 1 卷,人民出版社 2006 年版,548 页。

的支持和拥护,才能永远立于不败之地。"①他要求全党坚持群众路线,真诚倾听群众呼声,真实反映群众愿望,真情关心群众疾苦,多为群众办好事、办实事。在新的历史条件下,习近平总书记更是将保障和改善民生作为新时期执政理念的核心目标,认为只有"正确处理好广大人民根本利益、现阶段群众共同利益、不同群体特殊利益的关系,切实把人民利益维护好、实现好、发展好",才能始终得到广大人民群众的拥护和支持,才能实现党的执政基础的巩固。②

历史经验都反复证明一个执政党的"历史铁律"——人心向背是决定政党兴亡的根本性因素,保障和改善民生是巩固执政基础的必然选择。任何执政党的根基都在于取得人民群众的支持和拥护,而要做到这一点,就必须不断地为人民群众带来实实在在的利益,就必须致力于关注民生、发展民生、改善民生。事实证明,我们党从成立到现在,之所以始终得到人民群众的拥护和爱戴,其根本原因,就在于党给人民带来了看得见、摸得着的利益,切切实实改善了人民的生活。反观一些失败的政党,比如连续执政近80年的前苏联共产党,几乎在一夜之间政权解体、分崩离析;拥有"万年执政党"之称的日本自民党在大选中惨遭失败。究其原因,其中一个很重要的原因,就是对民生问题不够重视,解决得不好,因而失去了人民群众的支持和拥护。因此,凡是关注民生、改善民生的执政党,执政地位就会巩固、长久;凡是脱离民众、不改善民生的执政党,执政地位就会逐渐丧失,乃至亡党亡国。

再次,保障和改善民生是维护和巩固党的执政合法性的不竭源泉。"人类特定政治生活安排需要某种合法性的支持和证明,这几乎是所有社会的一个通则。"③执政合法性问题是特定历史阶段执政主体必须面对和解决的一个执政基础性课题,它是一个不断变迁的历史范畴。在哈贝马斯看来,"合法性意味着,对于某种要求作为正确的和公正的存在物而被认可的政治秩序来说,存在着一些好的依据,合法性意味着某种政治秩序被认可的价值。"④就是说,一个执政党能否长期执政,关键取决于执政的合法性,即民众对执政党的认可程度。一旦执政

① 胡锦涛:《在"三个代表"重要思想理论研讨会上的讲话》,《人民日报》2003年7月2日。
② 习近平:《全面贯彻落实党的十八大精神要突出抓好六个方面的工作》,《求是》2013年第1期。
③ 马克斯·韦伯:《经济与社会》(上),商务印书馆1997年版,第345页。
④ 哈贝马斯:《交往与社会进化》,重庆出版社1989年版,第184页。

合法性得到确证,获得民众对政治体制和政治系统的赞同与忠诚,就可以使执政主体获得稳定的执政根基。虽然社会主义国家政党本身就代表最广大人民的利益,但它同样面临执政党执政合法性的问题。苏东剧变的深刻根源就在于执政的苏联共产党失去了人民的支持,丧失了继续执政的基础甚至存在的合法性。

从世界政党政治的发展历程看,影响执政党合法性的因素有很多,比如:执政党的执政理念或施政理念是否正确因而能否获得民众认同;执政党的路线方针政策是否公正合理因而能否获得民众的支持;执政党和政府的执行力是否到位因而能否得到了民众的肯定;执政党与政府公共形象是否具有德望因而能否得到民众的信任等等。不仅如此,在不同的社会历史条件下,政党执政地位的合法性基础、来源和获得方式,是不断变动和转换的,执政主体只有适时汲取新的合法性资源,不断提高执政能力和水平,才有可能防范合法性危机,维护和巩固执政地位。因此,"全党必须牢记,党的先进性和党的执政地位都不是一劳永逸、一成不变的,过去先进不等于现在先进,现在先进不等于永远先进;过去拥有不等于现在拥有,现在拥有不等于永远拥有。"①但无论影响执政党合法性因素有多少,也不管执政合法性基础和获得方式如何发生变动和转换,最核心和始终不变的一条就是,实现最广大人民群众的根本利益是中国共产党领导社会主义国家建设的根本目的,也是我们党带领人民夺取革命胜利,赢得人民群众支持并能长期执政的一条重要经验,植根人民、服务人民,保持党同人民群众的血肉联系,是我们党不断获取合法性资源、永远立于不败之地的根本保证。在当前,民生问题存在于老百姓的日常生活中,是群众利益最直接的表达,它既体现着人民群众具体的、直接的利益,又关系到人民群众长远的、整体的利益。从表面上看,衣食住行、养老就医、子女教育等都是个人小事,但从深层次上看,民生问题的解决程度又是国家发展进步的标志,它关系到民心向背、人心所向乃至国家的前途命运。因此,通过保障和改善民生以获得人民支持,是维护和巩固党的执政合法性的不竭源泉。

---

① 《中共中央关于加强和改进新形势下党的建设若干重大问题的决定》,人民出版社 2009 年版,第 5 页。

第二节　马克思民生观的思想资源

马克思的民生观与马克思的哲学世界观和历史观的产生一样,有其深厚的文化底蕴和历史渊源,其思想直接或间接地继承和发展了18世纪法国启蒙思想家的"人道主义"民生观、德国古典哲学家黑格尔"绝对精神"的民生观、费尔巴哈"人本主义"的民生观,以及空想社会主义者的理想主义的民生观。它们为马克思民生观的产生提供了丰富而广阔的理论资源和灵感源泉。

一、启蒙思想家的人道主义民生观

考察启蒙思想与马克思民生思想之间的理论渊承关系,关系到马克思民生观形成、发展的时代背景和原初语境,关系到马克思以后理论发展的价值定向。

18世纪法国的启蒙运动是以卢梭、孟德斯鸠、伏尔泰等思想家为代表的,他们对人的理性本质进行了深刻的揭示,认为人性的根本特征在于人的精神方面即人的意识自由。"人特别是因为他能意识到这种自由,因而才显示出他的精神的灵性。"①启蒙思想的最大功绩在于把人从宗教神学中解放出来,张扬了人的理性与个性自由。他们主张用"理性"取代"信仰",用"人性"反对"神性",用人权反对神权,并从政治哲学的视角对自由、平等和博爱等理念进行了深入的研究。从"理性"的人道主义、自由主义的视角关注民生问题,体现了启蒙思想家民生观的根本特质。

首先,宣扬人权、自由、平等、博爱、民主、法制,以及私有财产神圣不可侵犯等思想原则,体现了丰富的自由主义民生思想。在伏尔泰看来,人生而自由与平等,一切人都具有追求生存、追求幸福的权利,这就是天赋人权。在卢梭看来,人的固有本性不仅体现在自我保护和自我关爱上,更体现在追求自由的生活和享受平等的权利上,这也是人们必须加以捍卫与争取的。卢梭还在人道中祈祷神圣所赋予自由的实现,引导人们去积极追求自由、公平的生存环境与生活方式,实现民生中的生存平等、权利平等以及人与人之间的互相关怀。

---

① 卢梭:《论人类不平等的起源和基础》,商务印书馆1962年版,第83页。

其次，在启蒙思想家的人道主义民生观中，更加关注人的精神生活，并被赋予强烈的人道主义色彩。它关心实现民生的平等、自由与思想上的解放。卢梭认为，人类最自由、幸福的生活是一种本性的生活，它和知识、财富地位无关，本质上是一种自由处境。

马克思的民生思想与近代启蒙思想传统有着密切的思想关联和理论渊承，后者的丰富思想为马克思民生思想的形成、发展与定向，提供了思想前提和价值基础，型构了马克思民生思想的发生学语境。对此，日本学者成塚登认为，"马克思思想的出发点就在于法国的启蒙思想"，"马克思的立场较之青年黑格尔学派的立场更加表现出对法国启蒙思想的亲近性"①。悉尼·胡克由此断言，马克思"是一个真正的启蒙运动的产儿"②。过去我们非常重视马克思思想中的德国哲学渊源，实际上，以黑格尔为代表的德国哲学本身就是法国革命的德国理论。对此，我们可以从两个方面加以说明：(1)青年马克思曾有一段信奉和坚持启蒙原则和思路的阶段（主要是指 1835－1843 年退出《莱茵报》时期）。早在中学毕业论文中，马克思就提出了为"人类的幸福和我们自身的完美"而工作的启蒙理想，表达了在职业选择问题上的主体能动性和理想主义、浪漫主义的思想情怀；马克思《博士论文》的主导原则无疑是自我意识的哲学立场，彰显了自我意识能动性、否定性这一理性的批判力量。《莱茵报》时期的马克思，仍然坚持用理性主义和自由主义观点来评判和规定现存事物是否具有合理性的本质依据。他诉诸"人民理性"，捍卫出版自由，批判书报检查等专制制度；诉诸"理性之法"，批判"利益之法"，强调国家与法都要符合"人类理性的自然规律"，体现了明显的理性主义、自由主义和人道主义立场。(2)在马克思的著作中，流露了他对启蒙思想所提出的自由、平等、博爱等这些代表人类终极价值取向的极大认同，他所描绘的共产主义事实上就是这样的一个以人的全面发展为价值目标的"自由人联合体"，在这个联合体中，每个人的自由而全面的发展是基本的前提性条件。

当然，自从马克思遇到"物质利益难题"之后，便转入了对启蒙主义的反思和批判。马克思建立在唯物史观基础上的民生思想，正是这一批判的理论成果。但马克思早期受启蒙思想家影响的人道主义民生思想作为价值取向仍然潜隐在其

---

① 城塚登：《青年马克思的思想》，尚晶晶等译，求实出版社 1988 年版，第 17、34－35 页。
② 悉尼·胡克：《理性、社会神话和民主》，上海人民出版社 2006 年版，第 134 页。

后的理论著述中。

二、黑格尔绝对精神运演中的民生观

"绝对精神"是黑格尔思想体系中的绝对无限之实体,它通过"作为推动原则和创造原则的否定性的辩证法",在自我运动中展现自身。绝对精神从逻辑学过渡到社会、国家领域体现了其自我运演的内在行程。黑格尔的民生思想就是建立在"绝对精神"的基础上,体现在他对劳动与分工、市民社会与政治国家等一系列的论述之中。

首先,黑格尔在劳动与分工的论述中,阐明了人在自然界和社会中的主体地位和人的社会性特征。黑格尔"把人的对象化看作失去对象,看作外化和这种外化的扬弃",是"抓住了劳动的本质"①,真正的人的自我形成正是自己劳动的结果,整个世界历史便是人在劳动中经历的漫长的对象化、外化和扬弃这种外化的过程。在这里,劳动作为一种征服自然、获得物质资料的方式,是满足需要的中介手段,它通过"加工于自然界所直接提供的物质",使之符合人类的目的与需要。虽然黑格尔所说的劳动仅仅是精神活动,但它是人的本质力量的体现和人的主体地位确立的活动。不仅如此,黑格尔还强调了人的社会性。黑格尔认为,现代生产过程中的劳动,不仅促使人与人之间的相互依赖,还满足了彼此的不同需要,从而使人们处于一种普遍关联、交互作用的生活状态。在这个彼此需要的交换体系中,每个人都是社会联系锁链中的一环。这样,满足需要的劳动使人们具有了社会的、普遍的性质。

其次,黑格尔在市民社会和政治国家的论述中,不仅揭示了市民"社会生活"的分裂困境,而且提出以政治国家这一普遍的"伦理实体"来统一和弥合"社会生活"分裂的途径。在黑格尔生活的时代,资本主义经济的扩展造就了追求私利的个人组成的市民社会这一独特领域,而人成为世俗生活领域中的追逐私利的原子化个体,但是,一个分裂的、追逐私利的市民社会无法成为人类最终的生活状态。在黑格尔看来,社会生活的这种无序状态只有通过政治国家才能加以解决。因为政治国家是客观化了的精神,体现了总体性的普遍伦理,这是一种不丧失"特殊性"的"普遍性"原则。实际上,黑格尔在这里已经触及到了分裂的社会现实如何

---

① 《马克思恩格斯全集》第42卷,人民出版社1979年版,第163页。

实现整合与统一的现代性生存困境,并认为只有在现代国家中,才能真正消除市民社会的分裂状态而达到伦理总体性。

　　然而,黑格尔的伦理国家并未能使现代生活的分裂和矛盾得到真正解决。在这里,黑格尔实际上犯了双重的错误:一是出发点的错置,即认为理念是独立的,而现实的市民社会却是"理念"运动的结果;二是以代表"伦理实体"的现代国家来解决和弥合市民社会的矛盾和分裂时,只是在"观念"中"扬弃"了这些矛盾。因为当他把市民社会中的现实分裂与矛盾导回到具有伦理总体性的"政治国家"中加以解决,实际上依然是在理念的自我运动中获得了一种观念的或"理论式"的解决,现实的矛盾和问题依然如故。马克思正是在反思和批判黑格尔的基础上提出了自己的民生思想。

三、费尔巴哈人本唯物主义的民生观

　　费尔巴哈哲学的首要功绩,在于他通过对黑格尔理念哲学和宗教神学的批判,将考察民生活动的视角和基点由"绝对精神"转到"以自然为基础的人",阐释了其人本主义的民生思想。

　　首先,作为自然界长期发展的产物,人类追求民生幸福的动力乃是满足生理欲望的利己主义。费尔巴哈是根据他的"感性—对象性学说"来确认人的存在的感性现实性。他认为,主体与其发生本质关系的那个对象,不外是这个主体固有和客观的本质。人首先以自然界为对象,人必然与其发生对象性关系的自然界,就是人之固有客观的本质,而自然界不过是人的本质之公开展示和外在证明,因而自然界就是人之感性现实性的确证。在他看来,作为"以自然为基础的现实的人",它与其他动物一样具有食欲、性爱、自我保护和趋利避害等自然本能,因此,人应该在满足自然需求中实现生活的幸福。费尔巴哈把这种满足"合乎人之本性"中获得幸福的欲望叫作利己主义,并将其视为人之永恒不变的固有本性,认为追求民生幸福是人与生俱来的天性。

　　其次,人不仅是自然存在物,而且是具有"类意识"属性的社会存在物和文化存在物,后者确证了人与动物的本质区别。费尔巴哈将人的"类意识""类存在"理解为一种基于"我—你"基础上的关系性存在,这种关系性存在是通过人与人之间相互需要、通过"爱"的联结构建的,其基本形式乃是感性直观。因此,费尔巴哈所说的利己主义不单纯是个人的利己主义,而是"我"的利己主义与"你"的利己

主义的统一,即普遍的利己主义,所谓维持整个族类的共同之"爱"。为此,费尔巴哈从人的本性中引申出的道德原则,就是合理地节制自己,对人以爱,反对损人利己和阶级压迫。实际上,费尔巴哈所说的"爱"的关系主要还是由肉体的自然需要决定的人们之间的情感与性爱关系,实质上只是"一种内在的、无声的、把许多个人纯粹自然地联系起来的共同性"①。不仅如此,费尔巴哈认为,人还是一个具有精神活动的文化存在物,人与动物的根本区别特别地体现在人的精神活动,认为"理性、爱、意志力,这就是完善性,这就是最高的力,这就是作为人的人绝对本质,就是人生存的目的"②。

尽管费尔巴哈思想存在极大的局限性,但他所确立的"以自然为基础的现实的人"的本体论立场,指出了一条恢复感性世界和唯物主义权威的新途径,这对于青年马克思摆脱对黑格尔的依傍,解决物质利益问题引起的"苦恼的疑问",奠定了一个"感性—人本学"的基础。马克思正是从费尔巴哈的感性直观、抽象的人走向从事实际活动的、现实的、活生生的人。因为"要从费尔巴哈的抽象的人转到现实的、活生生的人,就必须把这些人作为在历史中行动的人去考察"③。

四、空想社会主义的民生观

空想社会主义理论作为反对资本主义的社会意识,起源于 16 世纪资本主义发展初期的欧洲。与资本主义生产方式的发展从家庭手工业到工厂手工业再到机器大工业三个阶段相适应,空想社会主义也大致经历了三个阶段:16 世纪和 17 世纪,是资本主义原始积累和家庭手工业时期,这是空想社会主义的初级阶段,是早期无产阶级要求的"象征、表现和先声";18 世纪,随着资本主义的发展进入手工工场时期,空想社会主义者也把社会主义思潮推进到了中级发展阶段,这一时期的空想社会主义思想带有平均主义和禁欲主义的色彩;18 世纪末和 19 世纪初,随着资本主义的发展进入工业革命时期,空想社会主义发展到最高阶段,其主要代表是圣西门、傅立叶、欧文等。这些空想社会主义者与前人不同,他们采用详尽的历史事实和理论论证来说明资本主义社会的种种不合理性,构想了未来和谐社

---

① 《马克思恩格斯选集》第 1 卷,人民出版社 1995 年版,第 56 页。
② 《费尔巴哈哲学著作选集》(下卷),荣震华、王太庆、刘霁译,商务印书馆 1984 年版,第 28 页。
③ 《马克思恩格斯选集》第 4 卷,人民出版社 1995 年版,第 241 页。

会的理想模式。

作为马克思主义三大理论来源之一,三大空想家的思想包含着两个方面的理论贡献:一是对资本主义社会的种种罪恶和弊端进行了深刻地揭露和批判;二是对未来理想社会做了大量前瞻性的论述,进行了充满理想的描写和构想。

一方面,他们无情地揭露了资本主义制度造成的贫富对立,以及无产者民生困苦的悲惨境地,揭示了民生疾苦的制度根源。圣西门认为,资本主义社会"完全是个是非颠倒的世界"。在政治上,它是新的压迫制度;在经济上,它是建立在对劳动人民的残酷掠夺的基础上;在道德和意识形态上,它是一种残酷的利己主义占支配地位的社会制度。傅立叶视资本主义制度为"社会地狱"和"贫困的温床",历数了资本主义的种种罪恶,指出资本主义制度是人类社会制度中最丑恶的一种,是政治和经济方面的"颠倒世界",它"过去是,将来也只能是一个罪恶的渊薮"。欧文认为,私有制、宗教以及建立在这二者之上的现代婚姻,是资本主义社会"三位一体"的祸害。在这"三害"之中,私有制是产生一切灾难和罪恶的最主要原因。在欧文看来,宗教是维护私有财产的宗教;婚姻是建立在金钱之上的虚伪的婚姻,而产生灾难和罪恶的最根本原因是资本主义私有制。"私有财产是贫困的唯一根源",它"过去和现在都是人们所犯的无数罪行和所遭的无数灾祸的根源"。"私有制使人成为魔鬼,使全世界变成地狱",因此,要想消灭罪恶和灾难,就必须消灭资本主义的整个私有制度,对这个社会制度进行彻底的改造。

另一方面,在批判资本主义罪恶的基础上,他们提出了自己理想的社会制度。"实业制度"是圣西门所设想的人类理想的黄金时代,是他所向往的自由、平等和幸福的人类最美好的"和谐社会"制度。圣西门指出,实业制度是人们享有最大程度的全体自由和个体自由、保证社会得到最大安宁、人们生活得到最大福利的人类最美好的社会制度。傅立叶心目中的理想社会,就是建立在公平正义基础上的和谐制度。这一制度是以情欲引力、协作生产、均衡分配、阶级融合为其基本特征的。"新和谐公社"则是欧文所设计的"千年王国"。欧文把他的"新和谐公社"描述成人人有知识、人人有工作、人人有幸福、团结友爱、自由平等这样一个社会,期望通过这个"理性社会"把邪恶的、懒惰的和贫穷的人变成有道德的、勤勉的和自由的人,使所有的人变贫穷为富有、变无知为有知、变愤怒为仁慈、变分裂为团结,进而达到使公正与道义、坦率与公平支配这些社会组织的全部活动这样一个目的,"而现有制度的错误所产生的一切邪恶将全部绝迹"。

正如马克思恩格斯在《共产党宣言》中所指出的,空想社会主义者的"著作抨击现存社会的全部基础。因此,它们提供了启发工人觉悟得极为宝贵的材料";他们还提出了"关于未来社会的积极的主张,例如消灭城乡对立,消灭家庭,消灭私人营利,消灭雇佣劳动,提倡社会和谐,把国家变成纯粹的生产管理机构"①。可以说,基于人之本性的超越性维度而对资本主义社会罪恶的批判性揭露和未来社会的理想性设计,构成了空想社会主义对于科学社会主义最富价值的启示,构成科学社会主义对空想社会主义的思想吸纳和融通。由于时代的局限,空想社会主义者把人的历史当作神的历史来设计和创造,将现实社会的困境和未来社会的理想抽象地割裂开来,他们始终无法找到从资本主义"病态社会"到未来"和谐社会"的现实路径,陷入了浪漫主义的批判主义的泥潭。而马克思坚持现实历史的原则和历史实践的致思取向,把人的现实性的存在境遇和对人的"作为目的本身的人类能力的发展"之价值诉求,置于人的实际生活世界的历史展开过程中,并经由人的自由自觉地实践活动内在地关联起来。因此,马克思社会理想对空想社会主义理想社会观的超越是必然的。

第三节　民生问题研究的公共性视域

民生问题研究的公共性视域,表明了民生问题与公共性问题两者之间的本质一致性,它体现在民生问题的产生,往往与公共性的缺失密切相关,民生问题的解决,有赖于公共性政府的建设或重塑。就马克思哲学而言,也蕴涵着十分丰富的公共性思想,这不仅表现在马克思主义哲学是一种以公共性信念、公共性理想为主题的理论体系,而且马克思的公共性思想有着与西方政治哲学不同的地方,这就是马克思公共性思想的民众化立场,即公共性和人民性的高度统一。

一、民生问题分析的公共性视域

通常而言,民生是一个较为私人化、个体性的生活话题,属于市民社会的范畴,可以从私域性的角度进行考察。但正如私人、个体离不开他人、社会,市民社

---

① 《马克思恩格斯选集》第1卷,人民出版社1995年版,第304页。

会离不开政治国家一样,民生问题同样需要从公共性的视域来进行分析。在一定程度上,民生问题凸显是公共性缺失在民生领域的反映;民生问题的解决,也需要加强公共性方面的建设或重塑。

首先,从民生与公共性的关系上来看,两者在本质上是一致的。我们可做一个简单的推论:即保障和改善民生是当前社会建设的重点,而社会建设的中心是公共性建设,因此,民生问题实质上是一个公共性问题,民生问题的真正解决有赖于公共领域包括公共产品、公共服务等方面的建设与积累。可以说,民生问题的解决程度是检验一个社会公共性建设水平的重要标尺。促进民生,提高人们的生活水平和生活质量,不仅是社会发展的根本目标,而且是社会最大的公共利益。

其次,从民生问题的产生来看,民生问题往往与公共性的缺失密切相关。民生问题的凸显,在一定程度上是公共性缺失在民生领域的反映。公共性的缺失可表现在以下几个方面:一是公共产品与公共服务不足。中国经济发展虽然取得了很大的成就,但公共产品和公共服务供应不足仍是短板。这种供应不足最明显地表现在:保障性住房、医疗、教育、社保、环保等公共服务领域,总体水平偏低,出现了需求与供应之间的巨大缺口。一些专家据此认为,我国已进入公共产品和公共服务短缺的时代。这是我国多年来经济社会发展“一手硬、一手软”的结果,即追求经济高速增长,占用了太多公共资源,导致公共产品和公共服务的供给有大量欠账,其增长速度大大滞后于经济增长速度。二是社会公共资源分配不均,贫富悬殊过大。我国国民收入的初次分配中存在着三个倾向:从劳资分配关系上看,资方的财富日益集中,而真正流向劳方的财富相对稀少;从政府与社会的分配关系上看,政府一方收集的财富大大超过社会一方所供给的财富,所谓“国进民退”“国富民穷”;从行业财富分配来看,垄断行业财富不断集中,而普通行业所占的财富相对较少。可见,某些社会利益集团瓜分了甚至独占了经济增长的成果,而大多数民众则难于公平地分享和惠及改革开放和经济发展的成果。三是社会保障体制不够健全和完善。无论是公共产品与公共服务不足,还是社会公共资源分配不均,都表明民生问题的产生和形成与公共性的缺失密切相关。

再次,民生问题的解决有赖于公共性政府的建设或重塑。它包括:(1)提供更多的公共产品,加强和完善公共服务,建立健全公共服务体系。公共产品、公共服务是民生之源,公共性应当是政府和社会提供公共服务与公共产品的根本的出发点与落脚点。进入新世纪以来,我国不断加大公共服务的投入,以增加公共产品的总量,但公共服务的供给仍然远远不能满足人民日益增长的公共服务需求,而且基本公共服务不均等问题凸显。因此,着力保障和改善民生,必须增加公共产品、扩大公共服务,稳步推进基本公共服务均等化。(2)完善和强化公共政策的民生价值取向,提升公共政策的公共性。公共性是公共政策的本质属性,公共政策必须坚持以公共利益作为公共政策"公共性"的根本要求,以期实现公共利益的最大化。进入民生发展新时代以后,我国公共政策的公共性就集中体现在公共政策的民生取向上。就是说,不断改善民生、提高民生质量,实现人的全面发展,共享改革发展成果,成了民生时代实现社会公共利益最大化和公共政策价值目标的基本导向。(3)把保障和改善民生作为公共财政优先发展的方向。"公共财政"是为社会提供公共产品与公共服务的政府分配行为,其出发点和落脚点在于实现好和维护好最广大人民群众的根本利益,以保障基本民生、满足公共需求。"民生财政"是在整个财政支出中用于教育、医疗卫生、社保和就业、环保、公共安全等民生方面的支出,它以改进民生、提高人民福利水平为目标。公共财政"取之于民、用之于民",其本来就应该是民生财政,应向公共需要或公共服务倾斜,更好地提供公共产品和公共服务。当前,推进公共财政向民生财政的回归转化是中国特色社会主义市场经济发展的必然趋势,也是转变政府职能、实行"富国"到"富民",全面建成小康社会的必然选择。因此,改善民生是新时期公共财政最现实的着力点,必须把保障和改善民生作为公共财政的优先方向,不断提高人民生活水平和质量。

二、马克思哲学的公共性维度与民生视角

哲学就其本性而言,都在努力关注和追寻一种公共性。这种努力自古有之,西方古代哲学力图从感性世界中寻求一个实在"本体",企图追索世界万物由以产生并消逝于此的共有始基或本体承诺。如:关注社会公众、政治国家甚至人类整体的命运和前途,追求人类公共价值、营造共同的精神家园,因而都具有公共哲学的性质和本质要求。黑格尔曾说过:"我们不像希腊人那样把哲学当成私人艺术来研究,哲学具有公众的即与公众有关的存在。"①马克思主义哲学与历史上的哲学一样,也极其关注公共性问题的思考和解决。只不过公共性在唯物史观中是以

---

① 黑格尔:《法哲学原理》,商务印书馆1979年版,第8页。

蕴含性的方式存在的。

之所以要从公共性的维度或视角去解读马克思主义哲学,主要是由于当代公共性问题的凸显,它使得我们从当代语境解读马克思主义哲学的公共性成为可能和必要。从世界范围来看,随着全球一体化的加速发展和当代生态危机的加剧,全球变暖、技术异化、政治认同等全球性公共问题层出不穷,公共性理论作为对当代人类生存状况的自我反思,日益成为哲学社会科学研究的学术热点。从我国的情况来看,随着改革开放实践的深入推进和转型升级,我国的市民社会得到了较快的发育,社会利益的分化和多元化趋势不断增强,不同利益群体之间的矛盾冲突,甚至政府国家与市民社会之间的摩擦也日益突出,这使得我国社会生活中的公共性问题不断凸显。比如:公共权利与公共权力各自的合法性认同和重建问题,公共利益和私人利益的关系问题等,因此,从公共性角度反思历史和现实问题成为时代潮流。这就为我们从公共性的维度解读马克思主义哲学提供了时代背景和必要条件。可是长期以来,对于不断凸显的公共性问题,我国理论界更多的是从西方政治理论家如阿伦特、哈贝马斯、罗尔斯等人的思想中汲取理论营养和研究灵感,而对马克思主义经典作家关于公共性问题的立场、观点和方法,以及这方面的理论论述却往往忽略了。因此近年来,随着公共性问题在现实生活中的重要性和紧迫性不断凸显,我国哲学界特别是马克思主义理论界日益关注并加强对公共性问题的探讨,公共性问题研究已逐渐成为马克思主义哲学界一个重要研究领域和新的理论生长点。

问题的关键在于,马克思主义经典作家是否存有关于公共性方面的理论视域和经典论述?如果有,这些论述与那些同样关注公共性问题的思想理论,如自由主义、社群主义相比较,对于我们阐释和解决当代公共性问题有何优越性或更大的合理性?

我们认为,虽然马克思本人没有直接使用过"公共性"一类的词汇,但蕴涵着非常丰富的公共性思想。不论是作为马克思新世界观之立足点的"社会化的人类",还是视为未来社会价值目标的"人类解放",都表明马克思主义是一种以公共性信念、公共性理想为主题的理论体系。不仅如此,马克思的公共性思想有其不同于西方政治哲学的特殊之处即异质性,那就是马克思公共性思想的民众化立场,坚持公共性和人民性的统一。

马克思公共性思想的民众化立场,体现了马克思在其理论创制过程中所代表的社会人格。我们认为,历史上的任何一个思想家特别是政治哲学思想家,其所创建的理论立场不可能是不偏不倚和完全中立的,它总是从一定的社会存在出发,反映这种社会存在并对社会现实起着维护或批判的作用。那么,马克思主义理论所反映的社会存在是一种什么样的社会现实呢?对这种社会存在所做的理论化表达究竟是代表了何种社会人格?是站在谁的立场上发声?

首先,马克思公共性思想的民众化立场,与他对社会存在的实践世界观直接相关。马克思把社会存在"理解为实践活动的唯物主义",认为"社会生活在本质上是实践的"①,社会存在就是人们的实际生活过程,也就是人类实践的生存方式、活动方式。在马克思看来,由人民群众创造的社会历史的实践活动是社会存在决定社会意识原理的必然展开。社会存在的主要内容不是先在的、预成的,而是通过人们的实践活动创生的自为的物质存在形式。这样的社会存在一定是人民的存在,是人们的实际生活过程也即人民群众的实践活动过程。人民群众是实践活动的主体,也是认识的主体,是创造社会历史的决定力量。与此相适应,社会意识"在任何时候都只能是被意识到了的存在"②,而这个被意识到了的存在也只能是人的实践存在方式和活动方式。在这里,社会存在与社会意识的关系问题作为历史观的基本问题,是通过人类实践活动形成和表现出来的,是实践中的基本问题。因此,唯物主义"历史观与唯心主义历史观不同,它不是在每个时代中寻找某种范畴,而是始终站在现实历史的基础上,不是从观念出发来解释实践,而是从物质实践出发来解释观念的形成。"③按照唯物史观,人民群众的实践活动创造了社会赖以存在和发展的物质财富、精神文化财富和社会变革的决定力量,它突出地体现出了马克思创制的唯物史观是代表无产阶级和劳动群众的科学的历史观,体现了唯物史观鲜明的阶级性以及革命的、批判的本质。可以说,马克思主义哲学历史观始终代表无产阶级和人民群众的根本利益,它公开申明自己服务于无产阶级和人民群众批判旧世界、创立新世界的解放事业;坚持人民群众是历史的创造者,强调人民群众对于历史发展的决定性作用,把实现无产阶级和人民群众的彻底解放作为自己的根本价值追求和历史使命。

其次,马克思公共性思想的民众化立场,还与他的物质生产劳动学说密切相

---

① 《马克思恩格斯选集》第1卷,人民出版社1995年版,第60页。
② 《马克思恩格斯选集》第1卷,人民出版社1995年版,第72页。
③ 《马克思恩格斯选集》第1卷,人民出版社1995年版,第92页。

关。马克思的劳动学说是在继承、批判和超越资产阶级古典政治经济学的基础上产生的,它关注和重视到了被古典政治经济学所忽略了的劳动者及其重要作用,解蔽了被资产阶级政治经济学家抽象化、神秘化了的资本生产的政治本质,阐释了劳动在社会产生和发展中的基础性地位,创立了劳动者即人民群众作为历史创造者的唯物史观结论。正如阿伦特所说:"马克思学说真正反传统的倒是一个未曾有的侧面,即对劳动的赞美……马克思是 19 世纪唯一的使用哲学用语真挚地叙说了 19 世纪的重要事件——劳动的解放的思想家……那以后,作为人类营生活动的劳动,不再被严格地看做属于私人领域里的行为,而堂堂正正地进入了公共、政治领域里的事实。"①正是马克思的劳动学说使劳动者成为历史实践的主体和政治公共空间的主人,它不仅使马克思主义的公共性维度从"一个阶级对另一个阶级的压迫"转换为消灭了阶级压迫的"自由人联合体"与"全人类的解放",而且塑造了最广泛而具体的公共性基础,从而实现了公共性思想之价值立场和立足点的根本转换。

再次,马克思公共性思想的民众化立场,使其理论成为指证资本主义罪恶,实现人类解放的最强音。凭借马克思的出身、学识和能力,完全可以进入社会的高层,过着优越的上层生活。但马克思终生穷困潦倒,过着漂泊不定的生活,自嘲"世界公民",不为当时的"文明社会"所吸纳。正是民众化的社会人格使马克思成为一位名副其实地站在穷人立场上、代表最广大民众向富人进行抗争乃至宣战的精神领袖;正是这种民众化的社会人格使马克思始终关注现实民众的生存境况,深入传统人道主义者没有关注到的无产者阶层及其经济生活领域,并促使他为解决《莱茵报》工作期间产生的"应有和现实"之间的"苦恼的疑问",而专心致志地转向世俗市民社会的研究和政治经济学的批判研究;正是民众化的社会人格使马克思一反西方自古希腊以来柏拉图——黑格尔的形而上学这一知识论正统,而从现实生活实践的"世界本身的原理中为世界阐发新原理";正是这种民众化的社会人格使马克思的学说成为指证资本主义不和谐社会的最强音,成为 20 世纪以来处于深重灾难境遇中的中国民众广泛而迅速接受和认同的"精神精华"。

为什么从公共性视域考察马克思的民生思想? 主要根据在于马克思的公共

---

① [美]汉娜·阿伦特:《马克思与西方政治思想传统》,孙传钊译,江苏人民 2007 年版,第 12－13 页。

性思想与民生思想之间本来存在着内在的关联,但需要我们去阐发。一方面,在马克思的公共性思想中,包含着深刻的民生思想。无论是马克思揭示的公共领域、公共产品,以及交往实践的公共性意蕴,还是他关于公平正义、共建共享、人的全面发展的公共性价值理念,都与广大民众的生存与发展具有密切的关联。另一方面,在马克思对于民生问题的关注中,也关涉到并依赖于公共性问题的思考和解决。马克思对民生问题的现实批判与理想建构,都离不开公共理念、公共精神、公共社会环境与制度等,从一定意义上说,马克思的民生观,是一种以实践为根基的公共民生观。

第四节　马克思公共性思想的理论渊源

我们可能会把马克思的公共性研究视域,更多地置于当代西方历史特别是与当代具有代表性的西方公共性方面的专家加以比较研究,以期使马克思的公共性思想更具有当代性和现实性,但这样做的结果,却阻断了马克思公共性思想与西方公共性传统之间的理论渊源及其传承关系。阿伦特曾说过,"连接亚里士多德与马克思的这条线,远比从马克思到斯大林的那条线紧密"①。因此,有效地把握马克思主义公共性维度的一个重要方面,就是在其诞生的整个西方政治哲学传统中获得确证和阐释。用英国学者伯尔基的话说,"马克思主义根本上属于欧洲政治和社会理论的主流传统,因此,进入马克思思想——马克思主义的本质核心——的最佳途径是研究它在这一传统母体中的起源"②。

与其他理论观点一样,公共性作为马克思哲学历史观的一个重要维度,扎根于西方公共性传统的理论沃土之中。因此,要正确理解和运用马克思的公共性思想,需要将其置身于西方公共性传统所提供的思想资源孕育、发展的历史长河中。只有这样,才能厘清它们之间的来龙去脉,理解马克思公共性思想对前人的批判性继承和超越。具体而言,虽然西方哲学本体论和人性论中的公共性诉求、政治

① [美]汉娜·阿伦特:《马克思与西方政治思想传统》,孙传钊译,江苏人民2007年版,第6页。
② [英]伯尔基:《马克思主义的起源》,伍庆、王文扬译,华东师大2007年版,第3页。

国家与市民社会理论等,都对马克思的公共性特质产生比较大的影响①,但其理论来源主要包括以下四个方面:即古希腊政治思想中的公共性理念、近代社会契约论的公共性维度、德国古典哲学的公共性资源、空想社会主义的公共性素材。

一、古希腊政治生活中的公共性理念

马克思公共性思想的理论渊源,一直可以追溯到古希腊城邦时期的政治生活。古希腊城邦时期的政治生活理想与希腊精神中沉静的理性主义一起,共同演绎出对政治德性、民主建制、族群认同、权力制衡等经久不衰的政治话题。他们倡扬的公共的德性,培养公民深刻的公共责任感,践履理性的平等政治理念,开辟公共的政治空间,展现个性自由的公共领域。这些令人惊羡的思想资源被现当代一些思想家如汉娜·阿伦特、哈贝马斯、罗尔斯等重新发掘和阐扬,提出了"公共领域""公共性""公共精神"等的理论建构和实践吁求。

可以说,古希腊时期的城邦文明与政治生活,也构成了马克思公共性思想的历史源头。按照俄罗斯学者斯拉文的看法,"马克思正是通过古希腊的城邦国家的民主建制、城邦国家权力的公众性质和市民的高水平的休闲方式看到了未来社会的某种历史雏形"②。不仅如此,古希腊人的价值观念和社会理想还影响了马克思的社会正义观、参与制民主,给予马克思追求从政治解放到人类解放乃至实现共产主义理想社会以重要的启示③。因此,研究古希腊城邦时期政治生活中的公共性思想,不仅对于探讨西方社会公共领域的基本特征、历史演变具有重要意义,而且对于分析马克思公共性思想的历史源头及其历史超越也具有十分重要的意义。

哈贝马斯在《公共领域的结构性转变》一书中,曾对公共领域从兴起到解体的

---

① 按照西方的哲学传统,"本体"被理解为追寻物理世界之后统摄和支配物理世界的"逻各斯",它"使得多种多样的现实,能被引导到这个作为共相的理念上面,并且通过它而被规定"(参见黑格尔《哲学史讲演录》第 2 卷,商务印书馆 1978 年版,第 385 页)。哲学本体的使命被规定为追求万事万物之所以如此这般的公共性"法则",以便对现实世界作出合理性的终结阐释,哲学的旨趣由此被概括为超越现象杂多而寻求本质统一的整体性理念。这种寻求本质统一的整体性理念,也可以理解为对人类生活世界公共性的追求,即寻求对人类具有普遍适用性的根本价值,以期为人的生存获取一种稳定安全的支撑点。

② 〔俄〕鲍·斯拉文:《被无知侮辱的思想　马克思社会理想的当代解读》,孙凌齐译,中央编译出版社 2006 年版,第 13 页。

③ 参见徐大同、吴春华:《西方政治思想史》,天津人民出版社 2005 年版,第 278 页。

过程进行了社会学和历史学的剖析。虽然他关注的是近代资本主义社会兴起的公共领域,但他认为其起源可以追溯到古代希腊城邦时期的政治生活。他在研究"公共领域"范畴时,对古希腊时期的公共领域特点作了如下描述:(1)这是一个与私人领域相区别的、为自由民所共有的公共领域,公共领域和私人领域之间泾渭分明;(2)公共领域是以理性对话(如辩论、诉讼等)和共同活动(如竞技活动、战争)为基础,来组织公共政治生活的;(3)公共领域目的是通向自由王国和永恒世界,它与必然王国、瞬间世界形成鲜明对比。①

首先,在古希腊城邦时期,公共领域与私人领域即"城邦领域"与"家庭领域"泾渭分明、相互分离,它意味着政治权力作为公共权力从社会中分离和独立出来,使得政治权力的公共性意涵体现得十分明显。对此,汉娜·阿伦特与罗尔斯的观点一样,认为公共领域和私人领域之区分可追溯到古希腊城邦兴起之时。"因为至少自古代城市国家产生以来,与家庭和政治领域相应的私人生活空间和公共生活空间始终是两个截然有别的、独立存在的实体。"其中,"家庭的私人领域是这样的一个地方,在那里,个人生存或种族延续的生命必然性得到了照料和保护。"②在阿伦特看来,所谓"私人领域",就是一个满足人基本吃穿用度的生存需要领域,其承担的主要职能是经济职能。公共领域则与私人领域截然不同,它是一个公共政治生活的领域,其根本属性就是公共政治属性,其职能就是为公民的公共政治生活提供空间和场所。换言之,希腊城邦生活也就是公共政治生活,城邦领域即是公共政治领域。

古希腊城邦的独特之处,就是组成它的人是本邦的公民,而不是外邦人和奴隶,公民区别于后二者之处就是他们能够参与公共的政治事务。亚里士多德从公民这一维度指出,城邦就是公民的组合,"全称的公民是凡得参加司法事务和治权机构的人们"③。全体公民组成城邦,城邦就是公民共同体。这样,整个社会生活可分为两种:公民生活和非公民生活。前者是由家庭事务、生产劳动等非公民们从事的私人性活动,属于私人生活领域;后者是由关涉到公共利益的政治活动所构成的公共生活,属于公民特有的公共政治领域。公民生活的本质是参与城邦的

---

① [德]尤尔根·哈贝马斯:《公共领域的结构转型》,曹卫东译,学林出版社2002年版,第3页。

② 汉娜·阿伦特:《人的境况》,王寅丽译,上海世纪出版集团2009年版,第18、29页。

③ 亚里士多德:《政治学》,吴寿彭译,商务印书馆1965年版,第112-114页。

公共政治活动,非公民生活则不能参与城邦公共政治活动的生活,实际上就是家庭私人生活。古希腊公共领域和私人领域的划分本身就具有重要的意义。因为政治权力的独立性和公共性是政治文明进步的重要指标,而古希腊已经做到了这一点。只是与现代国家中的公共权力相比,在公共权力之"公共性"的程度上,现代公共权力属于政治共同体中的每一个成员,而古希腊时期的公共权力仅仅属于少数公民。

其次,在古希腊,公共领域与私人领域、城邦领域与家庭领域、公民生活和非公民生活并不是并列的和同等重要的,它们之间的关系是一种主从关系,公共领域是主导,私人领域为从属。古希腊人的生活在本质上是公共政治生活,而城邦政治生活是一种彻底否弃家庭私人生活的"公共"生活,公共领域比私人领域处于更加重要的地位。"人是天生的政治动物",亚里士多德关于真正人的这一命题表明,政治是人之为人的本质特性,人按其本性来说必须过城邦生活,城邦公共政治生活是人完善自己的基本前提,因为只有在城邦中经由政治生活的人才能达到自己的"至善"状态。而家庭私人领域作为获取财富的经济领域,只是为古希腊公共领域的政治生活提供物质保障。正是在这个意义上,阿伦特将公共政治生活称为检视"真正人的试金石"。

由于古希腊空间狭小的城邦领土和相对封闭性的社会活动共同体,导致了城邦内部异常紧密的生活样式,加强了人们对城邦的集体认同感和归属感。体现在个人与城邦关系上,城邦是一个公民共同体,公民把城邦视为一个有机整体,自己不过是城邦机体中的一份子,公民的全部生活都属于城邦,包括他的肉体与精神、个人与家庭、财产与婚姻以及其他一切内容都受城邦的统治。个人只是城邦的工具,生为城邦,死亦为城邦。"我们不应假想任何公民可私有其本身,我们毋宁认为任何公民都应为城邦所公有"①。而个人融入城邦的方式,是参加公共活动。通过参与公共活动,每个公民作为个人融入了集体,并通过集体的力量决定着城邦的走向和价值观念。这样,公民与城邦浑然一体:城邦由于有了公民而成为城邦;而公民则在城邦的庇护下生活。城邦繁盛,得益的首先是公民;城邦遭难,他们也是首当其冲的受害者。城邦在,公民存;城邦灭,公民亡。公民积极地参与政治,与其说是一种自觉,还不如说是一种基于生存和发展的需要。每个人参与其

---

① 亚里士多德:《政治学》,吴寿彭译,商务印书馆1965年版,第407页。

中,都认识到自己和城邦之间的密切关联,认识到城邦利益和自身利益的密不可分,从而牢固确定了主权在民的思想并激发了个人维护集体的愿望,并愿意随时准备为城邦而战。正因为如此,当波斯气势汹汹地要求希腊臣服于自己时,面对强大的波斯,希腊人还是选择了不屈服,同仇敌忾保卫家园;正是凭着这种精神,在希波战争中,希腊打败了强大的波斯军队。这种对集体的认同感还通过宗教生活不断得到加强。在宗教生活中,人们参与到共同的游行之中,祭拜共同的神、到共同的圣地求问神谕、共享大型的公共宴会,在对神的敬畏中产生了对城邦的归属感。雅典娜、奥林匹斯众神构成了对希腊的强大保护,每个人都会因为是其中的一员而感到自豪。

再次,古希腊公共领域或城邦领域是公民共同体、城邦制度(平民政体)和公共空间三者的有机统一体,它们互相联结、相互统一共同构成了古典公共领域的现实形态。(1)城邦是一个公民共同体,公民是公共领域的主体承担者和受益者,他们是城邦的主人。组成城邦的公民共同参政、议政、祭祀神祇、管理城邦,他们是平等的"同类人"。没有公民就无所谓城邦,公民的活动也就是城邦的活动。(2)公共领域的内容是由城邦制度化的公民大会、议事会、陪审法庭、军事战争、宗教祭祀、文化娱乐以及体育竞赛等构成。这是一个由公民的言行构成的公共空间,它构成了公共领域的制度形态,即亚里士多德所说的"平民政体"。按照亚氏的说法,把一切都交付全体公民审议的政体是平民政体,其主要原则是自由,平民被赋予了平等的参政权、议事权,平民大众拥有最高权力,大多数人的意志就是公正。其具体形式有:所有公民轮流行使议事权,讨论各种法律和政体事宜;全体公民一同举行集会审议一切事项,各类行政官员没有任何裁决权。(3)公共领域的公民主体及其在公共领域里的言行必须依托一定的场所或公共空间中完成。这些公共空间由市政设施、宗教建筑和文化体育场所等公共建筑构成的,并作为开放性的公共空间为公民参与城邦事务提供了平台,使公共领域的公共性得以实现。公共领域的生活是一种完全公开开放的公共性生活。

古希腊城邦时期公民的政治生活,就其从公共领域或公共性理念而言,具有重要的历史意义和现实意义。第一,古希腊公共领域培养了公民精神。公共领域是公民参与公共政治生活的场所,它在本质上是由公民和城邦的关系所决定的。由于城邦与公民的关系和身体与手足的关系无异,公民必须要参与到城邦政治公共生活之中。他们在公民大会上共同对事关城邦重大利益的事宜进行讨论和决策;在陪审法庭中参与裁决各种诉讼纷争;在战场上他们为了城邦的存亡而浴血战斗。他们只有参加公共生活才能得到褒扬和荣耀,而沉溺于私人生活之中则受到诟病和鄙视。"一个不关心政治事务的人,我们不说他是一个注意自己事务的人,而是说他根本没有事务。"①正是在这些城邦公共生活的历练中,公民精神才得以孕育和发展。第二,古希腊公共领域培养了公民的个人主义精神。古希腊虽然奉行城邦至上的整体主义,但个人在城邦中并非处于附属地位。恰恰相反,城邦公共领域孕育了个人主义精神,它为个人表达自己的观点、展现自己的才能、彰显自己的智慧、表现自己的个性提供了空间,亚里士多德在论述平民政体时说:"人生应任情而行,各如所愿……惟有这样才可算是自由人的生活。"②古希腊人具有独立自主的意识,渴望按照自己的意志行事。古希腊城邦公共领域对个人主义精神的培育功不可没。第三,城邦公共领域是古希腊人过"优良生活"、实现人生超越的场所。"全人类的目的显然都在于优良生活或幸福(快乐)"③。所谓"优良生活"就是追求善德的生活,而善德的实现又在于行善。善德的实现与城邦的好坏紧密相连,"只有具备了最优良的政体的城邦,才能有最优良的治理;而治理最为优良的城邦,才有获致幸福的最大希望"④。因此,古希腊"良善生活"的追求,主要体现为城邦公共生活中的政治实践。古希腊人从生到死都以城邦为依归,个人生命是短促的,只有将个人生命融入城邦、奉献城邦,他们的生命才会有不朽的超越性意义。"因为城邦之于希腊人,如同共和国之于罗马人,最重要的是提供了一个空间,以抵御个人生活的空虚,为有死之人保留了相对的持久性,如果不是不朽的话。"⑤"在古希腊人看来,公共领域是自由王国和永恒世界,因而和必然王国、瞬间世界形成鲜明的对比。"⑥正是城邦公共领域给人生加上了不朽的砝码,慰藉和治愈了对个人生命短暂和无意义的恐惧。

古希腊时期公共领域的政治生活和城邦精神给马克思公共性思想的启迪是

---

① [古希腊]修昔底德:《伯罗奔尼撒战争史》(上册),谢德风译,商务印书馆 2011 年版,第 149 页。
② 亚里士多德:《政治学》,吴寿彭译,商务印书馆 1965 年版,第 317 页。
③ 亚里士多德:《政治学》,吴寿彭译,商务印书馆 1965 年版,第 388 页。
④ 亚里士多德:《政治学》,吴寿彭译,商务印书馆 1965 年版,第 388 页
⑤ 汉娜·阿伦特:《人的境况》,王寅丽译,上海世纪出版集团 2009 年版,第 37 页。
⑥ 哈贝马斯:《公共领域的结构转型》,曹卫东等译,学林出版社 1999 年版,第 3 页。

多方面的。比如,马克思的"社会共同体"思想,与古希腊的"公民共同体"有着直接的渊承关系。社会共同体是承载公共性的历史性存在,人总是在一定的共同体中生活,"人的本质是人的真正的共同体"①,在马克思的公共性思想中,人的公共性的发展程度与社会共同体的发展形式是紧密相连的。社会共同体既是马克思理解人类历史发展的一个重要范畴,也是他构建人类未来理想社会组织形式的一个重要概念。"只有在共同体中,个人才能获得全面发展其才能的手段,也就是说,只有在共同体中才可能有个人自由。"②在对未来社会的设想中,马克思将其描绘为"每个人的自由发展是一切人自由发展的自由人的联合体"。这是共同体发展的最高形态,是所有个体共同创造、也共同享有最为全面的公共性价值。在自由人的联合体中,人的公共性得到了全面的发展和体现,公共领域成为人的自由自觉活动的领域,公共利益成为真正的人类的普遍利益。再比如,古希腊的政体理论特别是亚里士多德的平民政体的思想,深深地影响和启发了马克思,它为马克思总结设计作为理想社会过渡形式的"巴黎公社"民主管理模式提供了重要的理论参照和样板。③ 戴维·赫尔德认为,马克思恩格斯的民主模式与古代雅典式、卢梭式的直接民主模式都不同,但他们把古希腊政治思想视为灵感源泉,"他们所勾勒的理想的民主程序模式,即1871年的巴黎公社,与雅典民主制有许多共同的特点。"④阿伦特也指出,马克思的共产主义理想"不是乌托邦,而是雅典城邦国家的政治和社会状况的重生。这种政治和社会状况,是柏拉图和亚里士多德的经验模式,并因此是我们的传统所依凭的基础"⑤。

二、近代社会契约论的公共性向度

近代以来的思想家们大多从国家—政府代表公共的契约精神作为出发点,来考察和探讨公共性问题。其基本观点是:人们在订立契约(公约)建立国家政府之

---

① 《马克思恩格斯全集》第3卷,人民出版社2002年版,第394页。
② 《马克思恩格斯选集》第1卷,人民出版社1995年版,第119页。
③ 王同新:《马克思恩格斯政府公共性思想与公共服务型政府构建》,中央编译局2014年版,第28页。
④ [英]戴维·赫尔德:《民主的模式》,燕继荣等译,中央编译局2004年版,第25页。
⑤ Hannah Arendt, Between Past and Future, New York: Viking, 1968:19.

前,社会处于无序的"自然状态"或"战争状态"①,为了有效地避免战争保持社会稳定,经过理性地考虑,人们通过订立契约结合起来以谋求共同利益,国家形成的基础在于人民的"同意"或"公意"。马克思运用唯物史观的立场和方法,对西方社会契约论思想采取了两面分析的态度:一方面,深刻揭示了契约关系得以产生的经济社会基础,对契约关系所具有的公共性精神进行借鉴性的吸收;另一方面,深入阐发了政治国家与市民社会的关系,认为国家权力来源于市民社会,市民社会决定政治国家,确立了人民群众的民主契约观,实现了对西方社会契约论思想的超越。

首先,对社会契约论公共性思想的批判性借鉴。"公意学说"是卢梭政治哲学的核心,是卢梭整个政治思想体系的"灵魂"。面对资本主义社会道德风尚的腐化和国家秩序的混乱,卢梭表示出了前所未有的忧虑和深思,在《社会契约论》等著作中,他试图用公意学说重新实现人类最大的幸福——自由与平等。"公意"并不是全体人民意志的机械加和,而是每个公民的个人意志中趋于一致的、真正共同的意志体现;"公意"始终以公共利益为宗旨,是共同体的共同意志和共同利益的一致体现,是衡量一切的标准,法律乃公意的宣告和记录,因而总是公正的。不仅如此,卢梭基于公意理论第一次为近代的民主思潮和民主运动提供了一项重要的理论基础——人民主权论,即政府是人民公共意志的产物,基于公意所创建的人民主权具有不可分割、不可转让、永远正确和神圣不可侵犯等内在特征。卢梭的

---

① 事实上,17 世纪的社会契约思想存在着两种截然不同的立场:一种是以霍布斯为代表的专制主义立场,一种是以洛克为代表的民权主义立场。霍布斯、格劳修斯等作为专制王权的拥护者,主张君权至上。他们认为,人天性邪恶,常处于"战争状态",为了建立和巩固社会秩序,人民订立社会契约并选出首领进行管理。由这样的契约和转让行为就能产生一个至高无上的主权者,即专制君主。人民在订立契约成立国家和政府时,放弃了自然权利和属于自己的国家主权,转让给人民选出的君主,且永远不能收回。英国思想家洛克坚持民权主义的立场,提出了与霍布斯截然相反的契约论思想。认为人类在"自然状态"下彼此自由平等,但是由于不存在权威,个人的自然权利往往难以得到保障,社会契约与国家的建立就是产生一个惩罚不公正之事的君主,但君主的权力来源于人民,且权力有限,仅仅是一个仲裁者,如果君主背信弃义、残暴无道,人民有权反对甚至杀死暴君。卢梭进一步将社会契约的基本内容归结为如下的性质特征:即共同体中的每个人都同等地将自身的一切权利转让给共同体,但实际权利仍然掌握在自己手中,因为每个人的缔约者既是集体,也是平等存在于集体的个人。每个人可以从任意一个结合者处获得让渡出去的权利,这样,"人们就得到了自己所丧失的一切东西的等价物以及更大的力量来保全自己的所有"。

《社会契约论》成为近代世界民主诉求最有力的思想武器,为18世纪末法国和美国资产阶级民主革命提供了理论纲领,美国的《独立宣言》、法国的《人权宣言》,在很大程度上都直接继承和体现了卢梭的公意理论精神和政治理想,卢梭也因此被称为近代民主政治思想的里程碑式人物。

显然,近代社会契约论思想蕴涵着天然而丰富的公共性精神,为人们谋求公共利益、维护公共生活提供了重要保障。对此,马克思给予了高度的评价:"正如官僚是国家在市民社会中的全权代表一样,各等级是市民社会在国家中的全权代表。所以两个对立的意志经常发生契约关系。""国家制度只不过是政治国家与非政治国家之间的协调,所以它本身必然是两种本质上各不相同的势力之间的一种契约。"①

其次,对社会契约论公共性思想的批判性超越。虽然社会契约论作为西方资产阶级反封建斗争的锐利武器,在资产阶级革命中立下了赫赫战功。但由于其立论的前提是所谓的"自然状态""自然法则"等纯属逻辑预设,对于卢梭所论述的在社会契约建立前孤立的个人自由平等的自然状态,一直以来被认为是从未在历史上出现过的。马克思曾经一针见血地对社会契约论的理论前提进行了批判:"卢梭的通过契约来建立天生独立的主体之间的关系和联系的'社会契约',也不是以这种自然主义为基础的。这是假象……其实,这是对于16世纪以来就作了准备、而在18世纪大踏步走向成熟的'市民社会'的预感。……这种18世纪的个人,一方面是封建社会形式解体的产物,另一方面是16世纪以来新兴生产力的产物,而在18世纪的预言家看来,这种个人是曾在过去存在过的理想;……这种个人不是历史的结果,而是历史的起点。"②马克思将卢梭视作新兴市民阶级尤其是资产阶级利益和价值观的代表者,认为他们以想象的个人概念为前提,以现实的契约理论为模型,完成对政治性权力合法性的论证。马克思的思想在于批判卢梭的资产阶级属性,以及社会契约论只是资产阶级一个理想构建与利益表达。因此,卢梭的公意学说与其抽象的人民主权学说一样,都脱离了社会经济基础和阶级分析法抽象地考察所谓"公共意志",具有浓厚的乌托邦色彩。

实际上,契约关系和政治国家产生的真正基础,是基于经济交往活动的社会

① 《马克思恩格斯全集》第1卷,人民出版社1956年版,第316、327页。
② 《马克思恩格斯选集》第2卷,人民出版社1995年版,第1—2页。

生活实践,是社会生产力与交往关系发展到一定阶段的产物。在分工出现以前的原始社会早期,生产力水平低下,没有剩余劳动和产品交换,人们不可能产生契约观念。自从分工产生后,生产活动及其产品交换在规模上和复杂程度上有了很大的发展,需要有一个权威组织来进行公共管理,保障生产和交换的顺利进行,维护公共利益不受损害,这就使得契约关系和国家的产生有了现实的可能和必要。"社会产生着它不能缺少的某些共同职能。被指定执行这种职能的人,形成社会内部分工的一个新部门。这样,他们也获得了同授权给他们的人相对立的特殊利益,他们同这些人相对立而独立起来,于是就出现了国家。"①可见,国家承担社会公共职能、维护共同利益不是源于"公意",而是与社会公共管理职能的独立化密切相关,是社会发展到一定历史阶段公共职能分化的产物。

马克思运用唯物史观和阶级分析的方法,批判了卢梭脱离社会经济基础和阶级意志来考察所谓的"公共意志",把主权问题和阶级问题分离开来,不了解主权是有阶级内容的,它是掌握国家政权的统治阶级的意志的体现,从而超越了卢梭的"公意"理论和抽象的人民主权学说。在马克思看来,只有在经济上占统治地位,才能通过国家机关将本阶级的意志上升为国家意志,维护本阶级的利益。国家产生的直接目的,好像是为了满足社会公共需要、维护社会公共利益、为社会全体成员谋福祉,但国家作为整个社会的正式代表,实质上是建立在个体利益与公共利益、特殊利益和普遍利益矛盾的基础上,"这些始终真正地同共同利益和虚幻的共同利益相对抗的特殊利益所进行的实际斗争,使得通过国家这种虚幻的'普遍'利益来进行实际的干涉和约束成为必要。"②这就产生了阶级分化基础上的市民社会与政治国家的对立,而国家制度不过是市民社会与政治国家这两种本质上各不相同的势力之间的一种契约,并使得政治国家具有虚幻性。"正是由于特殊利益和共同利益之间的这种矛盾,共同利益才采取国家这种与实际的单个利益和全体利益相脱离的独立形式,同时采取虚幻的共同体的形式。"③国家之所以采取虚幻的共同体的形式,则又是由国家的阶级本质决定的,"对于被统治的阶级来说,它不仅是完全虚幻的共同体,而且是新的桎梏"④。"国家的本质特征,是和人

---

① 《马克思恩格斯选集》第 4 卷,人民出版社 1995 年版,第 700 – 701 页。
② 《马克思恩格斯选集》第 1 卷,人民出版社 1995 年版,第 85 页。
③ 《马克思恩格斯选集》第 1 卷,人民出版社 1995 年版,第 84 页。
④ 《马克思恩格斯选集》第 1 卷,人民出版社 1995 年版,第 119 页。

民大众分离的公共权力。"①现代资产阶级国家本质上也是"虚幻的共同体",不过是管理整个资产阶级共同事物的委员会罢了。社会契约论者所鼓吹的超越阶级的自由、平等、民主,对于广大无产阶级和劳动群众来说则是抽象的和虚化的。社会主义国家建立了无产阶级的民主制度,真正实现了人民民主,克服了市民社会与政治国家之间的矛盾对立,体现了马克思主义民主契约观对资产阶级社会契约论之公共性向度的批判性超越。"主权在民"的实质就是国家的最高权力属于人民,人民才是国家一切行为的最后决策者。

三、德国古典哲学中的公共性资源

黑格尔被马克思看作是资产阶级思想最高最终的表达和代表。马克思曾指出,以黑格尔为代表的"德国的法哲学和国家哲学是唯一与正式的当代现实保持在同等水平上的德国历史",而"德国的国家哲学和法哲学在黑格尔的著作中得到了最系统、最丰富和最终的表述"②。黑格尔关于市民社会与政治国家及其关系的论述,无疑是其公共性理论资源的集中表达。马克思还指出:"黑格尔把市民社会和政治社会的分离看作一种矛盾,这是他较深刻的地方。但错误的是:他满足于只从表面上解决这种矛盾,并把这种表面当作事情的本质。③"这表明,马克思对黑格尔的公共性思想采取了批判继承和扬弃超越的辩证态度:一方面,马克思高度肯定了黑格尔政治国家思想的系统丰富性,指出了黑格尔将市民社会与政治国家的分离和矛盾作为法哲学出发点的合理性,以及他们批判自由主义的共同范式和立场;另一方面,马克思又是通过对黑格尔政治哲学和法哲学全面的批判和改造的基础上来建立自己的国家学说的。"在某种程度上,马克思试图实现黑格尔法哲学中的基本设想。这只有通过与黑格尔体系的彻底决裂才能做到",不仅如此,马克思甚至"与黑格尔主义传统的彻底决裂,也只有在黑格尔主义传统自身的语境中才能得到理解。④"黑格尔把政治国家的普遍利益与市民社会的特殊利益抽象地对立起来,并试图通过虚幻的"绝对理念"加以谐调,马克思认为这是黑格尔的浅表之处。正是通过对黑格尔为代表的德国古典哲学中的公共性资源的

---

① 《马克思恩格斯选集》第 4 卷,人民出版社 1995 年版,第 116 页。
② 《马克思恩格斯选集》第 1 卷,人民出版社 1995 年版,第 7 - 8 页。
③ 《马克思恩格斯全集》第 1 卷,人民出版社 1956 年版,第 338 页。
④ 徐大同、吴春华:《西方政治思想史》第 4 卷,天津人民出版社,2005 年版,第 282 - 283 页。

批判性继承,体现了马克思公共性思想的黑格尔主义的来源。下面做一具体的考察。

作为德国古典哲学和西方近代哲学的集大成者,黑格尔站在客观唯心主义的立场上,贯彻实体即主体的辩证法原则,将"精神"作为哲学中最高而唯一的绝对无限之实体,它在活生生的自我运动中展开自身。黑格尔虽然用抽象神秘化的精神来代替人之主体,却深刻地揭示了人的自我生成是一个矛盾而曲折、艰苦而漫长的历史过程。这一过程是主体和客体、自我与他人、个体与社会不断从对立走向统一、从外化到外化的扬弃并不断迈向自由的进步过程,推动这一进程的能动性的因素是"作为推动原则和创造原则的否定的辩证法"。黑格尔通过"否定性辩证法"所揭示的精神的自我发展和创造的能动性本质,实际上是对人的劳动及其能动性本质所作的唯心主义抽象。马克思认为黑格尔"把人的对象化看作失去对象,看作外化和这种外化的扬弃",是"抓住了劳动的本质",并把真正的人的自我形成理解为他自己劳动的结果,把历史理解为人在劳动中经历的漫长的对象化、外化和扬弃这种外化的过程。从这一意义上说,黑格尔否定性辩证法乃是对劳动本质的哲学表达。在此基础上,黑格尔进一步阐述了他的市民社会与政治国家关系的理论。

在黑格尔看来,满足人的需要的劳动和分工交换,是形成市民社会关系的基础。市民社会作为人与人之间构成的经济关系总体,其形成的基础是个人的特殊利益,其联系的纽带是劳动分工基础上的交换需要,其根本特点在于这种关系总体的自发性、盲目性即"形式的普遍性"。在市民社会中,个人是完全独立的原子,每个人在主观上都以自身为目的,都在追求和满足自己的特殊利益和需要,特殊性是它的基本原则。由于市民社会只是出于人们利益之间相互需要而结成的"非伦理性的统一",只是伴随着工业和贸易的发展而自发形成的一种需要和劳动的交换体系。因此它相对于最高的普遍伦理实体即国家来说,只是一个中介的、否定的环节。在黑格尔看来,作为需要和交换体系的市民社会关系,实际上是以物为外观表现出来的交换价值关系,它受到自发性和盲目性的支配,其普遍利益与特殊利益仍处于分裂和对抗的关系状态之中。它是"个人私利的战场,……也是私人利益跟特殊公共事务冲突的舞台"①。而国家则就不同了,黑格尔把国家视

---

① 黑格尔:《精神现象学》(上册),商务印书馆1979年版,第309页。

为客观化的精神,一种总体性的普遍伦理,绝对自在自为的理性的东西。"现代国家的本质在于,普遍物是同特殊性的完全自由和私人福利相结合的,""是客观自由(即普遍的实体性意志)与主观自由(即个人知识和他追求特殊目的的意志)两者的统一"①。在国家中,普遍的实体意志和个人的自我意识得到了统一,个人从私人成了国家成员即公民,成了真正的个体。在《法哲学原理》中,黑格尔进一步论说道,从"世界历史"上看,每一个民族主权国家之间所发生的关系也应当是一种"相互承认"的关系,达成一种更具普遍性的精神,这一精神便是世界精神或世界理性。显然,黑格尔的国家哲学和世界精神中蕴藏着丰富的公共性思想资源。

按照黑格尔逻辑学之思辨模式建立起来的法哲学观点是,作为普遍利益体系的国家是自在自为的现实的最高理性本质,作为私人利益体系的家庭和市民社会则是没有自在独立性的有限性领域,它们从属于国家,它们的矛盾只有在国家中才能得到解决。理念仿佛首先在自己概念的低级领域即家庭和市民社会中自我异化,然后再扬弃它们,在国家中达到自己真正的本质。理念的发展决定了市民社会向国家的过渡,国家对于家庭和市民社会来说是外在的必然性和它们的最高权力,也是它们的内在目的和发展动力。可见,黑格尔社会关系的逻辑是:理念→国家→家庭、市民社会→个人。其中理念是独立的主体,国家是伦理观念的现实化身,是具有总体性的"伦理精神",家庭、市民社会则是国家的创造物和"想象的内部活动",现实的个人是从国家理念中引申出来的作为"国家人格"的君主,而普通个人在国家理念面前不过是有限的现实材料和一群无定型的东西,"不过是玩跷跷板的游戏罢了"②。

从黑格尔的法哲学中可概括出两个明显的特征:其一是颠倒现实事物和理念关系的泛逻辑主义的方法论特征。他把理念看成是现实事物之外的某种独立的精神本原,以其来代替现实,头足倒置地以"思维的样式"来制造对象,使现实事物服从逻辑推演的需要。因此,黑格尔注意的中心实际上不是法哲学,而是逻辑学。"法哲学只是逻辑学的补充","具有哲学意义的不是事物本身的逻辑,而是逻辑本身的事物。不是用逻辑来论证国家,而是用国家来论证逻辑"③。其二是为现存社会制度和君主政权辩护的保守的政治倾向。虽然黑格尔"较深刻"地指出了市

---

① 黑格尔:《精神现象学》(上册),商务印书馆1979年版,第260、261页。
② 黑格尔:《法哲学原理》,商务印书馆1961年版,第165页。
③ 《马克思恩格斯全集》第1卷,人民出版社,1956年版,第263页。

民社会和国家的分离和矛盾,但"他把这种状况想象为理念的必然环节……他不愿意市民社会和政治生活有任何分离"①,并企图用国家理念来消融现实矛盾从而证明现实国家的合理性。但是,为了证明包罗万象的理念的现实性,黑格尔又不得不求助于经验,从现实材料中去"寻找逻辑概念的历史的再现",这种"粗劣的唯物主义"把暂时的经验提升为绝对的原则,用现存的东西去冒充事物的本质——"凡是现实的都是合理的"——普鲁士王国及其作为国家人格的君主由此一跃而成为理念的最高体现。

市民社会与政治国家的关系,是青年马克思"苦恼疑问"的关节点,也是《黑格尔法哲学批判》的着力处。马克思批判黑格尔把"理念变成了独立的主体,而家庭和市民社会对国家的现实关系变成了理念所具有的想象的内部关系,实际上,家庭和市民社会是国家的前提,它们才是真正的活动者。"马克思的批判得出的结论是:"不是国家和法决定市民社会,而是市民社会决定国家和法",从而初步揭开了"苦恼疑问"的谜底。②

针对黑格尔"逻辑泛神论的神秘主义"方法论和保守的政治倾向,马克思以超出黑格尔"语境"的方式,把理念同现实世界这个被黑格尔颠倒并神秘化了的关系作了重新的"还原"。马克思是从"现实的人引伸出国家",反对黑格尔把家庭、市民社会和国家看作"理念的各种规定",认为它们不过是"现实的人的存在方式"的各种社会形式,是"人的本质的实现"和"人的本质的客体化"而已。因为"人永远是这一社会组织的本质",而"国家的职能和活动是人的职能,……是人的社会特质的存在和活动的方式"。"正如不是宗教创造了人而是人创造了宗教,不是国家制度创造人民,而是人民创造国家制度。"因此,各种社会形式并不是理念的规定和环节,而是作为现实主体的人的"固有的质",它们是不过表现了人的普遍性而已。据此,马克思认为"家庭和市民社会是国家的前提,它们才是真正的活动者"。正是"家庭和市民社会本身把自己变成国家。它们才是原动力。"相反,如果"政治国家没有家庭的天然基础和市民社会的人为基础就不可能存在"③。这样,马克思基于市民社会的国家观颠覆了他先前基于理性主义的政治国家观。

---

① 《马克思恩格斯全集》第 1 卷,人民出版社,1956 年版,第 336 页。

② 参见《马克思恩格斯全集》第 1 卷,人民出版社,1956 年版,第 250、251、283、284 页。

③ 参见《马克思恩格斯全集》第 1 卷,人民出版社,1956 年版,第 336、292、193、270、281、251、252 页。

依据市民社会决定国家、市民社会是国家前提的原理,马克思进一步导入对现实社会关系的剖析和批判。马克思的推论是:如果说现实的政治制度是不合理的,它不符合"作为一个总和的整体的国家"的原则,那么,其不合理性和异化的根源仍然在于市民社会,在于"非政治"的生活组织本身。为此他坚决反对黑格尔"把现象的矛盾理解为本质中的理念中的统一"的形而上学做法,把现象的矛盾的本质看作是现实中"本质的矛盾"——"市民社会的自身矛盾",并致力于把矛盾归结为它的客观世俗基础和寻找矛盾的更深刻的根源,而不能"满足于只从表面上解决这种矛盾"。只有把矛盾归结为它的客观世俗基础和根源,才能在矛盾运动中揭示事物的必然联系和规律性。马克思分析道:"对现代国家制度的真正哲学的批判,不仅要揭露这种制度中实际存在的矛盾,而且要解释这些矛盾;真正哲学的批判要理解这些矛盾的根源和必然性,从它们的特殊意义上来把握它们。"马克思由此给自己提出的"历史任务就是要使政治国家返回实在世界",当"人的自我异化的神圣形象"被揭穿以后,进一步"揭露非神圣形象中的自我异化……。于是对天国的批判就变成对尘世的批判,对宗教的批判就变成对法的批判,对神学的批判就变成对政治的批判"①。正是从国家和市民社会的矛盾中进一步揭示矛盾的根源——市民社会本身的矛盾,为马克思日后揭示社会历史的基本矛盾,揭示资本主义社会关系的特殊矛盾逻辑,从而完成历史观上的深刻革命奠定了方向。

四、空想社会主义的公共性素材

恩格斯在谈到空想社会主义者圣西门、傅立叶和欧文的理论和贡献时说:"虽然这三位思想家的学说含有十分虚幻和空想的性质,但他们终究是属于一切时代最伟大的智士之列的,他们天才地预示了我们现在已经科学地证明了其正确性的无数真理。②"

空想社会主义作为反对资本主义的社会意识,起源于 16 世纪资本主义发展初期的欧洲。与资本主义发展从家庭手工业时期到工厂手工业再到机器大工业三个阶段相适应,空想社会主义也大致经历了三个阶段。16 世纪和 17 世纪,是资

---

① 参见《马克思恩格斯全集》第 1 卷,人民出版社 1956 年版,第 385、338、359、283、453 页。
② 《马克思恩格斯全集》第 18 卷,人民出版社 1964 年版,第 566 页。

本主义原始积累和家庭手工业时期,这是空想社会主义的初级阶段,是早期无产阶级要求的"象征、表现和先声"。这时的空想社会主义还不可能对资本主义的本质和发展规律从理论上进行论证,而只能以文学的形式幻想出一个理想的社会制度与之相对立。到了 18 世纪,随着资本主义的发展进入手工工场时期,空想社会主义者把社会主义思潮推进到了中级发展形态。这时的空想社会主义带有平均主义和禁欲主义的色彩。18 世纪末和 19 世纪初,随着资本主义的发展进入工业革命时期,空想社会主义便发展到最高阶段。其主要代表人物有圣西门、傅立叶与欧文。他们采用详尽的历史事实和理论论证来说明资本主义社会的种种不合理性,构想了未来和谐社会的理想模式。总之,空想社会主义学说、特别是 19 世纪三大空想家圣西门、傅立叶和欧文等人的思想,包含着两大理论贡献:一是对资本主义社会的种种罪恶和弊端进行了深刻地揭露和批判;二是对未来理想社会作了大量前瞻性的论述,进行了充满理想的描写和构想。正如马克思恩格斯在《共产党宣言》中所指出的,空想社会主义者的"著作抨击现存社会的全部基础。因此,它们提供了启发工人觉悟得极为宝贵的材料",它们还提出了"关于未来社会的积极的主张,例如消灭城乡对立,消灭家庭,消灭私人经营,消灭雇佣劳动,提倡社会和谐,把国家变成纯粹的生产管理机构"①。这些思想共同构成了马克思公共性思想的直接理论素材。

(一)批判资本主义、主张消灭私有制的思想,被马克思公共性思想所批判借鉴

"所有制是社会大厦的基础"(圣西门),空想社会主义者触及到了社会存在和发展的物质基础,试图用社会的经济状况来说明政治制度。认为政府的形式不是本质,所有制(财产关系)才是问题的根本。因此,对私有制度的尖锐批判和所有制关系的重新改造,差不多是空想社会主义者共同的原则特征。"如不彻底废除私有制,产品就不可能公平分配,人类不可能获得幸福。"②

圣西门认为,资本主义社会"完全是个是非颠倒的世界"③:在政治上,资本主义制度是新的压迫制度;在经济上,资本主义制度是对劳动人民的残酷掠夺;在道德和意识形态上,资本主义制度是残酷的利己主义占支配地位的社会制度;在社

---

① 《马克思恩格斯选集》第 1 卷,人民出版社 1995 年版,第 304 页。
② 莫尔:《乌托邦》,商务印书馆 1982 年版,第 44 页。
③ 《圣西门选集》第 2 卷,商务印书馆 1982 年版,第 239 页。

会发展形态上,资本主义制度是存在于"旧制度"和"新制度"之间的一个过渡性社会制度。在他看来,资本主义社会生产的无政府状态是"一切灾难中最严重的灾难",是引起其他灾难的原因。而组织经济生活和实行计划经济才是摆脱社会生产无政府状态的根本途径,这只有在他设计的理想社会制度——"实业制度"下才有可能。

对资本主义制度的尖锐讽刺、揭露和深刻批判,也是傅立叶学说中最精彩、最有价值的部分。"傅立叶对现存的社会关系作了非常尖锐、非常生动和非常明睿的批判"①,"在傅立叶的著作中,几乎每一页都放射出对备受称颂的文明造成的灾祸所作的讽刺和批判的火花。"②他视资本主义制度为"社会地狱"和"贫困的温床",③历数了资本主义的种种罪恶,指出资本主义制度是人类社会制度中最丑恶的一种,是政治和经济方面的"颠倒世界",它"过去是,将来也只能是一个罪恶的渊薮"④。他把生产的分散性和无政府状态看作是构成文明制度的"首要因素"。在1825年英国爆发第一次全国性的经济危机以后,傅立叶第一个提出了这是"生产过剩引起的危机",是"由物资过剩的压力所造成的危机"⑤。恩格斯认为这一论断"中肯地说明了所有这几次危机的实质"⑥。在批判资本主义文明制度基础上,傅立叶提出了自己理想的社会制度——"和谐制度"。

对资本主义私有制度的批判更是欧文空想社会主义学说的重要组成部分,资本主义私有制是一切罪恶和灾难的根源。欧文认为,私有制、宗教以及建立在这二者之上的现代婚姻,是资本主义社会"三位一体"的祸害。在这"三害"之中,宗教是维护私有财产的宗教,婚姻是建立在金钱之上的虚伪的婚姻,产生灾难和罪恶的最根本原因则是资本主义私有制。资本主义私有制的存在还造成了严重的贫富对立和阶级对立:一方面是财富迅速集中在少数资本家手中,一方面是占人口大多数的劳动群众却急剧地沦为"工资制的奴隶"。社会上的一切罪恶无不源于私有制,"私有制使人为成魔鬼,使全世界变成地狱","它在原则上是那样不合

---

① 《马克思恩格斯全集》第2卷,人民出版社1957年版,第656页。
② 《马克思恩格斯选集》第3卷,人民出版社1995年版,第615页。
③ 《傅立叶选集》第2卷,商务印书馆1982年版,第103页。
④ 《傅立叶选集》第3卷,商务印书馆1982年版,第155页
⑤ 《傅立叶选集》第2卷,商务印书馆1982年版,第103页。
⑥ 《马克思恩格斯选集》第3卷,人民出版社1995年版,第750页。

乎正义,如同它在实践上不合乎理性一样。"①因此,要想消灭罪恶和灾难,就不能一般地反对商业或对现存社会制度进行局部的改革,而是要消灭资本主义的整个私有制度,对这个社会制度进行彻底的改造。

马克思恩格斯在《共产党宣言》中指出:"共产党人可以把自己的理论概括为一句话:消灭私有制。"如果说空想社会主义者追求的是私有财产的普遍化和平均化,意味着对整个文化和文明世界的抽象否定,那么马克思对资本主义私有制则采取了历史主义的辩证态度,既肯定私有制的历史作用,又揭示其剥削本质,并进而主张消灭私有制和阶级差别、生产资料归社会占有,把资本变为公共财产,让公共权力失去政治性质,从而实现最普遍的公共性。马克思恩格斯进一步强调指出:"把资本变为公共的、属于社会全体成员的财产,这并不是把个人财产变为社会财产。这里所改变的只是财产的社会性质。它将失掉它的阶级性质。""当阶级差别在发展进程中已经消失而全部生产集中在联合起来的个人的手里的时候,公共权力就失去政治性质。……代替那存在着阶级和阶级对立的资产阶级旧社会的,将是这样一个联合体,在那里,每个人的自由发展是一切人的自由发展的条件。"②由此可见,消灭了私有制和阶级对立、实行生产资料公共占有的"自由人的联合体"是马克思公共性思想的最高命题和理想模式。

(二)关于未来理想社会制度的设想和描绘,为马克思公共性思想所吸收继承

尽管空想社会主义者在不同的历史时期提出了各自不同的主张,但是他们有一个共同的本质特点,那就是把建立公平、正义、和谐社会作为社会发展的公共性目标。他们在自己的学说中从人与自然、人与人、人与社会等方面论证了理想社会的基本价值体系,描述了一个和谐完美、自由民主、平等富足、人人幸福的理想社会图景。

(1)协作生产、计划管理,使社会组织秩序化。由于 19 世纪的西欧社会正处于工场手工业向机器化大生产的急剧转型时期,空想社会主义者普遍认识到当时隐约暴露出来的资本主义社会矛盾,特别是大规模生产和分散生产之间的矛盾,认识到资本主义生产无政府状态这一根本缺陷所带来的危害。因此,在他们所设

---

① 《欧文选集》第 2 卷,商务印书馆 1981 年版,第 109 页。
② 《马克思恩格斯选集》第 3 卷,人民出版社 1995 年版,第 286、287、294 页。

计的未来社会中,必须对社会经济关系进行全面的改造,把大规模生产和分散生产相矛盾的文明制度(资本主义制度)改造成为大规模生产和协作结构相统一的和谐制度,而处于第一位的当然是生产的有组织、有计划性。

圣西门设计的理想社会制度是"实业制度",又称为"和谐制度",傅立叶设计的理想社会制度也叫"和谐制度",其基本单位是"法郎吉"。和谐制度的根本特征就是大规模生产和协作生产的统一,在发挥劳动者个人积极性和聪明才智的基础上实现全社会经济的平衡、协调。欧文设计的理想社会是"公社制度",他为公社制定的组织法叫《新协和公社组织法》,认为每个公社都是"一个由农、工、商、学结合起来的大家庭",统一管理协调。

第二,发展生产、承认差别,尽可能满足人的各种需要。按照傅立叶的说法,每一个人的能力及其贡献是不同的,在分配所得方面也会存在一定的差别。傅立叶明确提出按照"资本、劳动和才能来确立"的分配才是"每个人都觉得满意的分配",分配的比例为劳动占 5/12,资本占 4 ~ 5/12,才能占 3 ~ 2/12。圣西门曾经直白地劝告无产者,私有者虽然在人数上比你们少得多,而他们的文化却比你们高得多,为了共同的福利,应当按照文化程度分配统治权,认为每个人的收入应当与他的才能和贡献成正比。欧文认为,合理的分配只能在公平交易市场中进行,劳动者凭证明自己在参与共同劳动份额中的劳动券,在交易市场中领取相应的劳动产品。这实际上包含着在共同劳动产品范围内的按劳分配原则。

三大空想社会主义者所设计的和谐社会中,也普遍反对禁欲主义。他们认为,未来想要让社会安宁、和谐与发展,必须充分满足人民的物质和精神的需要,实现"劳动和享受的统一"。圣西门认为,人们只有得到物质和精神两方面的双重快乐,满足身心需要后,才能成为幸福的人。傅立叶认为,和谐社会是一个保证符合人类自然本性的、健康的情欲得到充分满足的幸福社会。欧文也认为,未来社会"人人都将丰衣足食,享有各种生活必需品和舒适的生活条件",因为这是一个"符合人类天性和社会福利"的社会。①

第三,尊重劳动、尊重知识,实现人的彻底解放和全面发展。劳动是最主要的天赋人权,"一切财富都来自劳动和知识"②,这是三大空想社会主义者的一个基

---

① 《欧文选集》第 1 卷,商务印书馆 1979 年版,第 229、185 页。
② 《欧文选集》第 2 卷,商务印书馆 1981 年版,第 206 页。

本价值观点。劳动是每一个人天然的权利,每个人都应劳动,都具有劳动权;劳动应该受到全社会的尊重,最有益的劳动应当最受尊重。三大空想社会主义者都提出了"一切人都应当劳动"的观点,认为"劳动是一切美德的源泉",是"一切财富和国家繁荣的源泉"①。傅立叶认为,劳动是人所固有的一种情欲,是每个人天生的需要或爱好。劳动不仅是财富的源泉,而且也是人的真正的生活需要和自我锻炼,未来社会制度必须保证按照人的愿望自由地选择劳动。欧文主张,未来的社会应该建立在财产共有的基础上,人人参加劳动,没有阶级,没有剥削,各取所需,劳动成为乐生的手段,并把"人类劳动或人类所运用的体力与脑力的结合是自然的价值标准"作为使全国充满繁荣景象的原则措施之一。②

为了让人们尊重知识分子、尊重知识,三大空想社会主义者在自己的学说中特别注重知识的重要性,强调"人类不应忽略,他们应当酬谢那些以其知识的火炬为人类服务的人,他们应当集体酬谢这些以其灿烂的光芒普照大地的火炬。"③并把"寻求各种知识"作为新和谐社会组织法的一个基本原则,认为"人的享受幸福的欲望、也就是人的利己心愈是受到正确的知识的指导,人的高深的和造福他人的行为也就愈多,……我们现在就应该采取一切合乎理性的方法来……增加人们的正确知识"④。

作为资本主义制度的反对者,空想社会主义还把实现人的尊严、平等、解放和全面发展作为自己的研究中心。他们仇恨和敌视资本主义制度的根本原因在于,它是一种"每个人对全体和全体对每个人的战争"的制度(傅立叶),"是一个是非颠倒的世界"(圣西门)。傅立叶认为,资本主义制度下的劳动者,被终身束缚于某种单一工作,造成了工人的畸形发展和劳动本身的畸形发展,这完全是与人的"情欲"要求相背离。欧文还进一步揭露了机器等技术发明的采用和大工厂工业的发展给无产阶级带来的灾难。而在未来社会,由于旧式分工不复存在,人们的智力和体力的发展都非常全面,教育从一开始就同生产劳动相结合。生产劳动成为了一种娱乐,每一个社会成员都不必终身被束缚在一种职业上,而是可以根据自

---

① 《圣西门选集》第 1 卷,商务印书馆 1979 年版,第 24 页;第 2 卷,商务印书馆 1982 年版,第 71 页。
② 《欧文选集》第 1 卷,商务印书馆 1979 年版,第 304、309 – 310 页。
③ 《圣西门选集》第 1 卷,商务印书馆 1982 年版,第 5 页。
④ 《欧文选集》第 1 卷,商务印书馆 1979 年版,第 60 – 61 页。

己的个性,自由地选择职业和发展自我。马克思对此说道:"欧文和傅立叶都要求消灭城市和乡村之间的对立,作为消灭整个旧的分工的第一个条件。……他们两人都要求每个人在农业和工业上尽可能多地调整工种,并且相应地训练青年从事尽可能全面的技术活动。在他们两人看来,人应该通过全面的实践活动获得全面的发展;劳动应当重新获得它由于分工而丧失的那种吸引人的力量。"①

第四,废除私有制、建立公有制,追求公平、平等和社会正义。公平、公正和社会正义是所有社会主义者追求的理想社会必须贯彻的基本原则。废除私有制、建立公有制的根本目的就是为了实现社会公平、公正和社会正义,让公正、平等、正义渗透到社会生活的方方面面。圣西门认为:"实业制度则建立在完全平等的原则上,它否认一切以出身为基础的权力,不承认各种特权"②。欧文则主张"一切人生下来就有平等的权利"③。三大空想社会主义者之所以把公正、公平与正义视为未来和谐社会的一个重要原则,是因为"在这种制度下,绝不会发生什么侮辱人和压迫人的事情","正直和公正将是谋求利益的唯一途径","是满足每个人得到提升、赞美、支持的愿望的手段"④。只有当一个社会建立在公正、公平与正义的基础上的时候,这个社会才是一个"富裕、睿智、善行和幸福的园地"⑤。

而要建立公平、公正和社会正义,就必须实现人与人之间的权利平等。首先是劳动权,它是"最主要的天赋人权",它要求"找出最可行和生效最快的手段来保证生产者大众经常有工作"。其次是政治权利的平等,所有社会成员在经济地位和政治地位上没有高低之分。再次,是所有人都有平等地获得劳动成果的权利、平等的享受权利和平等的受教育权利,妇女也获得了解放,争得了与男子一样平等的权利。

---

① 《马克思恩格斯全集》第 20 卷,人民出版社 1971 年版,第 317 - 318 页。
② 《圣西门选集》第 2 卷,商务印书馆 1982 年版,第 80 页。
③ 《欧文选集》第 2 卷,商务印书馆 1981 年版,第 33 页。
④ 《傅立叶选集》第 2 卷,商务印书馆 1981 年版,第 136 页;第 1 卷,商务印书馆 1979 年版,第 144 页。
⑤ 《欧文选集》第 1 卷,商务印书馆 1979 年版,第 232 页。

第二章

马克思民生思想的探索历程与多重维度

马克思探索民生观的心路历程,历经自古希腊以来一直到空想社会主义民生思想素材的洗礼,是对其既充分吸收又批判性扬弃的基础上形成的。可以说,马克思哲学历史观的每一次重大转换,都与其对民生观思想的重新思考和分析定位分不开的。在对马克思民生思想的多重维度的分析中,我们按照"生活需要—生产实践—公共视域—人的发展"的逻辑思路,做一些展开性的分析,以期描述出马克思民生观的总体图景。

第一节 马克思探索民生思想的心路历程

在马克思的经典文本中,虽然没有关于民生范畴的表述,但贯穿于马克思从早期到晚期的一系列理论著述和实践活动中,却蕴涵着十分丰富的民生思想或民生观点。可以说,基于民众化的社会人格,关注人的生活境况,重视人的利益取向,追求人的自由和解放,是马克思理论体系的本质特征。为此,笔者试图通过对各个时期主要经典文本的解读,梳理和阐扬马克思民生观的逻辑演进和思想内涵。

马克思探索民生思想的心路历程,曲折跌宕,在一定程度上是以浓缩的形式再现了自启蒙思想到德国古典哲学的历史发展,同时也是一个逐步摆脱传统观念,汲取一切合理思想因素,以适应时代发展、历史变革和社会实践的需要的过程。其逻辑演进或理论嬗变大致是:"理性之法"与"利益之法"——从《博士论文》到《莱茵报》时期民生观的根本转变;"政治解放"与"人类解放"——《德法年鉴》时期对民生观价值取向的探索；"异化劳动"与"自由自觉活动"——《巴黎手稿》中对两种民生样态的剖析；"感性对象"与"感性活动"——《德意志意识形态》等对民生历史观的创建。可以说，马克思探索民生思想的心路历程与其哲学历史观的理论转换是根本一致的，换言之，马克思哲学历史观的每一次重大转换，都与其对民生思想的重新思考和分析定位分不开的。

一、"理性之法"与"利益之法"
  ——从《博士论文》到《莱茵报》时期民生观的根本转变

1859 年马克思的《政治经济学批判》第 1 分册正式出版。在该书《序言》中马克思说："1842 年到 1843 年，我作为《莱茵报》的编辑，第一次遇到要对所谓物质利益发表意见的难事。……为了解决使我苦恼的疑问，我写的第一部著作是对黑格尔法哲学的批判性的分析"①。接下去便是马克思所阐发的那段著名的对哲学历史观的经典表述。对于这段耳熟能详的表述，世人已经有了深入、详尽的研究和丰硕的成果。但从马克思民生思想演历的角度看，至少有两个问题仍然值得提出来探讨：(1)当马克思发表对物质利益意见时，为什么会遇到"苦恼的疑问"之"难事"？(2)它对于青年马克思民生思想的艰难探索和理论创造意味着什么？

我们知道，由于时代背景、社会环境和家庭教育的缘故，马克思自幼受到自由主义启蒙精神和朴素人道主义精神的教育和熏陶，但其思想尚处于理性主义的冰山包围之中，主要表现为对处于社会最底层民众的深切同情和对统治阶级的强烈不满。《青年在选择职业时的考虑》作为少年马克思自由命题的中学毕业论文，他把"人类的幸福和自身的完美"看作职业选择的主要指针，认为"只有为同时代人的完美、为他们的幸福而工作，才能使自己也达到完美"。马克思写道："历史承认那些为共同目标劳动因而自己变得高尚的人是伟大人物；经常赞美那些为大多数人带来幸福的人是最幸福的人。""如果我们选择了最能为人类福利而劳动的职业，那么重担就不能把我们压倒，因为这是为大家而献身；那时我们所感到的就不是可怜的、有限的、自私的乐趣，我们的幸福将属于千百万人，我们的事业将默默地但是永恒发挥作用地存在下去，而面对我们的骨灰，高尚的人们将洒下热

---

① 《马克思恩格斯选集》第 2 卷，人民出版社 1995 年版，第 31－32 页。

泪。"①显然,马克思这时确立起来的世界观,是与康德—费希特哲学相契合的自由主义的启蒙思想和带有浪漫主义的理想主义,也是他思想进一步向前发展的一个起点。直面现实的民生境况,为人类最大多数人的幸福生活而工作,是少年马克思的崇高理想和最初的民生情怀。

问题在于,马克思早期思想转变首先是在青年黑格尔运动中形成的,黑格尔主义在马克思的世界观彻底完成向唯物主义和共产主义转变之前,具有主导的、根本的地位。《博士论文》时期的马克思在总体上就处于黑格尔哲学原则即理性主义世界观的统摄之下,他把自我意识当做决定一切的力量,在理论上发挥了自我意识哲学的主体能动性原则和意志自由的观点,从而为其民主主义的政治思想提供了有力的哲学基础。青年马克思思想转折的关键,是他离开大学校园投身于现实斗争中实现的。《莱茵报》的生涯,使他走出黑格尔哲学的迷宫,开辟了一条与现实生活息息相关的唯物主义道路。其理论切入点就是"理性之法"与"利益之法"的尖锐对立与艰难探索。

1842－1843年间,马克思作为《莱茵报》的主编,他首先依据先前确立的理性主义世界观对现实社会—政治问题进行了深入的批判。可以说,基于理性主义的世界观对现实社会—政治问题展开批判,是马克思在《莱茵报》时期理论活动的主题。

所谓理性主义世界观,就是从理性出发去说明事物的本质,把理性看作是事物存在是否具有合理性的本质依据。因此,作为展开现实社会—政治批判的出发点或立足点,理性乃是事物的本质,是"思想的普遍独立性"即客观的思想。理性的这种"普遍独立性"要求人们必须"按照事物本质的要求去对待各种事物",并使之成为审视和批判现存事物的客观判据——凡是合乎理性的事物就是一种现实的、本质性的存在;凡是违反理性的或丧失理性的事物则只是一种形式的存在,应受到理性的批判和改造。

据此,马克思展开了对现实社会—政治的批判。批判集中在两个方面:其一,诉诸"人民理性",捍卫出版自由,批判书报检查等政治专制制度;其二,诉诸"理性之法",批判"利益之法"。后者恰恰成为马克思思想转变的直接动因。就是说,物质利益问题真正进入马克思民生观问题的视野,是在"林木盗窃法的辩论"中面临

———

① 《马克思恩格斯全集》第40卷,人民出版社1982年版,第7页。

"私人利益颁布法律"即"利益之法"所引起的"苦恼的疑问"开始的。

"苦恼的疑问"源自于马克思原本依循的理性主义世界观在解决物质利益问题时,碰到了理性原则所无法消解和弥合的理论难题——"理性之法"与"利益之法"的尖锐对立,它表明马克思原有的基于黑格尔"法学的和伦理的角度"来解释和批判现实问题的立场已不敷用。因为按照"理性之法",法律是理性在社会中的存在和实现,是理性的正义和化身,它体现了人民的共同精神和客观普遍的利益,而国家则是理性规律和普遍利益的最高体现。但是在现实生活中,法律和国家遵循的却是"利益之法",立法者离开理性和法的立场,站在私人利益一边,将私人利益作为自己的最终目的,为了"保证林木占有者的利益,即便因此毁灭了法和自由的世界也在所不惜"①。由于受到"具有不法本能"的利益本性的驱使,诱使法律离异于事物的法的本质,并"在法的背后大要花招",而国家则被降低到私人利益维护者的水平,"变成林木占有者的奴仆",少数特权者的利益"成为左右整个机构的灵魂"②。因此,为利益所驱使的立法者不可能成为法的真正的普遍的代表。面对"理性之法"和"利益之法"的根本冲突,究竟是"应该为了保护林木的利益而牺牲法的原则呢,还是应该为了法的原则而牺牲林木的利益——结果利益占了法的上风","凡是在法曾给私人利益制定法律的地方,它都让私人利益给制定法律。"③这一理论矛盾表明,马克思原先的理性主义世界观在现实的经济—社会关系面前遭遇到了前所未有的挑战,理性的激情实在无法抵御物质的力量;对普鲁士国家的理性批判,根本不能触动这个国家的"一根毫毛",反而导致了自己不得不退出《莱茵报》编辑部的结果,也表明马克思的理性世界观在强大的"物质利益"面前缺乏现实的阐释力和批判力。

思索和解答"苦恼的疑问"的过程,对于青年马克思民生思想的理论探索而言,具有重要的意义。马克思坦言:"为了解决使我苦恼的疑问,我写的第一部著作是对黑格尔法哲学的批判性的分析"(马克思《黑格尔法哲学批判》的理论主题)。马克思的批判得出的结论是:"不是国家和法决定市民社会,而是市民社会决定国家和法",从而初步揭开了"苦恼疑问"的谜底。④"苦恼疑问"谜底的初步

---

① 《马克思恩格斯全集》第1卷,人民出版社1956年版,第173页。
② 《马克思恩格斯全集》第1卷,人民出版社1956年版,第160页。
③ 《马克思恩格斯全集》第1卷,人民出版社1956年版,第179页。
④ 《马克思恩格斯全集》第1卷,人民出版社1956年版,第283-284页。

揭开,对于马克思民生观的发展而言,它意味着:第一,"民众化""平民化"是马克思思想学说所代表的"社会人格"。正是在考察民生的过程中,马克思确立了民众化的社会人格,坚定了为无产阶级求得解放的理论立场。这种人格定位和理论立场,使得马克思成为一位代表穷人向富人进行宣战和抗争的精神领袖,并促使他为解决《莱茵报》时期产生的"应有和现实"之间的"苦恼的疑问",而专心致志地转向从事对政治经济学的批判研究。第二,关切民众的物质利益和生活状况,即对民生问题的极大关注,成为马克思唯物史观形成的直接原因和深层动力。作为研究人类历史发展一般规律理论的唯物史观,马克思不是从某种观念出发,也不是从抽象的人出发去发现社会发展规律,而是从生活实践出发,从现实的人的感性活动出发,认为"现实的个人"是"他们的活动"和"他们的物质生活条件"的统一,并从这种活生生的感性物质活动与他们的物质生活条件的对立统一关系中,发现了隐藏在其背后的人类发展规律。对此,恩格斯《在马克思墓前的讲话》中指出:"正像达尔文发现有机界的发展规律一样,马克思发现了人类历史的发展规律,即历来为纷繁芜杂的意识形态所掩盖着的一个简单事实:人们首先为必须吃、喝、住、穿,然后才能从事政治、艺术、宗教等等;所以直接的物质的生活资料的生产,从而一个民族或一个时代的一定的经济发展阶段,便构成基础,人们的国家制度、法的观点、艺术以至宗教观念,就是从这个基础上发展起来的,因而,也必须由这个基础来解释,而不是像过去那样做得相反。"①在这里,马克思首次超出了精神文化领域而从生活需要的根基处来探讨物质利益问题,从而发现了人类历史发展的基本规律。

二、"政治解放"与"人类解放"
——《德法年鉴》《巴黎手稿》对民生观价值取向的探索

承上所述,马克思通过《黑格尔法哲学批判》,初步解决了"苦恼的疑问"。此后,借助于费尔巴哈人本唯物主义哲学的依傍,马克思在《德法年鉴》上发表了《论犹太人问题》和《＜黑格尔法哲学批判＞导言》,展开了对政治解放和人类解放之间关系的讨论,并指出无产阶级是实现人类解放的物质力量。这在理论上是对《黑格尔法哲学批判》提出的"市民社会决定国家"观点的深化和发展,也是对民

---

① 《马克思恩格斯选集》第 3 卷,人民出版社 1995 年版,第 776 页。

生观价值取向的探索。

针对鲍威尔将犹太人解放归结为宗教解放,并将政治解放与人类解放相混淆的观点,马克思认为,科学的任务在于揭示宗教存在的社会政治根源,揭示神学问题的此岸根源,从而把天国与尘世的分裂归结为尘世社会自身的分裂,用世俗世界的桎梏来说明宗教世界桎梏,也只有用物质的力量消灭世俗桎梏,才能最终克服宗教的狭隘性。马克思指出:"宗教已经不是世俗狭隘性的原因,而只是它的表现。因此,我们用自由公民的世俗桎梏来说明他们的宗教桎梏。我们并不认为:公民要消灭他们的世俗桎梏,必须首先克服他们的宗教狭隘性。我们认为,他们只是消灭了世俗桎梏,才能克服宗教狭隘性。我们不把世俗问题化为神学问题。我们要把神学问题化为世俗问题。"①这样,"政治解放和宗教的关系问题已经成了政治解放和人类解放的关系问题。"②

所谓"政治解放"就是"市民社会从政治中获得的解放"③,它使人们脱离了旧的直接的政治共同体,成为利己主义的独立个人。但政治解放的进步作用也仅止乎于此:它并没有解决作为其基础的市民社会内部私人利益之间的分裂和对立,没有解决政治国家和市民社会之间的二元分裂以及人的本质的二重化。相反,政治解放恰恰是完成了人的本质的二重化,使人分裂为作为国家的抽象公民和作为市民社会的私人。正是人分裂为国家的抽象公民和市民社会的现实的私人,使人们相互交往的共同体和自由成为与现实生活相脱离的虚幻的彼岸存在,这便是宗教产生的真正世俗根源。因此,"政治解放本身还不是人类解放",必须将政治解放进一步推进到人类的解放。只有彻底"推翻那些使人成为受屈辱、被奴役、被遗弃和被蔑视的东西的一切关系"④,才能获得人类的彻底解放,才能真正实现民生的改善。所谓"人类解放",就是废除私有制,真正实现人们大众的自由解放。马克思指出:"只有当现实的个人同时也是抽象的公民,并且作为个人,在自己的经验生活、自己的个人劳动、自己的个人关系中间,成为类存在物的时候,只有当人认识的自己的原有力量并把这种力量组织成为社会力量因而不再把社会力量当

---

① 《马克思恩格斯全集》第 1 卷,人民出版社 1956 年版,第 413 页。
② 《马克思恩格斯全集》第 1 卷,人民出版社 1956 年版,第 427 页。
③ 《马克思恩格斯全集》第 1 卷,人民出版社 1956 年版,第 442 页。
④ 《马克思恩格斯全集》第 1 卷,人民出版社 1956 年版,第 435、461 页。

作政治力量跟自己分开的时候,只有到了那个时候,人类解放才能完成。"①在《黑格尔法哲学批判导言》中,马克思诉诸无产阶级,将无产阶级视为人类解放、实现共产主义的物质力量,从而阐明了人类的解放和无产阶级解放的关系。

从政治解放到人类解放,不仅意味着马克思民生解放的"人民性"(民主主义)立场和代表最广大人民的根本利益,同时也表明,只有实践地变革现实社会的对抗,确立社会制度的公平正义原则,才能真正解决民生的生存和发展问题。

三、"异化劳动"与"自由自觉活动"
　　——《巴黎手稿》对两种民生样态的剖析

在《巴黎手稿》即《1844 年经济学哲学手稿》中,马克思通过对市民社会的政治经济学的解剖,形成了在其世界观发展过程中具有重要意义的异化劳动理论,找到了生产劳动者这把理解人类社会历史发展的钥匙。"异化劳动"无疑是手稿的一个核心范畴,与其相对应的是"自由自觉的活动"范畴。如果说,"异化劳动"反映了资本主义条件下工人劳动的谋生性质和非人的生活样态,那么,"自由自觉的活动"则体现了人超越于其他动物的"类本质",是一种自由自主性的"乐生"活动。显然,这两个范畴反映了两种不同的民众生存状态即民生样态。

异化劳动状态下的生活实际上是受到某种外在必然性强制和支配下的一种生存样态,体现在:本应归属于劳动者的劳动产品成为与劳动者相疏离和对抗、并反过来作为支配人的异己力量,人创造了物却反而成了物的奴隶;本应作为人的肯定方面的劳动成为一种外在的、强制的、丧失生命本性的否定性活动,成为满足劳动需要以外的需要的一种工具;本应体现人的生命创造的自由自觉活动成为仅仅维持肉体生存需要的手段。最后,这种异化劳动还生产出了人与人之间异己的、敌对的社会关系,人与人的关系表现为物与物的关系。显然,异化劳动是一种目的与手段、人与物关系颠倒的活动,"物的世界的增值同人的世界的贬值成正比"。这也是一种"非人"的生存样态,是"人的机能"和"动物机能"的颠倒和置换。在这样的生存状态下,"动物的东西成为人的东西,而人的东西成为动物的东西"②。

---

① 《马克思恩格斯全集》第 1 卷,人民出版社 1956 年版,第 443 页。
② 《马克思恩格斯选集》第 1 卷,人民出版社 1995 年版,第 44 页。

"自由自觉的活动"范畴,是马克思批判前人思想成果的结晶。首先通过对古典经济学劳动价值论的批判研究,继承了其劳动是一切财富的源泉的思想,同时批判地吸收了黑格尔关于劳动是人的本质的合理思想,把费尔巴哈对人的本质的理解大大推进了一步。"自由自觉的活动"不仅是概括人的类本质的一个范畴,而且是马克思所设想的一种民生样态。所谓自由自觉的活动,也即"我的劳动是自由的生命的表现,因此是生活的乐趣","我在劳动中肯定了自己的个人生命,从而也就肯定了我的个性的特点。劳动是我真正活动的财产"①。显然,这是马克思追求的理想的民生状态。在这种状态下,实现了生产与生活的高度统一——劳动即生活,"生产生活就是类生活。这是产生生命的生活"②。

在《手稿》中,马克思不仅揭示了两种不同的民生样态,而且指出了解决民生的基本途径:改变劳动的社会性质,使劳动真正成为体现人的类特性的自由自觉的活动。这也就是民生的理想状态——劳动的解放!

四、"感性对象"与"感性活动"
——《德意志意识形态》对民生历史观的创建

在《巴黎手稿》中,马克思虽然对科学世界观、历史观尤其是异化劳动理论进行了创造性的探索,但仍残留着浓厚的费尔巴哈人本主义的色彩和黑格尔思辨哲学的痕迹,未摆脱人的本质的异化和复归的旧模式,作为人的出发点的人的本质,即"自由自觉的活动"仍然带有抽象的、理想化的性质。1845年春,马克思的思想发生了根本性的转折,其标志是对费尔巴哈由赞扬转为批判,并全面阐发自己新世界观和历史观。而实现转折的关键,是马克思形成了自己科学的实践观和人的社会关系本质(《关于费尔巴哈的提纲》),并把现实的个人、人们的物质生产和物质生活条件作为历史的前提和出发点(《德意志意识形态》)。在这一过程中,马克思的实践民生观、历史民生观也同时得到了创建。因此,我们可以得到两点看法:其一,马克思的民生思想具有鲜明的实践品格,并在实践中得到进一步的丰富和发展;其二,马克思正是从民生问题入手,关注人的生存和发展,研究人的现实生活,深入到传统人道主义者没有关注到的无产者阶层及其经济生活领域,从而

---

① 《马克思恩格斯全集》第42卷,人民出版社1979年版,第38页。
② 《马克思恩格斯选集》第1卷,人民出版社1995年版,第46页。

创立了唯物史观。马克思的民生思想既是唯物史观的出发点,也是其重要的理论组成部分。

1845 年春,马克思写下的《关于费尔巴哈的提纲》十一条,这是一个"包含着新世界观天才萌芽的"的纲领性文献,代表着马克思新世界观的革命性变革和真正创立。其中实践是马克思独立阐发新世界观的主导原则,也是马克思民生思想的存在论基础;社会关系是马克思所考察的人的现实生活本质,克服了费尔巴哈"对单个人或市民社会的直观"。

实践是民生的存在论基础。在《提纲》中,马克思首先确立了从实践(人的感性—活动)出发去考察人的生存与发展的基本路径。在马克思看来,旧唯物主义坚持的是一种唯客体主义、唯自然主义的"实体性"思维。费尔巴哈虽然"想要研究跟思想客体确实不同的感性客体",但由于他不了解"革命的、实践批判的活动"的意义,而"只是从它的卑污的犹太人的表现形式去理解和确定"人的实践活动包括经济活动,仅仅把人理解为生物学意义上的受动的感性对象或感性客体,它的"以自然为基础的现实的人"实质上是"形而上学化了的脱离人的自然"。相反,以黑格尔为代表的唯心主义则抽象地发展了人的活动的"能动的方面",而忘却了活动的"现实的、感性的"一面。实践之所以是民生的存在论基础,是因为实践是创生与变革人类生存和发展的活动,是全部民生活动的诞生地。无论是民生活动的起源、民生活动的基本内容,还是民生活动的变化与发展,都形成、存在和实现于人的感性活动之中。它以浓缩的形式包涵全部民生活动的"胚芽"。

"全部社会生活的本质是实践的"。实践作为人的存在方式和生活方式,是全部社会生活的本质,马克思对民生问题的关注和研究,是以实践的方式或视阈来开启的。这里的"全部社会生活"是马克思对民生的另一种表达,包活人的衣食住行等日常生活需要以及为满足这些需要而进行的物质的、社会的、政治的、精神的乃至生态的活动。简言之,民生活动也即人民群众的感性实践活动。这里的"实践",既包括人们改造自然以期满足物质生活需求的生产实践,也包括改善社会关系以期满足人们民主生活需要的社会实践,还包括改造精神世界以期满足人类精神需要的精神活动,等等。

人的现实本质是"一切社会关系的总和",也是《提纲》的根本性命题,同样作为新的历史观问世的标志。马克思对人的本质的探讨,经历了一个从受黑格尔影响的用自由理性界定人的本质,到接受费尔巴哈从人自身、从个体与类的关系考察人的本质,再到人的社会关系本质的过程。这一过程表明了马克思已经彻底摒弃了费尔巴哈关于个体、类、类本质的观点。对于民生观而言,它表明:(1)任何人都属于一定的社会形态,都处于一定的社会结构之中,社会形态与社会结构状态规约着人的生存与发展状况,而要解决民生问题或改善民生状态,就需要变革社会形态,调整和优化社会结构。(2)从人的本质这一视角来看,旧唯物主义的立脚点是市民社会,这是一个孤立的、被竞争和私利所分割的、由各个利己主义个人结合而成的原子社会,即资产阶级社会,而新唯物主义的立脚点是人类社会或社会化的人类,即共产主义社会,它代表了无产阶级的共产主义世界观。这代表了新、旧唯物主义截然不同的民生价值取向。

如果说《关于费尔巴哈的提纲》"包含着新世界观的天才萌芽",那么,《德意志意识形态》就是对这一天才思想的深入探讨和科学阐发,标志着唯物史观的正式诞生。同时,也意味着马克思民生历史观的创建。

(一)现实的个人:马克思民生思想的历史前提

现实的个人,既是马克思科学历史观的出发点,也构成了马克思民生思想的历史前提。在《形态》中,现实的个人有着不同的表述,如"有生命的个人的存在""从事实际活动的人""他们的活动和他们的物质生活条件"①等,这是马克思在不同的"语境"、针对不同的指向来说的。

"有生命的个人的存在",说明现实的个人有一个感性的生存论基础,其矛头指向以黑格尔、青年黑格尔派为代表的德国思辨唯心主义的"自我意识":一种在想象中撇开了现实前提的、脱离了"周围现实生活条件"与"真正现实的、感性活动本身的"理性人的抽象②。在这里,我们虽然不能把现实的个人直接还原为人的生物学基础或肉体感受性,但无疑包含了由人的肉体感受性为基础的人的生存、生活的基本需要,而恰恰这种基本需要构成了人类创建历史的出发点。"我们首先应当确定一切人类生存的第一个前提,也就是一切历史的第一个前提,这个前提是:人们为了能够'创造历史',必须能够生活。但是为了生活,首先就需要吃喝住穿以及其他一些东西。因此第一个历史活动就是生产满足这些需要的资料即生产物质生活本身。"③可见,满足民生需求是马克思考察社会历史的出发点。

---

① 《马克思恩格斯选集》第1卷,人民出版社1995年版,第67、73页。
② 《马克思恩格斯选集》第1卷,人民出版社1995年版,第73页。
③ 《马克思恩格斯选集》第1卷,人民出版社1995年版,第79页。

把人看成是"从事实际活动的人",其矛头指向费尔巴哈。因为费尔巴哈虽然"承认人也是'感性对象',但是,他把人只看作是'感性对象',而不是'感性活动'","他还从来没有看到现实存在着的、活动的人,而只是停留于抽象的'人',并且仅仅限于在感情范围内承认'现实的、单个的、肉体的人'。"①

马克思把现实个人的真实内涵规定为"他们的活动和他们的物质生活条件"。"他们的活动"即感性活动,表明了人的基本活动方式和存在方式,"是表现自己生活的一定的方式"。马克思说:"个人怎样表现自己的生活,他们自己就是怎样。因此,他们是什么样的,这同他们的生产是一致的——既和他们生产什么一致,又和他们怎样生产一致。因而,个人是什么样的,这取决于他们进行生产的物质条件。"②"他们的物质生活条件",是人们在实践活动过程中所形成的对象性存在,这种对象性存在是"现实的个人"之现实性的感性确证。它"对人说来直接的就是人的感性",甚至"直接的就是另一个对他说来感性地存在着的人"。因此,人的现实性就表现为"他自己的活动,他自己的生活,他自己的享受,他自己的财富"③。在这里,个人同其社会生活世界是共存一体的。

(二)需要与生产的矛盾:马克思考察民生思想的基本动因

针对"没有任何前提的德国人",马克思在《形态》中分析了"第一个需要确认的事实就是这些个人的肉体组织以及由此产生的个人对其他自然的关系",这就是由人的生存需要引起的人与自然之间的物质变换,即物质生活资料的生产。"一当人开始生产自己的生活资料的时候,这一步是由他们的肉体组织所决定的,人本身就开始把自己和动物区别开来。人们生产自己的生活资料,同时也间接地生产着自己的物质生活本身。"马克思恩格斯进一步指出:"已经得到满足的第一个需要本身、满足需要的活动和已经获得的为满足需要而用的工具又引起新的需要,而这种新的需要的产生是第一个历史活动。"④换言之,"一切人类生存的第一个前提也就是一切历史的第一个前提。"⑤可见,需要即人的本性,人的需要有赖于人的生产来加以满足;而生产一旦满足了需要,人们又会产生新的、更高的需

① 《马克思恩格斯选集》第1卷,人民出版社1995年版,第77-78页。
② 《马克思恩格斯选集》第1卷,人民出版社1995年版,第67-68页。
③ 《马克思恩格斯全集》第42卷,人民出版社1979年版,第128、129页。
④ 《马克思恩格斯选集》第1卷,人民出版社1995年版,第67、79页。
⑤ 《马克思恩格斯全集》第3卷,人民出版社1960年版,第31页。

要。需要的多样性和无限性导致人的生产的多样性和无限性,它们之间的供求矛盾,即人们日益增长的物质文化需要与满足这些需要的物质生活条件的有限性,始终是人类无法得到完满解决的矛盾。这一矛盾是民生问题的基本矛盾,也是马克思历史观解决民生问题的基本动因。

第二节　马克思民生思想的多重维度

在对马克思民生思想的多重维度的分析中,我们按照"生活需要—生产实践—公共视域—人的发展"的逻辑思路,做一些展开性的分析,以期进一步阐发马克思的民生观。其基本逻辑图式如下:(1)民生问题源自于人们的利益和需要,满足人的生存与发展的需要,是马克思唯物主义民生观的出发点和落脚点;(2)生活需要的无限多样性与生产实践能力的有限性矛盾,是推动人类民生改善的内在动因,也是马克思实践民生观的基本动力,其中现实生活的生产与再生产,是保障和改善民生的基本途径。而生产实践的积极成果所体现的社会文明(包括经济富裕、政治民主、社会和谐、文化繁荣、生态文明),是民生实现的基本条件;(3)构建公平正义的社会制度,是马克思民生建设的制度保障;(4)资本主义社会公共生活的物性化和社会关系的对抗性矛盾,是马克思民生观的批判视域。促进人的自由全面发展,是马克思民生建设的价值取向。

一、马克思民生思想的需要维度

需要是马克思主义历史观的基本范畴之一,与民生密不可分。可以说,需要是民生发展的根本动力和内在尺度,满足人民群众日益增长的物质文化需要,是解决民生问题的主要任务和基本目标。

(一)人的需要及其在历史发展中的作用

"需要"是一切生命机体为了维持自身的生存和发展而必须与外部环境进行各种物质和能量交换所保持的一种摄取状态。作为一种"天然必然性",它是一切生命机体各种生命活动的内在根据和力量源泉。人作为生命物质的最高级形式,他的需要与一般动物的需要有着本质的区别,主要体现在需要的产生以及满足方式不同。动物仅限于肉体本能的自然需要,且十分狭窄、较为固定,其实现方式是通过消极被动地适应外部自然界的天然恩赐来获得。人的需要则是在有目的、有意识地变革外部世界的感性实践活动中产生和发展的,其内容和范围会随着人的实践活动能力和范围的扩大不断丰富和拓展,其实现方式也是通过自身能动的活动所创造的生活资料来加以满足。因此,在马克思那里,人的需要具有以下特征:

首先,人的需要体现了人的受动性和能动性的双重属性。一方面,"人作为自然的、肉体的、感性的、对象性的存在物,和动植物一样,是受动的、受制约的和受限制的存在物";另一方面,人又"具有自然力、生命力,是能动的自然存在物;这些力量是作为天赋和才能、作为欲望存在于人身上"①。只要人活着,就必须吃、喝、住、穿,要靠自然界生活,因为"他们的需要即他们的本性",这就是人的受动性;但人又具有通过自己的实践活动来满足其需要和欲望的本质力量和能力,这是人的能动性。显然,人是因为受动而能动,没有满足自身需要作为内在动机,人的能动性就会缺乏。人的能动活动不过是"以与一定的需要相应的方式占有自然物质的活动"②;人又是能动而受动,人不仅有天然的感性需要,更多的则是通过能动的时间而产生的"真正的需要",如文化艺术的精神需要。

其次,人的需要具有"自然—社会—历史"融合之特性。人来源于动物这一事实决定了人永远摆脱不了动物本能式的自然性需要,但人的需要更多的是通过后天的社会实践中形成的社会性需要,这是"历史上发展起来的社会需要"③。这两种需要是相互渗透的,其中前者是后者的历史前提,后者又是前者的进一步升华。但在历史发展的长河中,社会性需要会越来越上升到主导地位,并且渗透到自然性需要之中并使之发生质的变化从而高于动物性的自然需要,成为"不是纯粹的自然需要,而是历史上随着一定的文化水平而发生变化的自然需要"④。因此,人的需要还具有历史性,需要在历史上的丰富性及其满足程度,是衡量社会文明进步和人的全面发展(即广义上的民生内涵)的重要尺度之一。

再次,人的需要具有层次性和递增性。与动物单一不变的需要相比,人却拥有一个"多层次的需要体系"。在马克思恩格斯的需要层次分类中,著名的有"两分法"和"三分法"。两分法又有以下几种:自然性需要和社会性需要;对象性需要

① 《马克思恩格斯全集》第42卷,人民出版社1979年版,第167页。
② 《马克思恩格斯全集》第23卷,人民出版社1974年版,第208页。
③ 《马克思恩格斯全集》第25卷,人民出版社1974年版,第971页。
④ 《马克思恩格斯全集》第47卷,人民出版社1980年版,第52页。

(生存性需要)和活动性需要(发展性需要);物质性需要和精神性需要。三分法是恩格斯在为马克思《雇佣劳动与资本》作导言时,发挥了马克思的思想,即把人的需要区分为生存需要、享受需要、发展与自我实现的需要。当代美国人本主义思想家马斯洛有一个人们熟知的"需要五层次理论",即生理需要—安全需要—爱与归属的需要—尊重的需要—自我实现的需要。需要具有递增性,"已经得到满足的第一个需要本身、满足需要的活动和已经获得的为满足需要而用的工具又引起新的需要"①。马克思认为,需要的层次性导致生产的多样性,需要的递增性导致生产的无限性。

需要在社会发展中具有重要的作用。需要是社会发展的内在动因或驱动力,满足人的需要是社会存在与发展基本前提和根本目的,需要与生产之间的矛盾是人类活动的根本矛盾。

(二)马克思需要维度中的民生问题

将民生问题置于马克思的需要维度中加以考察,可以看到,需要是民生活动的起点,是民生问题的内在尺度和动因;民生和需要的关系涉及人与物的关系,是马克思批判资本主义的立足点;满足人民日益增长的物质文化需要,是社会主义生产的主要任务和根本目的。

首先,人的需要是民生活动的起点,需要的满足及其程度是衡量民生改善状况的内在动力和基本尺度。唯物史观强调物质利益在社会发展中基础性作用,认为人的利益需要及其满足这种需要的生产劳动是解开"历史之谜"的锁钥。在马克思看来,人们"第一个历史活动"是由人的需要引起的,需要是民生活动的起点。劳动是满足需要的手段,而"我的劳动满足了人的需要,从而物化了人的本质,又创造与另一个人的本质的需要相符合的物品"②。就是说,满足需要的生产,又为促进生产力的发展和人的其他主体能力的增强提供了可能。它意味着,人通过生产满足和保障了人的需要,同时又产生了其他的多种需要,这正是推动社会历史进步的动力源。马克思还指出,"人们奋斗所争取的一切,都同他们的利益有关"③,"'思想'一旦离开'利益',就会使自己出丑"④。正是满足利益需要的活动

---

① 《马克思恩格斯选集》第 1 卷,人民出版社 1995 年版,第 79 页。

② 《马克思恩格斯全集》第 42 卷,人民出版社 1979 年版,第 37 页。

③ 《马克思恩格斯全集》第 1 卷,人民出版社 1956 年版,第 82 页。

④ 《马克思恩格斯全集》第 2 卷,人民出版社 1957 年版,第 103 页。

成为历史发展的驱动力。人类社会进步的方向正是因循不断满足人们日益增长的物质文化的需求而向前迈进的。马克思曾把人的生存发展过程划分为"人的依赖关系""以物的依赖性为基础的人的独立性"和"人的自由个性和全面发展"三个历史阶段,这三个阶段实际上都是人们为了改善自身的生活境况以期实现"每个人的自由发展是一切人的自由发展的条件"而奋斗。从这一意义上说,保障和改善民生,就是贯穿人类文明进步整个历史过程的永恒主题,一部人类社会的发展史就是一部不断满足人类自身生存和发展需要的历史。

其次,人民日益增长的物质文化需要是社会主义发展的巨大推动力,这种需要与落后的社会生产之间的矛盾,构成社会主义现代化建设中的主要矛盾。马克思非常重视并预见到需要问题在社会主义时期的巨大意义,"在社会主义的前提下,人的需要的丰富性,从而某种新的生产方式和某种新的生产对象具有何等的意义,人的本质力量的新的证明和人的本质力量的新的充实"①。在这里,人的需要的丰富性和充分发展,不仅是社会主义的本质力量之所在,而且是推动社会主义建设的巨大动力。

在民生需要和生产劳动、人与物的关系问题上,马克思往往通过资本主义和社会主义的比较来加以说明:资本主义虽然创造了发达的文明和巨大的物质生产力总量,但资本生产的根本目的是发财致富、自我增值,广大群众的民生需要却受到压抑;物质财富不是为工人的生活需要而生产,而是为了资本的增殖需要而生产。如果说,"在资本主义社会里,活的劳动只是增殖已经积累起来的劳动的一种手段","生产表现为人的目的,而财富则表现为生产的目的",那么,"在共产主义社会里,已经积累起来的劳动只是扩大、丰富和提高工人的生活的一种手段"②。在这里,"外在目的失去了单纯外在必然性的外观,被看作个人自己自我提出的目的,因而被看作自我实现"③。改善民生是经济发展的根本目的。只有着力保障和改善民生,经济发展才有持久的动力,社会进步才有牢固的基础,国家才能长治久安。

---

① 《马克思恩格斯全集》第42卷,人民出版社1979年版,第132页。
② 《马克思恩格斯选集》第1卷,人民出版社1995年版,第287页。
③ 《马克思恩格斯全集》第46卷(下),人民出版社1980年版,第112页。

二、马克思民生思想的实践维度

如果说，需要是民生的逻辑起点和内在动因，那么，实践则是民生问题的解决方式和实现路径。没有需要，实践缺少动力；没有实践，需要则得不到满足。将马克思的民生思想置于实践的维度中加以考察，可以得到两点看法："生活的生产"是马克思实践民生观的理论预设，人的生产实践活动是实现民生的物质力量。

（一）"生活的生产"是马克思实践民生观的理论预设

"生活的生产"是马克思表达民生与实践之间关系的一个总体性范畴，正如马克思关于"全部社会生活在本质上是实践的"表达一样。这里的"生活"是"民生"的别称，生活的实践本质也意味着民生的实践本质。列宁认为，实践的观点与生活的观点是马克思主义理论首要的和基本的观点，在这里，"实践的观点"与"生活的观点"之间具有内在的关联，说明马克思立足于实践来解释人的生活即民生的基本立场，也即实践民生观的立场。而这一立场集中体现在马克思关于"生活的生产"的论述之中。"生活的生产"是创立唯物史观的理论预设，它通过生活与生产、生活世界和人的发展的关系，使马克思的民生思想得以展开。

首先，"生活的生产"是马克思创立唯物史观的理论预设。所谓"生活的生产"，就是立足于实践来解释人的生活也即民生，实践即生活，人类通过实践所创造的世界就是人的生活世界。马克思把自己创立的哲学称为"实践唯物主义"，就是立足于实践来解释人的生活的哲学世界观。从这个意义上说，回归生活世界是马克思新世界观确立的基础。马克思指出："根据唯物史观，历史过程中的决定性的因素归根到底是现实生活的生产和再生产。"①人们之所以有历史，是因为他们必须生产自己的生活；人不是在自己的生活之外去创造历史，而是在营造自己的生活中实现了历史的创造。因此，人怎样生产生活，他也就怎样创造历史。马克思一再强调，他们的历史观与历史哲学区别的地方在于："从直接生活的物质生产出发来考察现实的生产过程，并把与该生产方式相联系的，它所产生的交往形式即各个不同阶段上的市民社会理解为整个历史的基础"②。

其次，马克思的生产方式理论、社会结构理论、社会形态理论、社会批判理论，

---

① 《马克思恩格斯选集》第4卷，人民出版社1995年版，第695页。
② 《马克思恩格斯全集》第3卷，人民出版社1960年版，第31-32页。

都是以"生活的生产"为理论原点的,是实践民生观的具体展开。

"生活的生产"与生产方式理论。从"生活的生产"角度看,所谓"生产方式"就是人们在满足生活需要、构建人的生活世界过程中所形成的人与自然之间、人与人之间的实践关系结构和方式,是通过实践活动满足人类生活需要的基本方式。由于"生产的逻辑"是围绕"生活的逻辑"来展开的,因此,"生活的生产"规定了生产方式的目标,"生活的生产"成为生产方式的本源。马克思恩格斯明确表示:"人们用以生产自己必需的生活资料的方式,首先取决于他们得到的现成的和需要再生产的生活资料本身的特性。这种生产方式不仅应当从它是个人肉体存在的再生产这方面来加以考察。它在更大程度上是这些个人的一定的活动方式、表现他们生活的一定形式、他们的一定的生活方式。个人怎样表现自己的生活,他们自己也就怎样。"①我们可对这段话作如下解读:(1)"生活—生产"之间的"目的—手段"关系。生产方式是人们生产"生活资料的方式",生活对于生产而言是目的,而生产相对于生活来说只具有手段的意义。(2)生活与生产之间的"同一性"关系。在其现实性上,人们的生活方式取决于一定的生产方式,而生产方式又在归根到底的意义上决定着人的生活方式。(3)"生活的生产"是生产方式是否具有合理性的本质依据。一旦生产方式偏离了"生活的生产"这一根本目标,那么对现存生产方式的批判和超越就成为历史进一步发展的根本要求。从这个意义上说,马克思的生产方式理论,就是以"生活的生产"为根基,通过深入分析资本主义生活世界的感性结构——资本生产力无限扩张的趋势和资本支配下的人的感性生活世界的深刻矛盾和分裂(因为资本主义社会所遵循的"生产主义"逻辑与"生活的生产"逻辑是根本冲突的),进而揭示了资本主义生产方式的历史暂时性。

"生活的生产"与社会结构理论。马克思在《政治经济学批判·序言》中论及社会结构时指出:"人们在自己生活的生产中发生的……生产关系,这些生产关系的总和构成社会的经济结构……物质生活的生产方式制约着整个社会生活、政治生活和精神生活的过程。不是人们的意识决定人们的存在,相反,是人们的社会存在决定人们的意识。"②马克思还指出:"以一定的方式进行生产活动的一定的个人,发生一定的社会关系和政治关系……社会结构和国家经常是从一定个人的

---

① 《马克思恩格斯全集》第 3 卷,人民出版社 1960 年版,第 24 页。
② 《马克思恩格斯选集》第 2 卷,人民出版社 1995 年版,第 32 - 33 页。

生活过程中产生的。"①马克思这两段话的基本含义包括:(1)"生活的生产"是社会结构产生和得以建构的根基,社会结构就是在"生活的生产"过程中产生和建立起来的。社会结构就是由"生活的生产"为原点所形成的结构。(2)社会结构的基本性质和状况归根到底是由物质生活的生产所决定的,即"物质生活的生产方式制约着整个社会生活、政治生活和精神生活"。(3)是否有利于提高"生活的生产"水平是衡量社会结构是否具有合理性的根本标志,社会结构归根到底是为了"生活的生产"服务的。

"生活的生产"与社会形态理论。马克思对社会发展形态的论述,有着多重视角和划分。其中"三大社会形态"理论,无疑是他对社会生活历史类型演进分析的典型范例。它从历史主体的生存状态和自我生成的角度,把人类社会划分为"人的依赖关系"、"以物的依赖性为基础的人的独立性"、人的"自由个性"等依次演进的三个历史阶段②,实际上反映了生产方式与生活方式三种不同的关系类型。在"人的依赖关系"阶段,由于人类生产生活资料的能力还比较低下,生产和生活尚难以明确地区分开来,物质的生产是与生活的生产直接同一的。在以"物的依赖性为基础的人的独立性"阶段中,原来生产与生活的同一性状态表现出离异的趋势,生产与生活的"手段—目的"关系发生了颠倒。生产的直接目的,不是为了使用价值而是为了交换价值,不是为了提高人们的生活水平而是为了财富的积累和增殖,"在现代社会,生产表现为人的目的,而财富则表现为生产的目的。"③在人"自由个性"阶段,生产逻辑和生活逻辑的对立得到了真正的克服,社会的物质生产与个人的感性生活得到了真正的统一,劳动甚至成为"人们生活的第一需要"。可见,"生活的生产"以及生产与生活的矛盾,有一个从两者的原始统一到对立、分离再到它们之间的真正统一的演变过程。

"生活的生产"与社会批判理论。在马克思看来,一切批判唯有源自于并深入到人的现实生活世界这一生存境遇中,才具有真正的现实冲击力。从生活的生产与社会批判理论的关系上看,马克思社会批判思想的直接缘由,是资本主义社会生活世界的内在矛盾和冲突——物质生产和现实生活之间的矛盾,即资本主义生产体系与人的生活世界的冲突和对抗。在他看来,以资本增殖为中心的生产体系

①　《马克思恩格斯选集》第 1 卷,人民出版社 1995 年版,第 71 页。
②　参见:《马克思恩格斯全集》第 46 卷(上),人民出版社 1979 年版,第 104 页。
③　《马克思恩格斯全集》第 30 卷,人民出版社 1995 年第 2 版,第 478、479 页。

和以人的全面发展为目的的生活体系,由于存在着根本不同的建构原则和价值取向,资本主义的现代劳动体系和权力技术原则越来越趋向于统摄、替代和排挤生活世界本身。等价交换的理性计算原则和以物为中心的生产体系从根本上抹煞了劳动的个性和生活的全部丰富性;交换价值的生产体系意味着一切生活原则都要服从交换价值规律,把生活世界变成一个交换价值的世界。这是生产手段和生活目的关系的颠倒,是物质生产体系对感性生活世界的误置,是物化生产关系对人的全部社会关系的简单取代;这是与人的感性生命的积极生成相对抗的,毋宁说是对人的感性生命活动的"扼杀"。

(二)实践活动是满足民生需求的物质力量

全部社会生活在本质上是实践的。实践活动贯穿于社会生活的一切领域,它不仅构成社会生活的基本内容,而且形成社会生活赖以存在和发展的基础。实践活动是沿着两个向度展开的:一是人与自然之间的生产性实践;二是人与人之间的交往性实践。前者构成生产力范畴,后者构成社会关系范畴。"生产方式"就是人与自然之间、人与人之间的实践关系结构和方式。其中,人与自然的关系是人与人关系形成的物质前提,人与人之间的社会关系又是人与自然关系的社会前提;人与自然的关系属于实践活动的显性层面,它关注人们如何认识自然和改造自然以获得生活资料的能力,人与人的社会关系则是实践活动的本质层面,关注的是人类活动的组织方式和制度保障,它规定着人与自然关系展开的方式和性质。可以说,与人和自然的关系相比,人与人的社会关系在实践活动中更为根本、更为深刻。实践活动的这两个维度,对于民生而言,虽然有着不同的作用,但都属于民生保障的物质力量。

生产力与民生。首先,生产力是人生存和发展的先决条件,是改善人类生活环境和生存质量的物质基础。作为处理人与自然关系过程中获取物质生活资料的能力,生产力以物质财富积累和增长的方式,成为解决民生问题、推进民生发展的物质基础。马克思指出:"当人们还不能使自己的吃喝住穿在质和量方面得到充分供应的时候,人们就根本不能获得解放。"[①]"生产力的这种发展……之所以是绝对必需的实际前提,还因为如果没有这种发展,那就只会有贫穷、极端贫困的普遍化;而在极端贫困的情况下,必须重新开始争取必需品的斗争,全部陈腐污浊

---

① 《马克思恩格斯全集》第42卷,人民出版社1979年版,第638页。

的东西又要死灰复燃。"①只有通过发展生产力创造出丰富的物质财富,才能保证社会成员有充裕的物质生活。其次,生产力的发展为人的自由全面发展提供了广阔天地。这是因为,生产力发展本身不仅是人的主体实践能力、人的全面发展的重要表现,而且为个人素质的提高和能力的充分发挥提供了自由时间。因为生产力的发展意味着劳动生产率的提高,意味着人们可自由支配时间的增加。而自由时间是人们追求自由发展的必要条件。"时间实际上是人的积极存在,它不仅是人的生命的尺度,而且是人的发展的空间。"②"节约劳动时间等于增加自由时间,即增加使个人得到充分发展的时间。"③

　　社会关系与民生。生产力的发展确实重要,但这并不意味着,生产力的发展会必然地、成比例地带来民生的改善和进步。社会关系的进步状况也是民生问题获得切实解决的根本条件。如果说,人们在处理与自然关系的生产实践中所创获的生产力,是实现民生的物质条件,那么,人们在处理与他人关系中所形成的社会关系,是实现民生的社会前提。民生的发展,既取决于生产力的高度发展,也取决于合理有序的社会关系和制度安排,取决于生产力与生产关系的相互结合形成的生产方式。在这里,通过人与人之间的交往实践,进而创建一个什么样的社会环境和社会制度,起着决定性的作用。"社会关系实际上决定着一个人能够发展到什么程度,一个人的发展取决于和他直接或间接进行交往的其他一切人的发展。"④

　　我们可以从马克思对社会解放与人类解放的论述,对社会关系与民生的关系作进一步的解读。在《论犹太人问题》中,马克思认识到了政治解放对于解决民生问题的局限性,提出了人的解放有一个从政治解放到社会解放再到人类解放的过程。马克思认为,政治解放实现了两大分离:即国家与宗教的分离,国家与市民社会的分离。使人不仅在思想意识上,而且在现实生活中,都过着双重的生活:天国的和尘世的生活。但由于政治解放的资产阶级性质,维护的是资产阶级的利益,只是适应了市场经济发展的需要,即实现了政治国家与市民社会的分离,民生问题实质性上并没有得到解决。要使民生问题得到实质性地解决,首先必须实现社

① 《马克思恩格斯选集》第1卷,人民出版社1995年版,第86页。
② 《马克思恩格斯全集》第47卷,人民出版社1979年版,第216页。
③ 《马克思恩格斯全集》第46卷(下卷),人民出版社1980年版,第225页。
④ 《马克思恩格斯全集》第3卷,人民出版社1960年版,第515页。

会解放。如果说,政治解放的主体是市民社会(资产阶级),那么,社会解放的主体则是人类社会(无产阶级)。其中"无产阶级夺取政权是社会解放的手段",消灭生产资料私有制这一无产者受奴役的经济条件,进而解决作为其基础的市民社会内部私人利益之间的分离和对立,实现社会生产关系的彻底革命,是社会解放的实质。为此,"必须推翻那些使人成为受屈辱、被奴役、被遗弃和被蔑视的东西的一切关系",真正"把人的世界和人的关系还给人自己"①。可见,解决民生问题的关键,在于通过社会解放创建和完善公平正义的社会关系与社会制度。

三、马克思民生思想的公共维度

公共性研究源远流长。古希腊的政治思想、近代社会契约论、德国古典哲学、空想社会主义等,都蕴含着十分丰富的公共性资源和素材。在当代,以罗尔斯、诺齐克为代表的新自由主义,泰勒、麦金尔泰、桑德尔为代表的社群主义,以及对古代城邦共同体实践交往活动深切关注的阿伦特、对近代作为权力制衡和批判力量的公共领域进行独特省察的哈贝马斯,都在积极探索如何克服个体自由带来的公共性危机,以保证人类共在的持续可能性。

公共性问题并非西方社会所特有,它也存在于日益走向开放、多元化的中国社会。近年来,随着公共性研究在中国的引进和深入,国内许多学者也致力于马克思公共性思想的研究。其中代表性的成果主要有:郭湛认为,公共性是当代中国发展中的核心问题。从"前主体性→主体性→互主体性→公共性",体现了中国改革开放 30 年马克思主义理论研究所经历的范式转换。② 袁祖社认为,澄明新全球化时代人类合理性生存和实践基础上的公共性思维、立场和信念,是当代马克思哲学范式变革的内核。③ 沈湘平认为,马克思历史科学蕴含着公共性意蕴,在全球化背景下的当代中国,公共性理应成为马克思哲学视域中心。④ 贾英健认为,应当将马克思哲学研究提高到公共性这一新视域中,马克思以改变世界为己

---

① 《马克思恩格斯全集》第 1 卷,人民出版社 1956 年版,第 461、443 页。
② 郭湛:《从主体性到公共性——当代中国马克思主义哲学的走向》,《中国社会科学》2008年第 4 期。
③ 袁祖社:《"公共性"的价值信念及其文化理想》,《中国人民大学学报》2007 年第 1 期;《"公共哲学"与当代中国的公共性社会实践》,《中国社会科学》2007 年第 3 期。
④ 沈湘平:《历史性转折与公共性呼求——马克思主义哲学的视域转换》,《哲学动态》2008年第 6 期。

任的新世界观的公共性品格,就是把个人生活提升到公共生活的高度来探索。①这些研究,极大地提升和拓展了马克思公共性思想的研究境界。

学者们还对"民生本位时代"的政府公共职能、公共政策、公共财政、公共服务、公共产品等因素展开研究。认为保障和改善民生,是政府面临的最大的公共职责。为此,必须以民生为取向,提升公共政策的公共性;健全基本公共服务体系;推进基本公共服务均等化;实现公共财政向"民生财政"的转化。

将民生问题置于马克思的公共性维度中加以考察,可以看到,在马克思的唯物史观中,包含着丰富而深刻的公共性思想;马克思民生思想的独特和深刻之处,就是从公共性视阈考察民生问题的缘起、本质内涵和实现途径。公共性是马克思民生思想的重要维度。

马克思唯物史观中包含着丰富而深刻的公共性维度。虽然马克思没有专门论述过公共性问题,但其理论著述和革命实践中都始终秉承一种公共性信念和理想。马克思社会关系理论、交往实践理论、公共利益理论、共同体理论、世界历史理论、人类解放理论、国家—阶级—市民社会理论等,都蕴涵着丰富而深刻的公共性意蕴。其中:人的社会关系存在(也即"共在""能群"的"类特征"),实现人与人关系的最佳结合,是公共性产生的存在论根基;在生产实践与交往实践中实现"公共利益最大化",进而构建公共领域秩序,是其公共性建设的根本目的;人的利他性与利己性、普遍利益和特殊利益、真实的共同体与虚幻的共同体,是马克思考察公共性的三重维度;基于对资本主义公共生活领域的批判和超越,实现最广大人民群众的彻底解放,是马克思公共性理想的价值诉求;构建以平等、公正、和谐为价值取向,以及民众利益和公共利益相融合的社会共同体("自由人联合体")与公众参与制度,实现最广大民众的彻底解放,是马克思实现其公共性理想的基本路径。

马克思公共性理论的生活维度。关注和改善民生体现了马克思历史观产生和发展的现实关切,无产阶级的生活状况代表了马克思那个时代最广泛、最基本、最真实的公共生活领域。马克思民生思想的独特和深刻之处,就是从公共性视阈考察民生问题的缘起、本质内涵和实现途径。马克思贯穿一生的理论著述和实践活动所代表着平民化的社会人格,其"现实的个人""他们的物质生活条件""他们

---

① 贾英健:《公共性的出场与马克思哲学创新的当代视域》,《湖南社会科学》2008年第4期。

的活动"等阐述,蕴含着丰富的民生思想;马克思市民社会与政治国家关系理论、社会关系理论、交往实践理论、公共利益理论、共同体理论、人类解放理论都与当代公共性视域相契合。其中:公平正义——民生的价值理念;公共产品与公共服务——民生资源的共创共享;公共实践——民生实现的途径;社会共同体——民生实现的场域;人的全面发展——追求公共民生的最高境界。

随着当代生活世界中日益增长的公共性质,使得民生问题不仅构成社会生活的最基本内容,也是国家和社会公共组织活动的最重要目的之一。发展与改善民生的关键在于构建和拓展公共性领域,包括公共产品、公共服务、公共制度等。当前,中国的社会主义的伟大实践是人类历史上崭新的人民大众自己的公共事业,而日益广泛而真实的共在共处、共建共享的公共性建设,是中国社会主义现代化事业的根本保证。马克思公共民生观的当代意义日益彰显,尤其体现在中国特色社会主义民生体系的构建上。构建中国特色社会主义民生体系,既包括诸公共领域的建设,也包括诸公共主体的建设。

就公共领域而言,包括:公共经济生活,即日益发达和丰裕的公共产品和公共资源是民生的物质保证;公共政治生活,即效率日益增强、空间日益扩大、功能日益多样的公共权力和民主政治是民生的政治保障;公共社会生活,即公开公正公平的制度安排、管理服务和日益扩大的社会共同体建设是民生的社会保障;公共文化生活,即公共理性、公共价值、公共伦理、公共文明、公共文化等公共文化事业建设是民生的文化诉求。就公共主体而言,包括:国家与政府是公共性发展的主导力量;民众的广泛参与是公共性发展的主体;各种非政府公共机构是公共性发展的重要补充。

四、马克思民生思想的人本维度

马克思民生观的"实践维度"探讨的是民生问题的解决方式和实现路径,"人本维度"探讨的则是民生实践活动的力量源泉和价值指向。这里的"人本"具有多重涵义:相对于人对人的依赖关系与人对物的依赖关系而言,它强调的是人在民生发展中独立的主体地位和主导作用;相对于人的工具化、手段化而言,它强调人作为民生发展的价值取向和根本目的,尤其把人民群众的民生幸福视为实践活动的根本宗旨;相对于政治解放、社会解放而言,它强调人类的解放,并将人的自由全面发展视为马克思民生观的最高命题。"人本维度"是一种尊重人、珍视人、解放人、塑造人的价值取向,也是一种关注人的生存状况、提升和充实人的生活品味和生活内涵的民生实践方式。马克思民生思想的人本维度,就是为了确保人的主体性地位,实现人民的根本利益和人的自由全面发展,使经济社会发展的成果真正惠及广大人民群众的民生幸福追求。具体而言,马克思民生思想的人本维度,体现在以下几个方面。

(一)人是民生活动的主体

人是民生活动的本质,民生问题即人的生存和发展问题,民生发展必须"通过人"来进行。人是民生发展的承担者、推动者和建设者。"历史什么事情也没有做……创造这一切、拥有这一切并为这一切而斗争的,不是'历史',而正是人,现实的、活生生的人。'历史'并不是把人当作达到自己目的的工具来利用的某种特殊人格,历史不过是追求着自己目的的人的活动而已。"①显然,人是民生活动的唯一主体,在民生发展中始终居于主导地位。马克思群众史观认为,人民群众是社会历史的创造者,也是民生事业的建设者。承认人民群众在社会历史和民生活动中的主体地位,也即以人民群众为本。现实的世界就是由人在其中生活并进行创造的属人的世界,在这个世界中,"人始终是一切实体性东西的本质"②。

(二)人是民生发展的目的

民生发展的价值取向是"为了人",人是民生发展的根本目的,民生的发展状况如何,最终要通过人的存在和发展状况体现出来,实现人的全面发展和自由个性是民生发展所追求的终极目标和最高境界。如果说社会生产力、物质财富拥有量是判定一个民生发展水平高低的历史尺度(具有手段的意义)的话,那么人本身的发展程度则是一个民生发展健康和完善的价值尺度(具有目的的意义)。历史尺度最终要以价值尺度为趋赴和导向。马克思认为,未来社会是"以每个人的全面自由的发展为基本原则的社会形式"③。在这样的社会中,每个人的自由发展是一切人的自由发展的条件。因此,把民生发展与人的进步和全面发展联系起来,已成为确立发展目标的关键。为此,应该围绕人的需要、能力和创造个性来推进社会发展,来选择发展的方式和途径,应当在生产力、生产关系和社会关系的各个方面,不断创造出有利于人的全面发展正常实现的条件,不断生产社会主义社

---

① 《马克思恩格斯全集》第2卷,人民出版社1957年版,第118-119页。
② 《马克思恩格斯全集》第3卷,人民出版社1960年版,第52页。
③ 《马克思恩格斯全集》第23卷,人民出版社1972年版,第649页。

会的全面性。

（三）人是民生状况的尺度

满足广大人民物质文化的需要及其现实满足程度是民生发展的基本出发点和价值尺度。人类为什么要追求和谐与发展，最根本的一条就是为了更好地满足人类生存和发展的需要。正是人类的客观性需要才产生了为满足需要而进行的各种生产，人类需要的多样性、丰富性，要求经济社会获得综合全面与均衡协调的发展，人类需要的无限递增和不断再生产，促使人类对民生发展的无限追求。建立"以人为本"的科学发展观正是以满足广大人民群众日益增长的物质文化需要为出发点的。既然民生发展的目的和出发点是为了满足人的需要，那么，对人类生存和发展需要的现实满足程度便成为衡量一个民生发展的基本价值尺度。如果离开人的发展，那么民生发展就会失去方向和意义。正如胡锦涛同志所说，坚持以人为本，就是要以实现人的全面发展为目标，从人民群众的根本利益出发谋发展、促发展，不断满足人民群众日益增长的物质文化需要，切实保障人民群众的经济、政治和文化权益，让发展的成果惠及全体人民。社会发展的这一宗旨也顺应了世界发展的趋势和潮流，联合国"社会发展问题世界首脑会议宣言和行动纲领"中也指出："人民是发展的中心，我们的经济要更有效地为人的需要服务"，以"提高和改善全体人民的生活质量，建立一个以人民为中心的社会发展框架。"

（四）人是社会发展的条件

社会发展要"依靠人"来进行，人是社会发展的最大资源和根本动力，人的建设和塑造是社会发展的根本条件，人自身的和谐是社会和谐的基本前提。马克思曾经说过，人本身的天赋、创造性和能力的充分发展是最大的社会财富，是财富之最本质的东西。因为一切物质财富和产品都不过是人的本质力量对象化的结果，物质财富的生成和积累不过是人的本质力量的对象性存在，是作为财富的人本身的物化形式而已。马克思还指出，随着社会生产力的发展，社会财富的标准将不再是劳动的耗费，即不再是工作时间和数量，而是组成社会的个人能力素质的发展。马克思甚至将"社会个人的发展""个人发达的生产力""个人可自由支配的时间"作为未来社会"真正财富"的主要尺度，是"生产和财富的宏大基石"①。现代科学发展也表明，人对外部世界的掌握和改造，越来越依赖于对自身的掌握和

---

① 《马克思恩格斯全集》第46卷（下），人民出版社1980年版，第218、222页。

改造,人自身的发展状况已成为当代社会发展的最大资源。这就要求我们转变财富观念,即实现从"资本财富观"向"人力财富观"的转变,大力加强人力资源的开发和建设。如果说,"资本财富观"体现为以物态化为尺度的财富的无限积累,表现为以经济增长主义为宗旨的传统发展模式,那么,"人力财富观"则体现的是以人态化为尺度的人的自由全面的发展,表现为以人为本的现代科学发展观的确立。财富尺度的这种转变,既是限制资本"霸权",实现人类生产的全面性及其协调发展的需要,也是实现"以人为本"、构建"和谐社会"的人学指归。毛泽东同志说:"人民,只有人民,才是创造世界历史的动力"①。可以说,相信谁、依靠谁、为了谁,是否始终站在最广大人民的立场上,是区分唯物史观和唯心史观的分水岭,也是判断马克思主义执政党的试金石。

---

① 《毛泽东选集》第3卷,人民出版社1991年版,第1031页。

第三章

马克思公共性思想的逻辑谱系

在当代,公共性已成为一个使用广泛、内容丰富、涵义复杂的现代性语汇,很难对它作出一个明确而又权威的概念界定。我们首先可在与其相对应的词汇比较中来把捉它的基本要义。从词源学上考察,在古希腊词汇中,"公共"一词主要有两种来源:一是"Publes"或"Maturity",它是指一个人在生理上、情感上或智力上的成熟程度,这种成熟程度决定了一个人仅仅从关心自我利益发展到能够超越自我、理解他人利益以及自我与他人之间关系的能力,同时意味着具备公共精神和意识是一个人成熟并可以参加公共事务的标志;二是希腊语"Koimon",英语词汇"Common"便起源于这个词,其含义是"共同""关心",强调的是人与人之间在交往中相互照顾和关心的一种状态。但无论"公共"一词来源于哪一个词源,都可以看出其中的共同点——社会层面的非个体,以及个体存在所体现出的相互依存性。

与公共、公共性相对应的词汇有个体、私人性等,公共性首先意味着非个体性、非私人性。就活动主体而言,公共性是对个体主体性的超越,是多元主体的共同在场即"共在",也即共同主体如集体、共同体等;就活动空间与活动属性而言,公共性是对私人性的扬弃和超越,强调的是人的共享性(非排他性)、公开性(非私密性)、共同性(非差异性)、公有性(非私有性)等特征。就其特征而言,公共性是人的社会性的一部分,它产生于人的个体需要的非自足性或非满足性,是在人类交往实践活动中所表现出来的一种社会属性,体现了人的"能群"的特性或人的类本质。作为人的存在的一种关系属性,公共性是与人类社会的历史发展息息相关的,其内涵及表现形式也随着人类社会的发展而发展,呈现出历史阶段性。

在国外,公共性并不是一个新问题。如果说,古典自由主义凸显了个体自由,

"集体的善"被个人的算计与功利所代替,最终导致当代公共性的危机,那么在当代,无论是以罗尔斯、诺齐克为代表的新自由主义,还是以泰勒、麦金泰尔、桑德尔为代表的社群主义;无论是关注"人的条件"的阿伦特、倡导合理交往的哈贝马斯,都在积极探索如何克服原子主义的个体自由带来的诸多问题,以保证人类共在的持续可能性。因此,长期以来,人们一直将罗尔斯、哈贝马斯、阿伦特等人的思想看成是公共性研究的理论基础。近年来,随着公共性研究在中国的引入和深化,许多学者也致力于马克思公共性思想的解读和阐发,甚至作为一种新的理论范式运用于马克思思想的研究。由于马克思在其著述中并没有对公共性做过明确界定,也没有基于公共性构建一种完整的公共性理论。对马克思公共性思想的解读和领会,要借助于或归功于阿伦特、哈贝马斯和罗尔斯等一大批思想家。正是他们关于政治公共性、舆论公共性和理性公共性的系统论述,才使得公共性这个范畴凸显出来,并为理解马克思的公共性思想提供了思路。

　　公共性问题之受到当今国人的重视,还有其现实的社会背景。有学者提出,"毛泽东的《矛盾论》是中国革命时期的观念,毛泽东的《正确处理人民内部矛盾》是共和国初期的观念,改革开放后中国多元社会的出现……公共性则是对多元社会中的符合整个社会利益和社会理想的正义的一种新型表述"①。具体说来,公共性问题是当今国内国际社会共同作用的结果。一方面,改革开放以来,国人的社会生活在市场化、现代化过程中被重构,物质利益、生活方式、思想观念呈多元化格局,个体之间、群体之间的差异,个人、群体与国家、社会之间的矛盾日益凸显。面对多元社会的进一步深化,如何为竞争中各权益主体厘定一个普遍法则,探寻多元化制衡、差异性共在、共享型和谐,已成为当代中国亟待解决的问题。另一方面,中国所深度卷入的全球化的演进,如何在多元文化、差异政治、文明冲突中形成一种新的普遍法则、普遍伦理与对话机制,成为理论思考的重点,这两方面都与一种公共性哲学有关。本章"马克思公共性思想的多维度解读",把公共性问题置于马克思主义理论语境中加以解读,不仅是因为马克思哲学历史观中蕴含着十分丰富的公共性思想,而且从公共性视域来考察民生问题,抓住了问题的实质。解决民生问题的关键是公共性的积累。

---

　　①　张法:《主体性、公民社会、公共性》,《社会科学》2010 年第 6 期。

第一节 社会关系与共在矛盾:马克思公共性的理论缘起

"公共性"是人与人之间共在共处、共建共享的特性,它既是一种扬弃个体利益而考虑他人利益的公共理念,也是人们实践交往中互相照顾和关心的一种生活状态,体现了人的"类特征"或"能群"的社会特质。马克思虽然没有专门论述过公共性问题,但其社会关系理论中包含着深刻的公共性意蕴。人在社会关系与共在关系中的矛盾,揭示了马克思公共性思想的理论缘起。马克思哲学历史观的每次重大转换,都是伴随着他对社会关系理论的重新思考和分析定位来实现的,其思想演历大致经过了一个从注重个体本位到以社会实践为根基构筑社会关系本位的过程。马克思所揭示的社会关系本质,蕴含着一种以主体间的合作共处为意蕴的公共性理念和追求。这不仅表现在马克思从社会关系的视角来阐释公共性产生的根源,从人的公共性与自利性、公共利益和私人利益、真实的共同体与虚假的共同体等三重矛盾来展开对公共性的批判,而且其公共性价值理想对于社会主义民生建设具有重要的启示。

一、从社会关系视角阐释公共性产生的根源

首先,人的社会关系存在即"共在",是公共性产生的存在论根源。以"社会关系的总和"为本质的"现实的人",是一种社会性的存在,在其存在论意义上蕴含着公共性的品格。因为"不同他人发生关系的个人不是一个现实的人,同样,不同其他国家发生关系的国家也不是一个现实的个体。"①马克思指出,"人对自身的任何关系,只有通过人对其他人的关系才得到实现和表现","人对自身的关系只有通过他对他人的关系,才成为对他来说是对象性的、现实的关系"。② "一个人的发展取决于和他直接或间接进行交往的其他一切人的发展","社会关系实际上决定着一个人能够发展到什么程度"。③ 这表明,生活中的个体不可能单身独处,而必须在与他人的"共在""共处"中得到自我认同、自我确证;现实的个人只有在社

---

① 黑格尔:《法哲学原理》,范扬、张企泰译,商务印书馆,1979 年版,第 347 页。
② 《马克思恩格斯选集》第 1 卷,人民出版社 1995 年版,第 48,49 页。
③ 《马克思恩格斯全集》第 3 卷,人民出版社 1960 年版,第 515,295 页。

会性的相互作用和社会化的建构中才能获得自我发展、自我完善;人所具有的这种社会关系性质,决定了他具有一种存在论意义上的公共性品格。

在马克思看来,人的"社会关系本质"或"共在"这一基本事实,使得体现人们共同利益、普遍利益的共同性不仅仅存在于人们的观念之中,"而首先是作为彼此有了分工的个人之间的相互依存关系存在于现实之中。"①按照当代西方存在论哲学家海德格尔的观点,我们对人的存在及其结构的揭示,必须以人的"此在"为起点。但对此在之"此"的探寻和追问,必须进入"此在"的"共"之结构,此在之"此"存在于"共在",也即人的共同存在、共同活动的公共领域。所谓"此在本质上是共在","世界向来已经总是我和他人共同分有的世界。此在的世界是共同世界。'在之中'就是与他人共同存在。他人的世界之内的自在存在就是共同此在。"②无论是马克思关于人的社会关系之本质,还是海德格尔人的"共在"之本质,实际上都蕴含着人与人之间通过共同存在、共同活动、共同生活所体现出来的公共性意蕴,体现了人与人共同存在、共同活动的公共生活领域。

其次,实现社会关系有机的、最佳的结合,是人类公共性形成的根本动因。人的社会关系本质,决定了人是一种"类"存在,一种"能群"的存在,他必须通过"社会结合的各种形式",在一定的社会关系共同体中生活。人们在长期的交往实践中也认识到,只有通过共同活动以及不同主体之间交换其活动,才能实现人与人之间有机的、最佳的结合;只有实现人与人之间有机的、最佳的结合,才能克服和超越单个人所固有的局限性和片面性,有效地整合、放大和提升人的社会性力量;也只有实现人与人之间有机的、最佳的结合,才能更好地实现人类整体利益并获取个人利益的最大化。正如马克思所言:"各个人……是分散的和彼此对立的……这些力量只有在这些个人的交往和相互联系中才是真正的力量。"③人高于其他动物的地方,就在于其"能群""善群"的"类特性"。正是这种"能群""善群"的人的"类特性"赋予了人的公共性品格。

在马克思看来,社会关系有机的、最佳的结合,首先是作为最伟大的生产力而出现的,它极大地改善和拓展了人类的组织结构和力量整合方式。"社会关系的含义在这里是指许多个人的共同活动……而这种共同活动方式本身就是'生产

① 《马克思恩格斯选集》第1卷,人民出版社1995年版,第84页。
② 海德格尔:《存在与时间》,陈嘉映、王庆节译,三联书店1987年版,第146-147页。
③ 《马克思恩格斯选集》第1卷,人民出版社1995年版,第128页。

力'"，"受分工制约的不同个人的共同活动产生了一种社会力量，即扩大了的生产力"①，"共同体本身作为第一个伟大的生产力而出现。"②这也表明，只有在形成"最伟大生产力"的基础上，才能更好地实现个人利益的最大化。在历史上，当"每个人都清楚地意识到这种共同协作的好处"时，③就出现了共同体、公共利益；公共性作为"是人们交互活动的产物"，就是"个体的活动所借以实现的必然形式"。④ 因此，公共性既是私人利益相互作用的产物，又是私人利益得以实现的前提；既是对私人利益局限性的限制，又是保障私人利益最大化的前提条件。

再次，构建社会关系秩序、实现个人的自由发展，是公共性产生的又一根源。人作为一种在现实社会关系中的存在，表明他必须在一定的社会关系秩序中生活。在社会生活中，当人们在合理地追求自己的私人利益的时候，如何保持社会关系的秩序，而不陷入"一切人反对一切人的战争"，是历史上无数个思想家不断探索的社会难题。为了避免人们之间由于利益差别和对抗而产生的利益冲突或无谓牺牲，限制私人利益无限制地膨胀和扩张，必然要求社会制定公共性法则和规范，对不同交往主体进行必要的权力界限和行为约束，以期使不同主体的权益达到公平地实现。在这里，公共性承担着一个建设良好社会秩序的历史使命和功能，它表现为社会法律、政治、伦理、道德等社会秩序和规范。公共性的这一使命和功能，在其消极的意义上，是作为一种规范和约束机制存在于人类社会活动中，防止个体利益和私人领域的过分扩张；在其积极意义上，是作为人类自我型构的绵延机制而存在，它拓展和提升了人们相互之间相互沟通和交流的空间领域，为实现人的自由个性提供了公共性保证。

二、对公共性三重矛盾的揭示和批判

第一重矛盾，是人的公共性与自利性之间的矛盾。古典自由主义凸显了个体自由，把自由、自治的个人看成是原子式的自利性个人，"集体的善"被个人的算计与功利所代替，最终导致了当代公共性的危机。在当代，无论是以罗尔斯、诺齐克、德沃金为代表的现代新自由主义，还是以查尔斯·泰勒、麦金泰尔、桑德尔为

---

① 《马克思恩格斯选集》第 1 卷，人民出版社 1995 年版，第 80、85 页。
② 《马克思恩格斯全集》第 46 卷（上），人民出版社 1979 年版，第 495 页。
③ 《马克思恩格斯全集》第 3 卷，人民出版社 1960 年版，第 511 页。
④ 《马克思恩格斯选集》第 4 卷，人民出版社 1995 年版，第 532 页

代表的社群主义;无论是关注"人的条件"的阿伦特、倡导合理交往的哈贝马斯;还是执着于思入存在的海德格尔,都在积极探索如何克服原子主义的个体自由带来的诸多问题,以保证人类共在的持续可能性。

人的公共性与自利性矛盾源自于人的双重本性。人不仅具有公共性、利他性的一面,也具有私向性、自利性的一面。阿伦特在《人的条件》中指出:"无论是隐私性还是社会性,都是人类生存的主观模式。"①康德在考察"感性自我"与"理性之我"的关系时用"非社会的社会性"这一概念来表征人的这一双重特质:一方面,与感性自我相关联的是人的"非社会性",它出自人的自私心,表现为人的占有欲、权力欲、虚荣心等。这是一种自私自利的动物倾向性,它使人与人的关系充满了对抗和阻力;另一方面,与理性自我相关联的是人的"社会性",它决定了人具有趋善的禀赋和为后代造福的义务感。康德认为,正是感性自我的"非社会性"保证了人的生命活力和热情,最大限度地发挥人的自然禀赋和创造才能;正是"非社会的社会化"推动了社会历史的进步,顺应了"大自然的安排",在客观上得到了"从恶向善"的历史结果。这种非社会性不仅是人类文明创造性的动力源泉,而且还具有导向社会性的一面,"成为人类合法秩序的原因"②。

马克思对人的本性的考察,不是出于理性的假设,而是基于"现实的人"。所谓"现实的人",既是有各种私人欲望和利益要求的"特殊的个体",具有私向性、利己性的一面;又是生活在一定社会关系中的"社会的人",具有群体性、公共性的一面。马克思指出:"各个人的出发点总是他们自己,不过当然是处于既有的历史条件和关系范围之内的自己。"③基于"现实的人"的这一双重特性,马克思揭示了人的公共性与私人性之间的矛盾。他指出:"每个人为另一个人服务,目的是为自己服务;每一个人都把另一个人当作自己的手段互相利用。这两种情况在两个个人的意识中是这样出现的:(1)每个人只有作为另一个人的手段才能达到自己的目的;(2)每个人只有作为自我目的(自为的存在)才能成为另一个人的手段(为他的存在);(3)每个人是手段同时又是目的,而且只有成为手段才能达到自己的目的,只有把自己当作目的才能成为手段,也就是说,每个人只有把自己当作自为的存在才把自己变成为他的存在,而他人只有把自己当作自为的存在才把自己变

① 汪晖、陈燕谷主编:《文化与公共性》,三联书店1998年版,第7页。
② 康德:《历史理性批判文集》,商务印书馆,1990年版,第6页。
③ 《马克思恩格斯选集》第1卷,人民出版社1995年版,第119页。

成前一个人的存在,——这种相互关联是一个必然的事实"。① 按照马克思的论述,自利性表现了个人对自我利益的追求,它以实现个人利益为原则。但任何个体利益都是被社会中介化了的,自利性的实现只有通过与他人的交往和交换才有可能,而且也只有在实现了他人利益的时候才能更好地实现自己的个体利益。正是这种社会实践和交往活动,产生了人的公共性的一面。

马克思还进一步揭示了人的个体生活和公共生活在资本主义社会中的矛盾与分裂现象。他形象地把这种双重生活称为"天国的生活"和"尘世的生活",认为"前一种是政治共同体的生活,在这个共同体中,人把自己看做社会存在物;后一种是市民社会中的生活,在这个社会中,人作为私人进行活动,把他人看作工具,把自己也降为工具,并成为异己力量的玩物。"②通过对一定历史发展阶段上的社会关系的分析,马克思将这一矛盾具体展开为私有制与公有制、少数人与多数人之间的矛盾关系,并将私有制与个体自利性、公有制与公共性关联起来,从而超越了康德、阿伦特等人对人的本性的抽象议论。

第二重矛盾,是人的普遍利益和个体利益或公共利益和私人利益之间的矛盾。通过对黑格尔颠倒普遍利益与私人利益(表现为政治国家与市民社会)关系的批判,马克思揭示和阐述了市民社会对于政治国家的根源性,以及资本主义条件下普遍利益和个体利益、公共利益和私人利益之间的矛盾。

在黑格尔看来,市民社会是"个人私利的战场……也是私人利益跟特殊公共事务冲突的舞台"③,因而是一个"非伦理性"的领域;国家作为客观化的精神,则体现了普遍伦理或普遍利益的总体性。因此,市民社会中的矛盾,只有在理性国家中才能得到解决,只有以理性国家来升华市民社会,才能达到个人利益和普遍利益的统一。在这里,黑格尔是通过把市民社会中的现实矛盾引向绝对理念的自身同一中来加以谐调,从而把"家庭和市民社会对国家的现实关系变成了理念所具有的想象的内部活动"。④ 他用国家理念来消融现实矛盾从而证明现实国家的合理性,也暴露出其哲学体系保守性的一面。

在莱茵报时期,尚处于黑格尔理性主义世界观规约下的马克思,便遇到了"关

---

① 《马克思恩格斯全集》第30卷,人民出版社2002年版,第198页。
② 《马克思恩格斯全集》第3卷,人民出版社2002年版,第173页。
③ 黑格尔:《精神现象学》(上),商务印书馆1979年版,第309页。
④ 《马克思恩格斯全集》第1卷,人民出版社1956年版,第250页。

于林木盗窃法的辩论"中"私人利益颁布法律"带给他的"苦恼的疑问"。根据马克思当时信奉的理性主义世界观,代表"理性之法"的政治国家,事实上并不是普遍利益的真正代表,相反,法律和国家遵循的却是"利益之法",少数特权者的利益"成为左右整个机构的灵魂"。"凡是在法曾给私人利益制定法律的地方,它都让私人利益给制定法律。"①国家成为私人利益的工具。马克思回忆道:"为了解决使我苦恼的疑问,我写的第一部著作是对黑格尔法哲学的批判性的分析。"②马克思的分析批判得出的结论是,"不是国家和法决定市民社会,而是市民社会决定国家和法。"③市民社会虽然是私人利益的舞台,却是历史的真正发源地,政治国家的合法性恰恰隐藏在市民社会之中。马克思由此深入到了资本主义"物质生活关系"与"市民社会"的批判性研究,从而进一步揭示了资本主义条件下普遍利益和个体利益、公共利益和私人利益之间的矛盾。

　　事实上,马克思并不否认私人利益的合理性,认为人们奋斗所争取的一切,都与他们的利益密切相关。正是对个体利益、私人利益的追求,成为人们进行实践活动和交往活动、进而推动社会历史发展的根本动因。而公共利益作为私人利益的超越和扬弃形态,"恰恰只存在于双方、多方以及各方的独立之中,共同利益就是自私利益的交换。一般利益就是各种自私利益的一般化"。④ 但是在资本主义条件下,一切利益关系都是从个体出发的"为我"关系。人们对私人利益、个体利益的追逐,并不会自动的、自然而然地达成和实现公共利益或普遍利益。马克思指出:"表现为全部行为的动因的共同利益,虽然被双方承认为事实,但是这种共同利益本身不是动因,它可以说只是发生在自身反映的特殊利益背后,发生在同另一个人的个别利益相对立的个别利益背后。……他的对立的个人利益的满足,正好就是被扬弃的对立面即一般社会利益的实现。"⑤在这里,"每个人都互相妨碍别人利益的实现,这种一切人反对一切人的战争所造成的结果,不是普遍的肯定,而是普遍的否定"。⑥

　　第三重矛盾,是真实的共同体与虚假的共同体之间的矛盾。马克思对真实共

① 《马克思恩格斯全集》第1卷,人民出版社1956年版,第160,179页。
② 《马克思恩格斯选集》第2卷,人民出版社1995年版,第32页。
③ 《马克思恩格斯全集》第1卷,人民出版社1956年版,第283页。
④ 《马克思恩格斯全集》第30卷,人民出版社2002年版,第199页。
⑤ 《马克思恩格斯全集》第30卷,人民出版社2002年版,第199页。
⑥ 《马克思恩格斯全集》第30卷,人民出版社2002年版,第106页。

同体与虚假共同体的划分,主要是依据共同体对于个人的自由生成之间的关系,即共同体究竟是个人自由发展的条件还是桎梏,是一种凌驾于个人之上的异己力量还是受联合起来的个人所驾驭?

马克思首先阐述了共同体产生的必然性和必要性。认为"只有在共同体中,个人才能获得全面发展其才能的手段,也就是说,只有在共同体中才可能有个人自由。"①但是,作为普遍利益之代表的共同体的存在,并不意味着它必然与个人的利益与个人的发展相一致。这是因为,代表普遍利益的共同体存在着"虚幻"与"真实"之分。对此,马克思从社会横向度与历史纵向度两个方面进行了揭示。

从社会的横向度,马克思揭示了基于社会关系分工所导致的特殊利益与公共利益的分化,使得共同利益采取国家这一虚幻的共同体形式成为必然。"随着分工的发展,产生了单个人的利益或单个家庭的利益与所有互相交往的个人的共同利益之间的矛盾。"②"正是由于特殊利益和共同利益之间的这种矛盾,共同利益才采取国家这种与实际的单个利益和全体利益相脱离的独立形式,同时采取虚幻的共同体的形式,而这始终是……由分工决定的阶级的基础上产生的。"③马克思进一步指出:"从前各个人联合而成的虚假的共同体,总是相对于各个人而独立的;由于这种共同体是一个阶级反对另一个阶级的联合,因此对于被统治的阶级来说,它不仅是完全虚幻的共同体,而且是新的桎梏。在真正的共同体的条件下,各个人在自己的联合中并通过这种联合获得自己的自由。"④

从历史纵向度,马克思揭示了人类从古代"个人从属于共同体"到近代"个人与共同体的对立",再到"未来共同体从属于所有个人"的演进过程。与此相适应,代表公共利益的共同体也有一个从"等级的共同体"到"虚幻的共同体"再到"真实的共同体"的历史演变过程,它们分别对应于人对共同体的依赖关系、人对物的依赖关系和人的自由全面发展关系这一"三大社会形态"。

从表面上看,作为个人利益与普遍利益矛盾之产物的国家,是公共利益的代表,承担着协调、整合个人利益和普遍利益矛盾的功能。但实质上,国家并不是超然于社会诸共同体之上的普遍利益的抽象代表,而是统治地位的阶级共同体用来

① 《马克思恩格斯选集》第1卷,人民出版社1995年版,第119页。
② 《马克思恩格斯选集》第1卷,人民出版社1995年版,第84页。
③ 《马克思恩格斯选集》第1卷,人民出版社1995年版,第84页。
④ 《马克思恩格斯全集》第1卷,人民出版社1956年版,第119页。

维护和实现本阶级利益的工具,因而也是一种虚幻的共同体,它所代表和实现的公共利益也成了虚幻的公共利益。"正因为各个人所追求的仅仅是自己的特殊的、对他们来说是同他们的共同利益不相符合的利益,所以……这种共同利益是'异己的'和'不依赖'于他们的,即仍旧是一种特殊的'普遍'利益"①。这种虚幻共同体,对个人来说表现为外在的、偶然的东西,它"聚合"为一种同个人相对立的异己力量,"这种力量压迫着人,而不是人驾驭这种力量"。② 由于这种共同体是一个阶级反对另一个阶级的联合,因此对于被统治的阶级来说,它不仅是完全虚幻的共同体,而且是新的桎梏。现实的个人在这种共同体中成了利己的个人和抽象的公民,只是作为抽象的、偶然的个人而存在。

要消除虚幻的共同体,使其产生的外在力量重新被人所驾驭和控制,并与人的自由自主活动的发展相一致,就必须代之以"真实的共同体"。真实的共同体也即"自由人的联合体"。在马克思看来,"在控制了自己的生产条件和社会全体成员的生存条件的革命无产者的共同体中","各个人都是作为个人参加的。它是各个人的这样一种联合(自然是以当时发达的生产力为前提的),这种联合把个人的自由发展和运动的条件置于他们的控制之下。"在这种共同体中,"各个人在自己的联合中通过这种联合获得自己的自由",它"排除了一切不依赖于个人而存在的东西"。它将"消灭关系对个人的独立化、个性对偶然性的屈从、个人的私人关系对共同的阶级关系的屈从",使"个人向着完整的个人的发展以及一切自发性的消除"成为现实。"只有在这个阶段上,自主活动才同物质生活一致起来,而这又是同各个人向完全的个人的发展以及一切自发性的消除相适应。同样,劳动向自主活动的转化,同过去受制约的交往向个人本身的交往的转化,也是相互适应的。"③

三、公共性价值理想及其对民生建设的启示

如何以公共性为尺度去建构一种理想社会形态,建立人—社会—自然之间广泛的公共性秩序,是人类历史发展中具有当代意蕴并亟待解决的课题。马克思的

---

① 《马克思恩格斯选集》第 1 卷,人民出版社 1995 年版,第 85 页。
② 《马克思恩格斯选集》第 1 卷,人民出版社 1995 年版,第 85 页。
③ 《马克思恩格斯选集》第 1 卷,人民出版社 1995 年版;第 119、121、130 页;《马克思恩格斯全集》第 3 卷,人民出版社 1960 年版,第 516 页。

公共性理想之所以具有恒久的魅力,就在于他所追求的公共性价值理想,仍然是当代人类孜孜以求的价值期许和现实愿景。

首先,实现包括社会底层民众在内的最广大人民群众的彻底解放,是马克思追求公共性价值理想的基本立足点。马克思在从事全部理论之初,就立足于当代最具公共性的群体(即无产阶级)的现实生存问题,认为无产阶级的解放事业是十九世纪中叶最富时代气息、最深刻的公共性追求。在《关于费尔巴哈的提纲》的最后三条中,马克思虽然谈论新、旧唯物主义在"立脚点"上的不同,但实际上却反映着它们在公共性问题上截然不同的"立脚点"。如果说,资产阶级社会公共性的立足点在于"市民社会",即把以私人利益为中心的市民社会的特殊原则上升为社会的普遍原则,那么,马克思公共性价值理想的立足点则是"人类社会或社会的人类"。① 这意味着,资产阶级的公共性体现的是资产阶级这个阶级共同体的公共利益,其公共性向度完全被以资本增殖和利益最大化的原子化个人生活原则所遮蔽。马克思的公共性则力图在扬弃资本主义政治国家和市民社会的基础上,通过无产阶级的公共实践活动,实现包括社会最底层民众在内的全人类的解放。这样,马克思便把公共性实践之主体定位于无产阶级和人民群众,认为以无产阶级作为历史主体、以改变现实世界为公共历史使命、以寻求人类的最终解放为公共价值追求的共产主义运动,是追求公共性价值理想的根本立足点。这种民众化的社会人格,旨在维护绝大多数人利益的正义诉求,使马克思的公共性价值理想真正成为"无产阶级的世界观",成为指证和批判资产阶级利益共同体的最强音,并实际地变成一种改变资本主义的无产阶级的现实运动。

其次,最大限度地实现人的自主活动和自由全面的发展,是马克思公共性理想的价值目标。人不仅是一个具有"类"特征和"能群"本性的公共性价值存在,而且这种公共性存在的价值最后都收敛并凝聚于人的自由全面发展这一公共价值目标上。马克思通过将人的自由全面发展与社会形态的历史演进联系起来进行具体的考察,认为在"人的依赖关系"阶段的前资本主义社会,人的发展虽然表现出了"原始的丰富性",但这时的共同体只是血缘伦理基础上的狭隘的自然共同体、等级共同体,人与人之间处于直接的人身依附和统治服从关系,难以真正形成人的全面发展。在以"物的依赖性为基础的人的独立性"阶段,虽然为自由个性和

---

① 参见《马克思恩格斯全集》第 1 卷,人民出版社 1956 年版,第 57 页。

人的全面发展创造了经济条件,但这是一个以个体为本位、资本逐利逻辑为定向、资本关系在社会中全面渗透的商品共同体,在这样的共同体中,"任何一种所谓人权都没有超出利己主义的人,没有超出作为市民社会的成员的人,即作为封闭于自身、私人利益、私人任性、同时脱离社会整体的个人的人。"①只有在共产主义社会的"自由人联合体"中,"外部世界对个人才能的实际发展所起的推动作用为个人本身所驾驭","他们的社会关系作为他们自己的共同的关系,也是服从于他们自己的共同的控制"的时候,"个人的全面发展……才不再是理想、职责等等,这也正是共产主义者所向往的。"②可见,人的自由、自主活动发展的程度是与人的公共性需要以及公共领域发展程度,在社会历史发展中是一致的、相互促进的。而衡量人的自由、自主活动的发展是否与公共领域的发展相一致,主要看公共领域的发展是否摆脱了其"虚幻性"和狭隘社会关系的束缚,使之与人的真实的公共性需要和普遍的个人利益的实现相一致。这种一致性,不仅取决于公共性领域拓展的广度,而且取决于人们对公共领域的驾驭程度,以及人们对公共领域参与的深度与广度,从而使人成为共同体的人、成为真正具有公共性的人。只有这时,人的公共性才能得到全面的发展和体现,公共领域才能成为人的自由自觉活动的领域。

再次,构建以平等、公正、和谐为价值取向的社会关系共同体和公共社会制度,是马克思实现其公共性理想的基本路径。公共性作为一种构建合理社会秩序和规则的根本理念,承担着建设一个良好社会秩序的历史使命;维护、完善社会的公共性本质,关键在于确立一种体现公平、正义的社会关系秩序。在马克思看来,构建以平等、公正、和谐为价值取向的社会关系共同体和公共社会制度,关键是寻找和解决人与人之间利益关系矛盾和冲突的共同原则,并将这些原则上升为制度建构的指导原则。这些制度建构原则包括:(1)是否尊重和承认个人生命的独立、自由、平等;(2)在此基础上的人与人之间的"共同发展"原则,即在"个人的自由发展"的基础上达到"一切人的自由发展"。这也就是"以每个人的全面而自由的发展为基本原则的社会形式",而这种"真正的自由和真正的平等只有在共产主义

---

① 《马克思恩格斯全集》第 1 卷,人民出版社 1956 年版,第 439 页。
② 《马克思恩格斯全集》第 3 卷,人民出版社 1960 年版,第 330 页;《马克思恩格斯全集》第 46 卷(上),人民出版社 1979 年版,第 108 页。

制度下才可能实现。"①

　　从社会关系的公共性视域来考察民生社会的建设,有两个方面的问题值得关注:一方面,构建民生社会,必须重视公共性积累,扩大经济、政治、精神等各个社会领域的公共产品的生产、增加公共资源的总量,以满足人民群众日益增长的公共性需要。公共产品的增长既来自于个人在追求自身利益的同时对公共利益的增进,更离不开国家和政府掌握的公共收入对社会公共利益所承担的责任。为此,必须大力发展社会生产力,增加具体物质形态的公共产品;加强制度建设,提升制度形态的公共产品;大力加强文化建设,提高文化精神形态的公共产品。只有公共产品、公共资源增长或扩大了,才能从根本上为克服社会贫困、消除社会对抗和两极分化,最后为实现共同富裕与和谐社会提供必要的物质条件和现实前提。

　　另一方面,公共产品和公共资源存量的增加只是实现社会平等、和谐的可能性条件,而并非必然地、现实地增进社会平等,实现社会和谐。问题的关键在于,如何达成公共产品、公共资源与普通个体的有机的或最佳的结合,真正体现公共产品对于经济关系和社会关系的有效调节。如果公共资源被公共权力所有者过度占有或分享,如果公共性的增长不能直接提高社会普通民众对于公共品需求的总量供给,普通个体不能随着公共品的增加而受益,那么,这种公共资源的增长与社会的发展是脱节的,这样的公共性就不是真实的公共性,而是虚假的公共性。而真实的公共性取决于普通个人对公共财产和公共利益"支配和控制"的程度,取决于社会绝大多数公民权利对公共权力的制约程度,取决于普通个人利益与公共财产、公共利益趋于一致的程度。

　　为此,无产阶级政党和社会主义国家必须将代表最广大人民的根本利益,作为积累和完善公共性的本质要求和努力方向,克服和消除社会公共产品供给不足、部分官员滥权腐败、贫富差距两极分化等有违公共利益的社会问题,真正解决民众关注的公共民生问题。坚持以人为本,对制度建构及其优劣的评判应该以是否有利于人的发展为标准,建立体现劳动者当家做主的社会制度,各项具体改革措施的制定应当自觉地把握和体现劳动者的利益和自由,使得每个公民能各尽其能、各得其所而又和谐相处。贯彻共建共享机制,既要广泛地调动和激发全体人

---

① 《马克思恩格斯全集》第1卷,人民出版社1956年版,第582页。

民的创造力和聪明才智,给社会发展创造更多公共物质文化财富,又要让建设者同时从改革开放和社会事业建设中得到实惠,为构建和谐社会提供持续动力。其中共建是共享的前提和基础,共享是共建的目的和动力。

第二节　交往实践与共同活动:马克思公共性的实践基础

实践是马克思主义理论首要的和基本的观点,也是马克思公共性哲学的本体论根基。马克思的实践观可具体分析为两个方面:处理人与自然关系的生产实践和处理人与人之间关系的交往实践。可以说,建立在人与人之间关系基础上的交往实践以及在交往实践基础上的人类共同活动,是马克思公共性思想的实践基础。这不仅体现在马克思关于交往实践的一系列论述之中,还体现在马克思交往实践观所蕴含着丰富的公共性意蕴之中,马克思的公共交往观具有重要的实践意义。

一、马克思的交往实践观

(一)交往实践是人类实践活动的一个基本维度,具有重要的方法论意义

马克思指出:"全部社会生活在本质上是实践的"①。实践作为人们能动地改造世界的社会性的客观物质活动,本身又是由生产实践和交往实践两个方面构成的。就是说,实践不仅是主体改造物质客体的过程,同时也是主体之间物质交往关系的活动,实践结构从一开始就具有双重关系:实践主体和主体之间的物质交往关系(主体间性),以及结成一定社会关系的交往主体对客体的关系(主客关系)。后者称为生产实践,前者称为交往实践,正如生产方式概念中的生产力与生产关系范畴一样。

所谓"交往实践",是指"不同的个体或群体在一定的社会历史条件下为变革某一客体而进行的有意识、有目的的活动的交互作用的特性"②,也有学者将其表达为"多极主体间通过作用或改造共同的中介客体而结成'主—客—主'关系结构

---

① 《马克思恩格斯选集》第 1 卷,人民出版社 1995 年版,第 56 页。
② 钱伟量:《实践的交往性与休谟的怀疑主义》,《哲学研究》1992 年第 1 期,第 28 页。

的物质活动"①。这就是交往实践这一范畴的涵义与结构。可以看出,交往实践既不同于近代以来被人们所推崇的"主—客"二分实践模式,也不同于现代意义上的"主—主"(互主体)交往模式,而是包含了"主体—客体"和"主体—主体"两方面之合理性于一体的"主—客—主"交往实践模式,是"自主活动"和"交往形式"的统一,也即生产力和生产关系的统一。② 需要指出的是,生产实践与交往实践并不是两种独立的实践形态,而是同一种实践活动中的两个方面或双重维度。凡实践都是具有交往性的实践,没有交往性的实践,正如没有使用价值的交换价值一样,在现实中都是不存在的。

事实上,交往活动是伴随着人类群体的出现而产生的。我们越往前追溯历史,越是接近于人的自然状态,个人就显得越不独立,越从属于一个较大的群体,"最初的人表现为种属群、部落体、群居动物"③。马克思恩格斯认为,人类最早的相互交往是"为了在发展过程中脱离动物状态实现自然界中的最伟大的进步,还需要一种因素:以群的联合力量和集体行动来弥补个体自卫能力的不足"④。

在马克思那里,交往实践不仅是人的实践活动的一个重要维度,同时也是分析和透视人类社会现象的一种方法论。比如在《资本论》中,马克思就将交往实践运用于对资本化生产实践的分析之中。马克思指出,资本的细胞——商品,是人类劳动在生产对象中的凝结。劳动具有二重性:作为具体劳动,它创造使用价值;作为抽象劳动,它形成交换价值。具体劳动意味着劳动过程中主体与客体即劳动者与产品之间的关系;抽象劳动则体现了主体与主体之间的关系即价值关系。价值不单纯是个体劳动的凝结,而且是社会范围内劳动关系的一种整合,是主体在劳动中创造的与社会其他主体的经济关系。马克思进而运用劳动双重性结构原理,对资本化生产实践作了科学分析,认为后者也是具有双重关系的统一体:一方面,资本化生产实践作为劳动者以主体力量作用于物质客体,即劳动对象,发生"主体—客体"双向物质交换过程;另一方面,又是劳动者与资本家之间经济关系

---

① 任平:《马克思主义交往实践观与主体性问题》,《哲学研究》1991 年第 10 期,第 14 - 15 页。

② 《马克思恩格斯全集》第 3 卷关于"交往"的注释作了如下说明:"在《德意志意识形态》中,"Verkehr"(交往)这个术语含义很广。它包括个人、社会团体、许多国家的物质交往和精神交往"(参见:《马克思恩格斯全集》第 3 卷,人民出版社 1965 年版,第 697 页)。

③ 《马克思恩格斯全集》第 46 卷(上),人民出版社 1979 年版,第 497 页。

④ 《马克思恩格斯选集》第 4 卷,人民出版社 1995 年版,第 29 页。

的不断再生产过程,是通过价值增殖、扩大再生产而体现出来的不同主体之间交往关系的重构与扩展过程。在马克思看来,资本化生产实践也是一种交往实践。由于这种交往实践承载着社会关系的内涵,因而成为马克思分析人类社会现象的一种基本方法。

进而言之,将交往实践(人—人关系)和生产实践(人—自然关系)作为实践结构的双重维度,还具有如下的认识论意义:(1)有助于我们对马克思关于人的"双重本质"的正确理解。所谓人的"双重本质",即人的实践本质与人的社会关系本质。其主要理由是:在《1844 年经济学哲学手稿》中,马克思将人的类本质归结为自由自觉的实践活动,简称为人的实践本质;在《关于费尔巴哈的提纲》中,马克思又将人的本质界定为"社会关系的总和",简称为人的社会关系本质。据此,有的学者便质疑马克思人的本质的"双重标准",认为由此造成了在人的本质问题上理论混乱。但按照上述实践结构的双重维度,我们不难知道,实践活动本来就是"自主活动"和"交往形式"的统一,是"人在积极实现自己的本质的过程中创造、生产人的社会联系、社会本质",而这种社会关系在本质上又是实践的,"是他自己的活动,他自己的生活,他自己的享受,他自己的财富"①。因此,这并不是人的"双重本质",而是实践活动的双重结构使然,它恰恰体现了马克思关于人的本质阐述的独特而深刻之处。(2)在人与人之间的交往实践中所呈现出的"互主体性""主体间性""复合主体性""异质主体性",不仅可以有效地克服费尔巴哈式的单一抽象与同质化的旧唯物主义主体观和实践结构(这种主体观把人看作"一种抽象的——孤立的——人的个体",它"只是从客体的或直观的形式去理解"),而且可以更好地理解当代社会业已呈现的公共主体、共同主体性问题的本质内涵。事实上,异质主体性之间形成的"共识"是人们交往实践活动的前提条件,每一主体都会带有"前见"甚至主观成见进入到交往实践所构建的"场域"中来,这种主体在交往实践中所形成的"共识",使得人们在日常生活中的沟通、商谈最终达成公共性识见成为必要和可能。(3)交往实践是促进世界普遍联系、使历史成为"世界历史"综合体的主要机制,它对于更好地理解当代日益增强的国际之间的竞争与合作以及人类实践进程的社会化、交往化和世界化趋势,对于理解东方落后国家借助于世界性交往而跨越资本主义的"卡夫丁峡谷",都具有重要的认识论

---

① 《马克思恩格斯全集》第 42 卷,人民出版社 1979 年版,第 24 页。

意义。

(二)交往实践与生产实践的关系

在《德意志意识形态》中,马克思恩格斯从物质实践出发来考察历史、解释观念的东西。这里的"物质实践",包括物质生产实践和物质交往实践(即"主体—客体"与"主体—主体")两个方面。在马克思看来,如果主体是人,客体是自然,那么,"人们在生产中不仅仅同自然界发生关系。他们如果不以一定的方式结合起来共同活动和互相交换其活动,便不能进行生产。为了进行生产,人们便发生一定的联系和关系;只有在这些社会联系和社会关系的范围内,才会有他们对自然界的关系,才会有生产。"①因此,人们不是先有了对自然界的改造关系,然后再彼此交往形成人与人的社会关系,而是从一开始就是在一定的交往关系中与自然界发生关系的。人们总是将所要变革的对象置于他们彼此之间的交往活动中来进行的。

我们可以将生产实践与交往实践之间的关系归结为以下几个方面。

首先,物质生产实践决定交往实践,决定交往的深度与广度。正是人们在处理与自然关系的物质生产实践中渗透着主体之间的交往活动并以之为前提,才形成了人与人的各种社会关系。人们处理与自然关系的水平和程度实际地制约着人际交往关系的范围、形式和性质。具体来说,物质生产的发展促进了主体交往意识的不断增长,生产的发展带来更为先进的生产工具的出现,促进了交往手段的不断更新和发展;生产力的每一次巨大进步都会推进交往深度的跃进和交往广度的拓展,从而使人们打破了自然经济条件下人与自然的狭隘关系,以及自然环境所造成的各个地区、民族、国家之间联系的屏障,从地域封闭性的交往走向世界开放性的交往。"只有随着生产力的这种普遍发展,人们的普遍交往才能建立起来。"②

其次,物质生产活动又是以个人彼此之间的交往(以共同活动的方式)为前提的,交往对物质生产产生巨大的作用和影响。物质交往之所以是物质生产得以进行的前提,是因为"只有在社会中,自然界才是人的存在的基础","如果不以一定的方式结合起来共同活动和相互交换其活动,便不能进行生产","一切生产都是

---

① 《马克思恩格斯选集》第1卷,人民出版社1995年版,第344页。
② 《马克思恩格斯选集》第1卷,人民出版社1995年版,第86页。

个人在一定社会形式中并借助于这种社会形式而进行的对自然的占有"。物质生产力作为个人的力量也"只有在这些个人的交往和相互联系中才能成为真正的力量"①。同时,交往的扩大以及世界交往的形成,不仅为保存业已创造出来的物质生产能力提供了保障,而且为物质生产水平高低不同的国家之间进行横向交流提供了可能,使之能够互相借鉴、互相吸取,促进各自物质生产的发展。

再次,在马克思历史观视域中,人与自然的生产活动和人与人的交往活动在马克思实践历史观中处于不同的层面,其作用和地位是各不相同的。其中人与自然的生产活动是实践活动的显性层面,揭示的是人类实践活动中的认识论维度,关注的是人如何发现自然规律进而改造自然界的问题,属于实践活动中的技术的和感性的层面;人与人的交往活动则是实践活动的隐性层面,揭示的是实践活动中的本体论维度,属于实践活动中的社会存在基础。这正如马克思在考察人的自然性和社会性关系时,以社会性作为人的本质;在考察商品价值形成的具体劳动和抽象劳动关系时,以抽象劳动作为商品的本质一样。马克思实践观的独特贡献和深刻之处,就在于他在别人只看见人与物(自然)关系的地方看到了人与人的社会关系,认为人与自然的"照面"实际上就是与他人的"相遇",人与自然的关系状况反映和折射的正是人与人之间的物质利益关系状况。因此,生产活动与交往活动在人的生存与发展中至少具有同样重要的意义和作用,人类实践和社会进步应该是物质生产活动和交往实践活动的协调、同步发展。甚至可以说,物质生产的发展应当以人与人之间的交往关系的优化为目的和宗旨,以便形成以个人的自由与全面发展为核心的自由人联合体。

(三)交往实践的历史形态与发展趋势

"迄今为止的一切交往都只是一定条件下的个人的交往",作为历史的形式,都只具有暂时的性质。随着人的活动方式和生产方式的变化与发展,"在整个历史发展过程中构成一个有联系的交往形式的序列"②,其表现形式也经历了一个历史发展过程。按照马克思"三大社会形态"理论的划分,交往形式也依次经历了三种历史形态:(1)古代社会人们以血缘姻亲关系为纽带的伦理关系和政治关系,表现为人们之间的直接依赖关系和群体本位关系;(2)近代社会以交换价值(商

① 《马克思恩格斯全集》第3卷,人民出版社1960年版,第362、24、75页。
② 《马克思恩格斯全集》第3卷,人民出版社1960年版,第74、81页。

品、货币、资本)为纽带的物化关系、经济关系,表现为人们之间在分工和交换广泛发展基础上的普遍依赖关系和个体本位关系;(3)理想社会以扬弃血缘、交换价值为纽带的自由平等关系,表现在自由自主个性基础上的"自由人联合体"。

首先是"人的依赖关系(起初完全是自然发生的)"的交往形态,它建立在依赖天然的自然条件、肉体自然的需要和自然分工的基础上。这种交往形式最明显特点是:人与人关系的自然性质和不平等性质。"家庭起初是唯一的社会关系"①,各个个人通过某种"家庭的部落的联系"而结合在一起,个人生活在以血缘联系起来的"自然共同体"中,只是作为共同体的器官和部件而存在。"自然联系使它成为一定的狭隘人群的附属物",而维系社会关系的纽带主要是自然血缘关系基础上的宗法制度和封建等级制度,个人则表现为"不独立的、从属于一个较大的整体",即从属于他人或某种自然共同体:或者直接隶属于部落、家庭等血缘共同体,或者隶属于某种军事共同体。人们只是按照他们在共同体内的地位、作用和职能发生关系,人与人之间处于直接的人身依附和统治服从关系。因此,这种交往形式的另一个特点是,人与人之间的不平等性。个人被固定在稳定的社会关系网络之中而无自己的独立性和自由,他只是作为共同体锁链中的一环,他所从事的某种特定的活动受到先在的社会规定性所支配和限制,他必须按照自己所在等级的先在规定性上再生产自己。

"以物的依赖性为基础的人的独立性"交往是第二种交往历史形态。这是一种以商品、货币与资本等私有财产为载体的普遍物化的交往形式,也是一种异化的交往方式,资本成为调动社会交往的力量。一方面,资本的支配力量使劳动及其产品的普遍交换成为每一个人的生存条件。为了获得和扩张这一生存条件,每个人必须在更加普遍、更加广泛的社会联系中进行生产和交换,从而生产出个人需要、个人关系和个人能力的多样性、普遍性和全面性的外观,从根本上突破了原先主要由自然条件造成的封闭性和地域性的狭隘关系。单个人在普遍交换产生的世界市场上同其他一切人发生关系;每个人的生产,也依赖于其他一切人的生产。这种普遍的依赖关系,通过技术和生产力的发展、大工业的形成、世界市场以及现代交通和通讯手段,极大地拓展了人们的社会联系和交往空间,从而建立了世界性的普遍联系。另一方面,由于劳动者和劳动条件的彻底分离,使上述普遍

① 《马克思恩格斯全集》第3卷,人民出版社1960年版,第74页。

的交往关系成为独立于人们之外、并反过来支配和统治人们的一种异己的物质力量,人们从属于存在于他之外的社会联系和生产体系。在世界市场上,单个人与一切人发生联系,但这种联系并不依单个人的意志为转移,相反,与个人之间的普遍联系一同增长的是个人之间的相互独立和漠不关心;抽象劳动在生产出个人关系和个人能力普遍性、全面性的同时,也生产出个人同自己、同别人的普遍异化;以前个人受他人限制,现在则受不依他为转移的、独立存在的商品共同体的限制。个体与"类"、人的世界和物的世界、私人生活和公共生活之间的矛盾达到了充分的尖锐化。

代替资本主义物化交往的将是以生产力和世界交往的普遍发展为前提的人的自由、全面发展的交往,这是交往形式发展的第三阶段,也是一种真正联合的交往形式。这种交往形式的根本特点是:(1)交往在"自由人的联合体"中进行,各个个人在彼此的自由联合中获得自由;(2)交往作为人与人之间的关系直接等同于人自身的内在需要。它消除了个体与社会之间的对立以及交往对于个体的外在性,"排除了一切不依赖于个人而存在的东西",使得个人社会生活交往关系与每个人的真正生活相谐调;(3)这种交往体现了人对交往关系的自由占有,个人成为交往的真正主体,交往成为个人的自由自觉的活动,个人实现了对其交往关系的自由占有。只有在这种交往形态下,才真正实现了"人与自然之间、人与人之间的矛盾的真正解决,是存在与本质,对象化与自我确证,自由与必然,个体与类之间的斗争的真正解决"①。

(四)交往实践的功能

首先,交往促进了人的发展。人的自由全面发展是马克思主义理论的最高命题或终极目标,但它不是一个"应然"或"超然"的命题或目标,而是在一个具体历史过程中实现的。在交往实践中来把握人的主体地位、资质和能力的生成与发展,是马克思考察人的全面发展的基本路径之一。在马克思看来,交往不仅是实现人类自身社会化的根本途径,而且人的基本特征和资质能力,往往与其交往状况、交往活动的水平相一致,本质上是其交往的社会文化规定。人只有在交往实践中,将交往群体积累的共同财富内化于自身,才能获得人的现实的本质力量,成为现实的实践性主体。因此在这里,人们交往实践与交往关系的建构、完善,主体

---

① 马克思:《1844年经济学哲学手稿》,人民出版社1979年版,第73页。

独特个性和资质能力的生成、发展,交往共同体(群主体形态)之整合力量的累积、厚实,三者之间具有结构的同构性和发展的同步性。马克思指出,人们的普遍交往、生产力的普遍发展是人的全面发展的现实基础,每一个人的发展与解放是与世界历史和共产主义运动的进程一致的。"一个人的发展取决于和他直接或间接进行交往的其他一切人的发展。"①

其次,交往促进了世界历史的形成与发展。交往的普遍化是民族历史转变为世界历史的前提条件。在马克思看来,一个民族本身的生产力和内部交往的发展程度决定了该民族在从民族的历史走向世界历史的过程中所处的地位,而民族之间的交往是民族历史向世界历史转变的契机。马克思把人类历史发展的进程划分为部落所有制、古代公社所有制和国家所有制、封建的或等级的所有制、资本主义所有制与共产主义等阶段,认为人类历史上的"交往革命"直接影响甚至决定着世界历史的进程。随着人类交往的不断扩大,各个民族之间逐渐形成全球一体化为特征的世界历史。"各个相互影响的活动范围在这个发展进程中越是扩大,各民族的原始封闭状态由于日益完善的生产方式、交往以及因交往而自然形成的不同民族之间的分工消灭得越是彻底,历史也就越是成为世界历史。"②

二、交往实践的公共性意蕴

马克思交往实践的公共性意蕴,主要体现在交往实践对于公共性的生成机制上。

"公共性"是"人与人之间共在共处、共建共享的特性"。它既是一种扬弃个体利益而考虑他人利益的公共理念,也是人们实践交往中互相照顾和关心的一种生活状态,体现了人的"类特征"或"能群"的"社会特质"③。

如果说公共性代表人的"类特征"和"能群"的特征,那么,交往实践就是公共性生成机制和实现机制。如果撇开交往实践和交往形式,既不能说清现实的个人的社会性和公共性本质:即由单子式的个人怎样突破和超越其自然性、个别性的限制而具有社会普遍性,从而使本来处于自在的生物学状态的个人跃迁为处于交

---

① 《马克思恩格斯全集》第 3 卷,人民出版社 1960 年版,第 515 页。

② 《马克思恩格斯选集》第 1 卷,人民出版社 1995 年版,第 88 页。

③ 周志山,冯波:《马克思社会关系理论的公共性意蕴》,《马克思主义与现实》2011 年第 4 期。

互作用中的公共性存在;同时也无法说清人的实践本质到人的公共性本质之间的内在关联:即"以一定的方式进行生产活动的个人",是怎样"发生一定的社会关系和政治关系"而结成一定的共同体的①。具体说来,交往实践和社会公共性的内在关联在于:第一,交往实践是现实个人的公共性形成的内在机制;第二、交往实践是从人的实践活动本质到共同体本质的中介形式和实现机制。

首先,交往实践是现实个人的公共性形成的内在机制。现实的个人,既是实践的存在物,又是公共性的存在,同时他还是历史性的存在物,具有公共性存在、实践性存在和历史性存在的多重内涵。现实的个人作为公共性的存在,植根于交往活动当中,交往活动是人从自然性存在物向公共性存在物跃迁的根本条件。如果可以用一种关系式来表述的话,那就是,"自然存在物——交往活动——公共性存在——现实的个人"。我们知道,人不是一种孤立单子式的同质性存在,而是处在交往关系中、有个性化差别的存在,因为孤立的、单子式的个人身上并不具备属人的本质力量,至多有着以自然界给定的方式潜存在个人身上的动物式的自然禀赋,如果是这样的话,"人们和自然界的关系完全像动物同自然界的关系一样,人们就像牲畜一样慑服于自然界。"②因此,个人所具有的属人的力量,只有在社会中并通过交往活动的方式从社会或其他人中获取的,一个人的发展取决于和他直接或间接进行交往的其他一切人的发展。正因为如此,现实的个人作为一种公共性存在物,并不是一种"通过许多单个人本质的抽象直观"而构成的内在无声的、把许多个人自然地联系起来的普遍性,也不是对这种"类本质"的"分有"③,而是以"彼此之间的交往为前提",是通过"这些个人彼此发生的那些联系和关系"而形成的"交互作用的产物"。正如马克思所指出的,现实的人"总是生活在社会当中","必须和周围的个人来往",这种在社会中与周围个人的交往关系和交往活动,是人区别于动物的、也即人本身所特有的一种存在方式和活动方式,正是通过"人们在肉体上和精神上的互相创造"④,在许多个体彼此之间的对象性关系所形成的共同活动中,才使人的自然存在向社会存在、生物学意义的自在力量向社会存在意义的历史主体层级跃迁,才使人的生命存在突破其单纯个别性的抽象意义

---

① 《马克思恩格斯选集》第 1 卷,人民出版社 1995 年版,第 108 页。
② 《马克思恩格斯选集》第 1 卷,人民出版社 1995 年版,第 81 页。
③ 《马克思恩格斯选集》第 1 卷,人民出版社 1995 年版,第 56 页。
④ 《马克思恩格斯选集》第 1 卷,人民出版社 1995 年版,第 68、82、90 页。

而使普遍性成为其活动倾向。总之,人的普遍性、公共性源自于人们之间的交往活动,它是人从自然存在物向社会存在物跃迁的根本条件。

其次,交往实践是从人的实践活动本质到共同体本质的中介形式和实现机制。

交往作为社会共同体的实现机制,是为了说明"以一定方式进行生产的一定的个人",怎样通过交往活动形成一定的社会共同体,而社会共同体又怎样通过交往活动作用于生产活动。起初,交往直接从属于物质生产,具有独立意义上的交往从物质生产中分化出来,是分工的结果;分工的进一步扩大,表现为生产和交往的分化;而生产和交往的分化,又使得两者之间发生了相互作用关系。这种关系表现在两个方面,一方面,物质生产对物质交往起着决定的作用:它决定着交往主体的交往意识不断增长;决定着物质交往手段的不断更新;决定着交往广度和深度的不断拓展。另一方面,物质交往一旦从物质生产中分化出来,又对物质生产发生了巨大的反作用。表现在:(1)物质交往成为物质生产得以进行的前提,在物质生产中所形成的生产力"只有在这些个人的交往和相互联系中才能成为真正的力量"①。(2)物质交往成为保存人们业已创造出来的物质生产能力的条件,某一地方创造出来的生产力能否得到持存和巩固,取决于交往扩展的状况,只有当交往具有世界性质并以大生产为基础时,保存以往创造出来的生产力才有了根本保障。(3)物质交往的扩大,还促进了分工和物质生产的进一步发展。

交往与社会共同体之间的关系。一方面,交往总是在一定社会共同体中的交往,社会共同体是交往活动得以展开的先在条件,它制约着交往活动的性质、内容和特点。比如,资本共同体下人与人之间的交往不同于封建共同体下的社会交往。另一方面,社会共同体作为"许多人的合作"又是交往的产物,它归根到底是在交往中形成的,交往是社会共同体的形成和实现机制。值得说明的是,交往作为社会共同体的实现机制,特别体现在社会共同体的历史性质会随着交往活动、交往形式的历史变化而变化上。在《德意志意识形态》等著作中,马克思恩格斯对社会共同体在生产和交往活动中的历史演变过程作了翔实的考察。(1)纯粹自发的交往形式与人类共同体的自然性质。古代社会的生产和交往是建立在依赖天然的自然条件和肉体自然以及自然分工的基础上,人们对自然界的狭隘关系制约

---

① 《马克思恩格斯选集》第 1 卷,人民出版社 1995 年版,第 128 页。

着他们之间的狭隘关系。人们自发形成的家庭、血缘共同体以及部落战争和偶然的贸易构成了个人之间交往的最初社会形式,社会共同体的自然性质是与交往的这种纯粹自发性质相适应的。(2)以利益为核心纽带的交往形式与社会共同体的物化性质。随着交往的逐步扩大,萌芽于原始形态的家庭的自然分工在更广阔的社会领域中展开为"真正的社会分工",那就是精神劳动与物质劳动相分离;城市与乡村相分离;个人活动被固定在强制于他的特殊范围内;劳动及其产品的不平等分配;个人从属于产品的私人占有者,等等。这一切导致了私有制和阶级的产生。而随着分工的发展和私有制的产生,个人利益和共同利益之间的矛盾成为人们交往中的突出矛盾,在这种情况下,原来以血缘姻亲为核心的自然共同体退居次要地位,而以利益为轴心的经济共同体成为普遍的和占主导地位的社会关系。(3)真正联合的交往形式与社会共同体的自由性质。真正联合的交往形式是在克服以往自发性的基础上自觉建立起来的交往形式,在这种交往形式中建立的社会共同体具有自由的和属人的性质。在这种社会共同体中,个人的活动成为一种与物质生活相一致的"真正的自主活动",它"没有特殊的活动范围",社会统调着整个生产,不同个人的共同活动所产生的社会力量,成为人们出于自愿并受自身驾驭的"他们自身的联合力量";在这种社会共同体中,个人成为一种世界历史性的存在,而摆脱了种种民族的和地域的局限,置身于同整个世界的生产包括精神生产在内的各种联系当中,从而使个人获得了利用全球的全面的生产创造能力;在这种社会共同体中,相对于各个人而独立的"虚假的共同体"被"真正的共同体"即"真实的集体"所取代,各个人在自己的联合中并通过这种联合体获得了自己的自由;在这种社会共同体中,受阶级关系或商品经济共同体规定的"偶然的个人",被联合体形式中的"有个性的个人"或"完全的个人"所取代,这种有个性的个人"表现为活动本身的充分发展",表现为"作为目的本身的人类能力的发展",表现为"个人向完整的个人的发展和一切自发性的消除"[①];在这种社会共同体中,人的生存条件不再是一种偶然性的东西与人的感性生活相对抗,而为联合起来的个人全面地占有和共同控制,因为这种条件是个人自主活动的条件,并且是由这种自主活动产生出来的,它"把个人的自由发展和运动的条件置于他们的控

---

①　《马克思恩格斯全集》第46卷(上),人民出版社1979年版,第287页;《马克思恩格斯全集》第3卷,人民出版社1960年版,第77、78页。

制之下"①。

三、公共性交往的当代意义

首先,马克思的交往实践范畴是我们理解公共活动与公共主体性质及其统一的关键。交往实践不仅是指人与人之间活动的交互性、相互活动的交换,而且是指人与人即主体与主体之间的交往关系(交互主体性或主体间性的双向建构),前者就活动的性质(内容)而言,后者就主体的性质(形式)而言。交往实践范畴就是活动性质和主体性质、活动内容与形式的统一。就交往实践的活动性质而言,人类自古至今依次经历了古代的群体性质的交往(人与人之间处于原始依赖关系状态),近代原子式独立个体之间的交往,现代人与人之间广泛的和相互依存、相互作用的互动性的交往,这种互动式、有机性和社会性的结合就是公共性。就交往实践的主体性质而言,人类社会依次经历了传统社会的前主体性状态,近代社会的主体性阶段(这时,人摆脱了对他人的依赖关系而成为独立的主体,体现为人的自主性、能动性和创造性等。但市场经济条件下主体性会变异为以自我为中心的个体主义或主—客关系意义上的绝对化的主体),扬弃狭隘主体性基础上主体间性、互主体性即交互主体性,这种众多主体之间通过交互作用而形成了共同主体性。可见,人类交往活动性质与交往主体性质的历史演变,都是由于在不同时代的历史背景下交往实践机制作用的产物。

不仅如此,由于公共活动的性质与公共主体的性质及其演变,都与交往实践机制相关,都是交往实践在不同历史背景下作用的产物,因此,活动与主体在交往实践中是相互规定的:所谓活动性质的演变过程是"群体性活动—个体性活动—交互性活动—公共性活动";主体性质的演变过程是"前主体性—主体性—主体间性—共同主体性"。这两个方面的演变序列在本质上是一致的,它们互相对应、双向构建、同步发展。公共活动与公共主体的演变过程并最终统一于共同主体性之公共性活动,这是现代社会生活发展的历史必然逻辑。

其次,马克思的交往实践范畴是我们理解当代社会交往共识的关键。人是一种实践的存在物,在交往实践基础上形成了人与人的各种社会关系,社会关系的

---

① 《马克思恩格斯选集》第1卷,人民出版社1995年版,第119页。

涵义就是人的共同活动,共同活动表明了人的存在是一种自我与他人的共同存在即共在共处,"共在共处"实质上是人的一种本体论性质的存在。因此,人不可能在绝对的意义上独在,不可能离群索居、与世隔绝。正如黑格尔所说:"一个自我意识对一个自我意识。这样一来,它才是真实的自我意识"①,"不同他人发生关系的个人不是一个现实的人。"马克思进一步指出:一个人"自己的感性,只有通过另一个人,才对他本身说来是人的感性"②。海德格尔也写道,"此在本质上是共在,世界向来已经总是我和他人共同分有的世界,此在的世界是共同世界,在之中,就是与他人共同存在,他人的世界之内的自在存在就是共同此在,此在之独在也是在世界中共在,他人只能在一种共在中且只能为一种共在而存在,独在是共在的一种残缺的样式。"③现代社会不仅是一个多元差异主体的社会,也是一个坚持多元差异主体敞开的社会,同时也是一个期待和突显"我"与"他者"共同生存的精彩的舞台。

单一的和同质的主体,交往实践就无从谈起,也无所谓共识,只有在异质主体之间通过交往活动扬弃或消除各自的主观片面性才可能达成共识。《现象学与哲学的危机》的作者劳尔在述介胡塞尔思想时提出:"作为整体知识的科学仅当是多样的具体主体的共同财富时,才是有意义的。而知识仅当是主体间可以交往时,才是共同财富。"④在马克思看来,在社会分工和生产实践中形成的异质主体,在观察和评价事物时必然具有不同的视角和价值取向,形成各自的主观片面性或主观偏见。而要克服这种主观片面性,只有在交往实践的基础上,认识到他人与自我的差异并暴露出自己"前见"的局限性,并努力从他人的视角和价值取向理解商谈主题,以求得彼此之间的理解。理解并不是简单的视界交换,也不是放弃自己的视界,而是在一个更大的视界范围中重新把握共同主题。只有这样,不同主体才能超出并克服主观片面性达到相对客观全面的认识,从而达到共同主体意义上的"视域融合"即共识。

由于主体的异质性存在着差异,因差异需要互补,因互补需要整合,进而需要通过交往实践而建立行动协调的规则,一方面依据规则整合出有各自个性和差异

---

①　黑格尔:《精神现象学》上卷,商务印书馆 1979 年版,第 122 页。
②　《马克思恩格斯全集》第 42 卷,人民出版社 1979 年版,第 129 页。
③　海德格尔:《存在与时间》,三联书店 1987 年版,第 118 页。
④　劳尔:《现象学与哲学的危机》,国际文化出成社 1988 年版,第 37 页。

性的多元政治结构、政治角色和政治文化;另一方面又依据规则整合出交往共同体统一的政治公共空间结构。在公共空间中展现多元,所有的人观点不会因为种族、性别、阶级等原因受到排斥,每个人都有表达、参与的机会,互相尊重、互相包容,这个过程重要的不是将自己与对象分离开来,而是要加入其中,"我们"与对象的"他者"形成一种相互认同、彼此协调的关系。

从传统社会向现代社会转型过程中,单一主体向差异性多元主体转换,回应多元社会多阶层现实发展的需求。一个正常的健康发展的社会,对"他者"应该有包容的心态,应该保持不同价值之间的均衡与张力。在差异、多元的社会中,自我与他者,不但要互相承认,更要相互认同。双方应形成一种相互信任关系。对制度的承认与认同主要靠的是自身的合法性和民众的支持与信仰,合法性的意义就应当是基于多元主体对制度取向的共识和认同,是一种共存、共识的价值关系。诚然,多元共存的社会,是在差异和歧见基础的共识。多元主体的差异和歧见永远是正义存在和维护的必要条件;而矛盾和冲突与多元向度一致,是多元社会结成共同体的根本元素。

再次,马克思的交往实践范畴也是我们理解当代社会交往规范性的关键。交往实践与交往规范在社会发展过程中呈现出一种相互掣肘、自相缠绕的关系。一方面,交往规范产生于交往实践。从发生学的意义上,交往规范是交往活动的产物,正是无数次人与人之间的交互性活动形成了相对稳定的交往规范系统,体现在一定的习俗、纪律、道德、法律等制度化的规范体系。另一方面,这些规范体系又是交往活动中人们所必须遵循的,并通过进一步的交往实践使其得到调整、变革与完善。人是通过自我约束来获得自由的存在物,人类自由自觉的实践活动只有遵循一定的交往规范的前提下才是可能的。但如何使交往规范更好地保障和促进人的自由自觉的活动,是其调整与完善的方向。

交往实践总是在诸异质主体遵循一定的交往规范的前提下进行的。人的实践要同时受到两个尺度——外部对象运动发展的规律和人自身的需要结构——的制约。但是人又不是自在地受制于外部自然和人种构造的,否则就与动物行为没有本质区别了。人的活动是"自由的自觉的活动",而人正是通过自我约束来获得自由的。交往实践本身体现在一定的习俗、纪律、道德、法律等制度化的规范体系中,交往规范系统约束着主体的交往实践。这些规范对于一定历史条件下的个人来说是既定的、不得不服从的。实践的能动性和创造性只有在遵循一定的交往规范的前提下才能发挥出来。另一方面,主体所服从的交往规范又在主体的交往实践中得以进一步的调整、变革和发展。

最后,"真正交往"是马克思的交往实践的理想社会状态。所谓真正的交往:(1)体现为人对交往关系的自由占有。在马克思看来,在资本主义交往关系中,由于分工和商品生产与交换的存在,交往关系尽管是人的活动的产物,但却转化为一种统治人的外在的物化力量。在理想社会中,由于消除了分工与个体和社会的尖锐对立,人们实现了对社会关系的自由占有,成为交往的真正主体,交往真正成为人类的自由自觉的行为。(2)真正的交往是自由人的联合。在以往社会里,由于个体与社会的尖锐对立,人的自由与交往总是以两歧的形式出现:交往是以否定自由为前提的,而自由则总是具有离散社会的倾向。从原则上说,个人生活和社会生活并不是不相容的。一方面,社会并不是一种同个人相对立的一般力量,而是每一个个人的本质,是他自己的活动、生活、享受和财富①;另一方面,人是最名副其实的社会动物,人在社会中不只是合群,而且是在社会中独立存在:人只有在社会中才能获得自由发展的条件。在理想社会中,由于消除了个人与社会的尖锐对立,人们实现了对社会关系的自由占有,自由与交往也不再是矛盾的:人类真正的交往只能是自由人的联合。(3)真正的交往是人对自己生命本质的全面占有。在马克思看来,个体与社会对立冲突的解决,消除了交往对于个体的外在性,交往作为人与人之间的关系直接等同于人自身的关系:人们在对社会关系的自由占有中,获得自身的完整和全面发展。因此,交往成了人的内在需要。于是,"直接同别人交往的活动等等,成了我的生命表现的器官和对人的生命的一种占有方式"②。(4)真正的交往具有美的性质,是审美关系的普遍化。在以往社会中,由于个人与社会的尖锐对立,个人往往出于生存需要而在手段和功利主义意义上看待交往。当交往真正成为人对自己生命本质的全面占有时,随着这种"对象性的现实在社会中对人说来到处成为人的本质力量的现实,成为人的现实,因而成为人自己的本质力量的现实,一切对象对他说来也就成为他自身的对象化,成为确证和实现他的个性的对象,成为他的对象,而这就是说,对象成了他自身"③。这种在由人的活动形成的对象世界中,对人自由创造的本质力量的确证和观照,意

---

① 《马克思恩格斯全集》第 42 卷,人民出版社 1979 年版,第 24 页。
② 《马克思恩格斯全集》第 42 卷,人民出版社 1979 年版,第 125、129 页。
③ 《马克思恩格斯全集》第 42 卷,人民出版社 1979 年版,第 125 页。

味着自由与和谐的真正统一;意味着人的需要和享受失去了其利己主义与单纯生存的生物的性质,真正成为人的需要和享受,从而使审美能力普遍化发展,而交往作为人丰富的本质力量的自我占有和展现,达到了自由创造与人类和谐的统一。

第三节　市民社会、公共利益与自由共同体: 马克思公共性的内在逻辑

按照马克思的观点,人的社会性(社会领域)是公共性(公共领域)得以形成的前提和基础,公共性发轫于市民社会之中。社会领域的发展演变推动着公共领域的形成与发展,公共领域的核心是公共利益,公共利益的承载体则是各种各样的共同体,而共同体也有一个从"虚幻的共同体"到"真实的共同体"的发展过程。

一、市民社会:公共性的缘起与作用

马克思的公共性思想是建立在对市民社会与政治国家之间关系分析的基础上,市民社会与政治国家之间的关系是马克思提出公共性思想的方法论视角。其基本观点有:人的社会性(社会领域)是公共性(公共领域)产生和发展的前提和基础,市民社会(社会领域)的发展演变推动着公共性(公共领域)的形成与发展,社会领域为公共领域提供了物质性和合法性的基础;公共领域的核心问题是公共利益问题,其基本矛盾是公共利益(普遍利益)与私人利益(特殊利益)之间的矛盾;建立在资产阶级私有制基础上的市民社会,决定了建立其上的公共性和公共领域的局限性和虚幻性。

众所周知,现代意义上的市民社会范畴首先是由黑格尔提出并经过马克思的完善而形成的。马克思的市民社会思想是对黑格尔市民社会理论继承和超越的结果。黑格尔对市民社会与国家的二元架构以及二者之间关系的论述,被马克思所批判地继承和发展了。

黑格尔作为德国古典哲学的集大成者,理性形而上学达到了顶峰,市民社会理论作为黑格尔法哲学的一个组成部分,理所当然地分享了理性形而上学的这一生存论根基,它体现在黑格尔法哲学的出场路径中。我们知道,黑格尔法哲学是关于客观精神的哲学表达,它由抽象法、道德和伦理三个环节构成,其中市民社会

是伦理自我发展链条中的重要一环，它体现了特定伦理实体的意志自由。而自由理念的实现在黑格尔哲学体系的伦理阶段中，依次经历了家庭、市民社会、国家三个递进的层级。其中家庭是因"爱"的规定性而将其成员连接起来的社会共同体，在家庭伦理的解体处便开启了市民社会。市民社会作为差别性与特殊性的阶段，它用"利己"的原则取代家庭阶段"爱"的原则，利益关系在这里消解了家庭成员之间的互爱关系。黑格尔把市民社会看作特殊性和普遍性的结合：一方面，他把"特殊的人"本身视为目的。在市民社会中，每个人都以自身为目的，以他人为手段。"个人只有成为定在，成为特定的特殊性，从而把自己完全限制于需要的某一特殊领域，才能达到他的现实性。"①另一方面，与个人的特殊性相对的是法的普遍性形式。在黑格尔看来，市民社会作为人与人之间构成的经济关系总体，其形成的基础是个人的特殊利益，其联系的纽带是劳动分工基础上的交换需要，其根本特点在于这种关系总体的自发性、盲目性即"形式的普遍性"。在市民社会中，个人是完全独立的原子，每个人在主观上都以自身为目的，都在追求和满足自己的特殊利益和需要，特殊性是它的基本原则。但是在客观上，如果他不与别人发生关系，不同时满足他人的利益要求，他就达不到自己的目的和要求。就是说，人们由于分工与劳动不能不互相依赖，处于一种交互的关系之中。所以尽管"具体的人作为特殊的人本身就是目的；……但是每一个特殊的人都是通过他人的中介，同时也无条件地通过普遍性的形式的中介，而肯定自己并得到满足。"在这个个人目的和需要的"交换体系"中，每个人都"使自己成为社会联系锁链中的一个环节"。这样，为了满足自身需要的劳动便具有了社会的、普遍的和为他的性质。"需要和满足是一切特殊的个人在其相互关系中的一种普遍的依赖关系。"②"个别的个人在他的个别的劳动中本来就不自觉地或无意识地完成着一种普遍的劳动。"③这种普遍劳动中的依赖关系是市民社会的另一个基本原则，它促使人们达成一种普遍的意识，即通过自己的行动使自己成为市民社会某个环节的成员，以此不但自我获得承认，而且也在别人的眼里获得承认。

由于市民社会只是出于人们利益之间相互需要而结成的"非伦理性的统一"，只是伴随着工业和贸易的发展而自发形成的一种需要和劳动的交换体系。因此

---

① 黑格尔：《法哲学原理》，商务印书馆 1961 年版，第 216 页。
② 黑格尔：《法哲学原理》，商务印书馆 1961 年版，第 197、201 页。
③ 黑格尔：《精神现象学》（上），商务印书馆 1979 年版，第 234 页。

它相对于最高的普遍伦理实体(国家)来说,只是一个中介的、否定的环节。在黑格尔看来,作为需要和交换体系的市民社会关系,实际上是以物为外观表现出来的交换价值关系,它受到自发性和盲目性的支配,其普遍利益与特殊利益仍处于分裂和对抗的关系状态之中。它是"个人私利的战场,……也是私人利益跟特殊公共事务冲突的舞台"①。而国家就不同了,黑格尔把国家视为客观化的精神,一种总体性的普遍伦理,绝对自在自为的理性的东西。"现代国家的本质在于,普遍物是同特殊性的完全自由和私人福利相结合的,""是客观自由(即普遍的实体性意志)与主观自由(即个人知识和他追求特殊目的的意志)两者的统一"②。在国家中,普遍的实体意志和个人的自我意识得到了统一,个人从私人成了国家成员即公民,成了真正的个体。黑格尔认为,理念的发展决定了市民社会向国家的过渡,国家对于家庭和市民社会来说是外在的必然性和它们的最高权力,也是它们的内在目的和发展动力。他的逻辑是:理念→国家→家庭、市民社会→个人。其中理念是独立的主体,国家是伦理观念的现实化身,是具有总体性的"伦理精神",家庭、市民社会则是国家的创造物和"想象的内部活动",现实的个人是从国家理念中引申出来的作为"国家人格"的君主,而普通个人在国家理念面前不过是有限的现实材料和一群无定型的东西,"不过是玩跷跷板的游戏罢了"③。黑格尔市民社会思想的独特之处和理论贡献在于:第一,他第一次从学理上界分了国家与市民社会,在现代政治哲学的范式下坚持政治国家和市民社会的二分架构模式,从而开启了真正意义上的现代市民社会观念;第二,"国家先于或高于社会"的市民社会理论。黑格尔深刻洞悉了市场经济条件下私人利益和公共利益之间的矛盾,并认为这一矛盾对市场经济本身来说是内在的和无法依靠自身的力量克服的。他提供的解决办法就是求助于一个体现具体普遍性的更高伦理实体即国家,来统合私人的特殊利益。因此,是国家决定市民社会。可见,黑格尔的市民社会理论,明显地带有颠倒现实事物和理念关系的泛逻辑主义的方法论特征,以及为现存社会制度和君主政权辩护的保守的政治倾向。

马克思沿用了黑格尔市民社会理论的二分架构模式以及从经济意义上规定市民社会的思想,从而抓住了市民社会的本质内涵。与黑格尔相一致,在马克思

① 黑格尔:《精神现象学》(上),商务印书馆 1979 年版,第 309 页。
② 黑格尔:《法哲学原理》,商务印书馆 1961 年版,第 260 - 261 页。
③ 黑格尔:《法哲学原理》,商务印书馆 1961 年版,第 165 页。

看来,市民社会是一个"私人利益的体系"或由特殊的私人利益关系构成的总和,它以特殊的私人利益与普遍的公共利益的分离和对立作为自己的存在形式,包括处在政治国家之外的社会生活的所有领域,实质上是一种"非政治的社会"。"国家获得了市民社会之外的独立存在",市民社会则"抛弃了共同体的一切外观并消除了国家对财产发展的任何影响"①。但另一方面,马克思虽然赞同黑格尔在经济意义上对市民社会的规定,但坚决反对国家决定市民社会的观点。可以说,市民社会与政治国家的关系,是处于《莱茵报》时期的青年马克思依循黑格尔理性主义世界观在解决物质利益问题时所遭遇到的理性原则所无法消解和弥合的理论难题,它致使马克思产生了"苦恼的疑问"。这也是马克思在《黑格尔法哲学批判》中的着力之处。马克思批判黑格尔把"理念变成了独立的主体,而家庭和市民社会对国家的现实关系变成了理念所具有的想象的内部关系,实际上,家庭和市民社会是国家的前提,它们才是真正的活动者。"正是"家庭和市民社会本身把自己变成国家。它们才是原动力。"相反,"政治国家没有家庭的天然基础和市民社会的人为基础就不可能存在"。马克思的批判得出的结论是:"不是国家和法决定市民社会,而是市民社会决定国家和法",从而初步揭开了"苦恼疑问"的谜底。②

综上,我们可从公共性的角度,对马克思关于市民社会之作为公共性的缘起与作用的基本观点做如下概括:

首先,现代意义上的市民社会也即资产阶级社会,是与资产阶级一道发展起来的。这是一个从封建社会的生产关系中自发产生发展起来的私人自治的领域,是一个独立于封建权力和封建国家政治权力之外的非政治性、私域性的社会范畴。如果说在封建社会中,市民社会与政治国家是一体的、合一的,那么,资产阶级的市民社会组织则完成了其与政治国家的二分、分离,这也是资产阶级政治解放的任务和功能所在。市民社会(资产阶级社会)在获得政治解放的同时,也把市民社会的原则与要求上升为社会普遍的、公共的原则和要求,这一普遍的原则和要求通过公共性、公共领域的方式体现出来。因此,市民社会的形成与发展催生与推动着资产阶级公共领域的产生和发展,市民社会为公共领域的存在与发展提供了物质性和合法性的基础。正如马克思所说的,作为公共领域的"法的关系正

① 《马克思恩格斯全集》第3卷,人民出版社1960年版,第70页。
② 《马克思恩格斯全集》第1卷,人民出版社1956年版,第250、251、252、283页。

像国家的形式一样,既不能从它们本身来理解,也不能从所谓人类精神的一般发展来理解,相反,它们根源于物质的生活关系,这种物质的生活关系的总和,黑格尔按照18世纪的英国人和法国人的先例,概括为'市民社会',而对市民社会的解剖应该到政治经济学中去寻找"①。在这里,"国家、政治制度是从属的东西,而市民社会、经济关系的领域是决定性的因素"②。因为市民社会是"全部历史的真正发源地和舞台",它"在一切时代都构成国家的基础以及任何其他的观念的上层建筑的基础"③。

其次,马克思对近代资产阶级实现的市民社会与政治国家的分离,对资产阶级公共性的产生的历史作用作了具体、辩证的考察。认为现代市民社会的形成和资产阶级公共领域的产生,既有历史的进步意义,又有着历史局限性,马克思对此抱有建设性、肯定性和批判性、否定性的双重态度。一方面,在建设性的意义上马克思充分肯定了市民社会与政治国家的分离及其基础上形成的资产阶级公共领域。认为资产阶级社会完成的市民社会与政治国家的二元化,是现代社会诞生的标志,是社会走向自觉和自主的一个重要阶段,意味着社会经济领域摆脱了政治国家的控制而获得了自行运行的能力和权利,它较之于中世纪以等级特权为基础的封建专制国家,即"国家与社会的一体化"状态,无疑是一个巨大的进步。正是依靠资产阶级政治解放而获得的政治民主化、经济自由化的发展,适应并推动了市场经济"需要的体系",使得资本主义在不到一个世纪的时间里创造了比过去一切时代所创造的全部生产力的总和还要多、还要大的生产力。另一方面,近代公共性的实质是资产阶级的公共性,资产阶级在与封建主义斗争中获取的阶级权力,它从封建贵族手中夺取的阶级利益以及资产阶级的活动领域,统统上升为近代社会的公共权力、公共利益和公共领域。但是与人类解放、人类共同利益相比,它有着巨大的局限性和虚幻性。因为近代公共权力、公共利益是建立在资产阶级私有财产的基础上,所谓的公共权力、公共利益实质上是资产阶级的阶级权力和特殊利益;而与资产阶级一起反对封建势力的无产阶级,则成为资产阶级公共权力支配、压制的对象,被排除在公共领域之外,隐藏在现代市民社会阶级对立现象背后的"本质矛盾"乃是资本与劳动之间的对抗。

---

① 《马克思恩格斯文集》第2卷,人民出版社2009年版,第591页。
② 《马克思恩格斯文集》第4卷,人民出版社2009年版,第306页。
③ 《马克思恩格斯选集》第1卷,人民出版社1995年版,第88、131页。

再次，马克思还揭示了由市民社会与政治国家的二元化所导致的内在矛盾，提出了解决分裂与矛盾、克服异化的公共性路径。资本主义市民社会与政治国家的二元分化及其发展，内在要求个人的经济生活摆脱政府的干预，成为在政治领域之外的纯经济、纯私人活动。整个社会利益体系也分化为两大部分——私人利益与公共利益。社会中的每个成员也因其活动所属领域的分化而导致了双重角色及其分离：市民社会成员与政治国家成员，作为"国家的公民和作为市民社会成员的分离"，从而导致人的本质的二重化即个人的双重生活："天国的生活"与"尘世的生活"。前者是在政治共同体中的生活，人把自己看作社会存在物；后者是市民社会中的生活，个人依照资本逻辑通过市场交换追逐私利是其根本法则。市民社会与政治国家之间的二元分裂以及所形成的这种异化现象，正是资本主义区别于以往社会形态的本质特征。它仅仅完成了人的本质的二重化，使人分裂为国家的抽象公民和市民社会的现实的私人，但它无法解决作为其基础的市民社会内部私人利益之间的对抗，难以弥合政治国家和市民社会之间的二元分裂。马克思认为，消除政治社会和市民社会之间的矛盾和对立，既要对人类自身的利己主义、个人主义倾向进行改造，以便消除财富集中于少数人、而大多数人处于贫困状态的两极分化现象；同时也要对人的集体参与而形成的政治国家进行改造，消除少数人垄断政治并借此对多数人进行政治思想和文化上的压迫和统治的情形，实现以真实的真正平等的普选权为基本内容的民主制度。因为公共领域产生于市民社会的非自足性。市民社会的非自足性要求公共权力加强对私人领域的保护和限制，实现市民社会与政治国家双向互动和相互适应。这样，人类社会就能从分裂的社会和分裂的个人中解放出来。

二、公共利益：公共性的载体及其矛盾

（一）追求利益是人类一切活动的内驱力

马克思对利益问题的考察经历了由理性政治国家观到世俗社会国家观、由理性批判主义到历史唯物主义的转变过程。

利益即"物质生活条件"，是人的需要和权利要求的重要组成部分，它制约着人们的思想与行为，是人们实践活动的内在驱力和根本目的。在马克思看来，人们奋斗所争取的一切，都跟他们的利益密切相关，而离开人的利益和人与人的利益关系去考察社会历史现象往往会抓不住事物的核心或根本，因为思想一旦离开利益,就一定会使自己出丑。

在马克思从唯心主义向唯物主义思想转变过程中,有两件重要的历史事件影响到他对利益的看法,进而影响到他对哲学世界观的改变。一是1842年—1843年间马克思作为《莱茵报》的编辑,接触到了现实生活中的物质利益问题,并先后有两篇文章(即《关于出版自由的辩论》和《关于林木盗窃法的辩论》)论及利益问题。二是在马克思转向费尔巴哈人本唯物主义,并以此作为批判黑格尔《法哲学原理》过程中,"结果得出这样一种见解:要获得理解人类历史发展过程的锁钥,不应当到黑格尔描绘成'整个大厦的栋梁'的国家中去寻找,而应当到黑格尔所轻蔑的'市民社会'中去寻找"①。第一件历史事件表明马克思由于对物质利益的关注进而发生了研究方向上的经济学转向;第二个历史事件表明马克思是从市民社会与政治国家的关系研究中建立历史唯物主义的。下面分而述之。

在《关于出版自由的辩论》中,马克思以理性政治国家观批判书报检查制度时,已经触及到了书报检查制度背后深藏着的各种利益之间的对立,认为在不同等级的思想和行动中,都受着一定物质利益的驱使和制约。如在莱茵省议会对待出版自由的辩论过程中,反映不同利益的等级表现出明显不同的态度:贵族等级的辩护人根本不容许任何出版自由和思想自由;市民等级则把出版自由归结为出版行业的自由;农民等级尽管声音微弱,却具有比较彻底的态度和激进的反封建意识。通过出版自由问题的考察,马克思实际上已在理性主义世界观的范围内第一次触及到了制约人们思想和行动的"利益原则",认为"人们奋斗所争取的一切,都同他们的利益有关"。物质利益问题一旦进入到马克思的哲学视野当中,便对此后马克思哲学世界观的探索和重新定向乃至改弦更张,都起着无比重要的作用。

物质利益问题真正进入马克思哲学社会观的视域,是在"关于林木盗窃法的辩论"中面临"私人利益颁布法律"所引起"苦恼的疑问"开始的。在《关于林木盗窃法的辩论》中,马克思诉诸"理性之法",批判"利益之法",这一批判成为马克思理性政治国家观向世俗社会国家观转变的直接动因。这从马克思当时的论述中可以清楚地看出来,按照"理性之法",法律是理性在社会中的存在和实现,是理性的正义化身,它体现了人民的共同精神和客观普遍的利益,而国家则是理性规律

---

① 《马克思恩格斯全集》第1卷,人民出版社1956年版,第721-722页注[91]。

和普遍利益的最高体现;但是在现实生活中,法律和国家遵循的却是"利益之法",并构成了与"理性之法"的尖锐对立,那就是立法者离开理性和法的立场,站在私人利益一边,将私人利益作为自己的最终目的,为了"保证林木占有者的利益,即便因此毁灭了法和自由的世界也在所不惜"①。因此,为利益所驱使的立法者不可能成为法的真正的普遍的代表。面对"理性之法"和"利益之法"的根本冲突,究竟是"应该为了保护林木的利益而牺牲法的原则呢,还是应该为了法的原则而牺牲林木的利益——结果利益占了法的上风","凡是在法曾给私人利益制定法律的地方,它都让私人利益给制定法律。"②可见,马克思当时基于理性主义世界观在遭遇到强大的物质利益、并企图用理性原则去解决这一冲突时所面临的巨大理论矛盾和困惑,而这一理论矛盾和困惑表明,马克思的理性主义世界观在现实的经济—社会关系面前遭遇到了前所未有的挑战,理性的激情毕竟无法抵御物质的力量;对普鲁士国家的理性批判,根本不能触动这个国家的"一根毫毛",反而导致了自己不得不退出《莱茵报》编辑部的结果。正是这种尖锐的对立和巨大的困惑致使马克思产生了"苦恼的疑问",并对以理性为轴心的法学—国家观发生了严重的动摇和怀疑。这也是马克思理性政治国家观向世俗社会国家观转变的根本动因。可见,物质利益是马克思经济学研究转向的出发点,结果是历史唯物主义的创立。在这里,利益问题成为历史唯物主义的出发点。

如果说,马克思是从市民社会与政治国家的关系出发来建立整个历史唯物主义理论体系的话,而二者之间相互关系的前提则是市民社会,市民社会的核心内涵是物质利益关系,那么,利益(表现为私人利益与普遍利益)又是市民社会与政治国家之间统一的基础和前提。"毋庸讳言,利益就是马克思走出唯心史观魔谷、走向历史唯物主义的阿莉阿德尼之线。"③

(二)公共利益与私人利益之间的关系是人类社会的一个基本关系,公共利益形成或产生于私人利益相互实现的公共领域之中,它既是对私人利益的限制,也是对私人利益的维护

可以说,"公共利益"在马克思公共性思想中是最为重要的一个范畴,在马克思经典原著中,也经常使用"共同利益""普遍利益"等概念来表述。透过这一范

---

① 《马克思恩格斯全集》第 1 卷,人民出版社 1956 年版,第 173 页。
② 《马克思恩格斯全集》第 1 卷,人民出版社 1956 年版,第 179 页。
③ 谭培文:《马克思主义的利益理论》,人民出版社 2002 年版,第 21 页。

畴,我们可以从唯物史观的视角解读出马克思关于公共利益与私人利益之间的关系,解读出马克思公共利益对古典自由主义的扬弃与超越,解读出公共利益的产生与实现。

讨论公共利益,首先不能不引入"私人利益"概念,因为在各种利益关系中,公共利益与私人利益之间的关系是一个最为根本而恒久的问题,自从人类社会分化出公共领域和私人领域之后,公共利益与私人利益之间的关系也就成为人类社会一个基本关系。实际上,马克思并不否认私人利益存在或追逐私人利益的现实合理性,因为私人利益源自于人的需要本性,需要是形成人的利益的前提与基础,利益则是需要的现实形态,利益的获得是需要的满足和实现,因此,追求和实现私人利益是人的一种基本需要,马克思甚至把为了满足吃喝住穿等基本生活需要而进行的物质生产活动称之为"历史的第一个前提"。正是私人利益推动了人与自然之间的生产实践活动和人与人之间的交往实践活动,而公共利益则恰恰来自于私人利益的相互实现之中,来自于私人利益相互实现形成的人的社会性质之中。马克思认为:"'公共利益'在历史上任何时候都是作为'私人'的个人造成的。"①

私人利益在社会实践活动和公共利益产生与发展中的重要作用,并不意味着个人追求其私人利益的同时会自动地、自然而然地实现社会公共利益,个人利益的实现并非是社会公共利益实现的充分条件。从这一意义上,马克思在公共利益的实现机制上超越和扬弃了古典自由主义的理论逻辑。因为按照古典自由主义的观点,个人利益是最高的价值存在,个人在追求自身利益的同时,会自发地实现社会公共利益。古典自由主义经济学代表亚当·斯密称:人们"追求自己的利益,常常能促进社会的利益,比有意这样去做更加有效"②。他把人的自利行为看作是社会文明和经济进步的根本动力,力图证明自利的经济人在追求自身利益的基础上会自动地促进社会福利和公共利益的实现。马克思在考察自由资本主义社会利益关系的基础上,认为个人利益的追求并不一定导致社会公共利益的自发实现,相反,每个人都会妨碍别人利益的实现。在《政治经济学批判(1857－1858年手稿)》中,马克思对此评述道,在资本主义社会中,与其说"当每个人追求自己私人利益的时候,也就达到私人利益的总体即普遍利益",还不如说"每个人都互相

---

① 《马克思恩格斯全集》第3卷,人民出版社1960年版,第195页。
② 亚当·斯密:《国富论》,陕西人民出版社2001年版,第503页。

妨碍别人利益的实现,这种一切人反对一切人的战争所造成的结果,不是普遍的肯定,而是普遍的否定"①。这是因为,每个人总是从自身利益出发的,一切利益关系都是从个体出发的"为我"关系,并且总是试图实现自身利益的最大化,因此,他们之间一定会产生利益的冲突和斗争,包括私人利益与私人利益之间、私人利益与公共利益之间的矛盾和斗争。在这种关系中,资本主义生产分工中所产生的社会力量不是出自个人自身的联合力量,而是一种异己的、外在于他们的强制力量。

在马克思看来,问题的关键还在于,"现实的个人"作为唯物史观的出发点,既是有各种私人欲望和利益要求的"特殊的个体",具有私向性、利己性的一面;又是生活在一定社会关系中的"社会的人",具有群体性、公共性的一面。马克思指出:"各个人的出发点总是他们自己,不过当然是处于既有的历史条件和关系范围之内的自己。"②。就是说,"私人利益本身已经是社会所决定的利益,而且只有在社会所设定的条件下并使用社会所提供的手段,才能达到;也就是说,私人利益是与这些条件和手段的再生产相联系的。这是私人利益;但它的内容以及实现的形式和手段则是由不以任何人为转移的社会条件决定的。"③因此,私人利益的产生与实现,都不是每个人仅仅通过自己的活动所能获得的,私人利益的产生取决于他所处的社会历史条件和境况,私人利益的实现也需要在一定的社会历史条件下并借助于一定的社会所提供的手段才能达到。正如马克思所说的,"每个人为另一个人服务,目的是为自己服务;每一个人都把另一个人当作自己的手段互相利用。这两种情况在两个个人的意识中是这样出现的:(1)每个人只有作为另一个人的手段才能达到自己的目的;(2)每个人只有作为自我目的(自为的存在)才能成为另一个人的手段(为他的存在);(3)每个人是手段同时又是目的,而且只有成为手段才能达到自己的目的,只有把自己当作目的才能成为手段,也就是说,每个人只有把自己当作自为的存在才把自己变成为他的存在,而他人只有把自己当做自为的存在才把自己变成前一个人的存在,——这种相互关联是一个必然的事实"④。

---

① 《马克思恩格斯全集》第 30 卷,人民出版社 2002 年版,第 106 页。
② 《马克思恩格斯选集》第 1 卷,人民出版社 1995 年版,第 119 页。
③ 《马克思恩格斯全集》第 30 卷,人民出版社 2002 年版,第 106 页。
④ 《马克思恩格斯全集》第 30 卷,人民出版社 2002 年版,第 198 页。

按照马克思的理解,每个人总是以追求自我利益为目的,以实现个人利益最大化为原则。但任何个体利益都是被社会中介化了的,自利性的实现只有通过与他人的交往和交换才有可能,而且也只有在实现了他人利益的时候才能更好地实现自己的个体利益。因此,每一个私人利益的实现需要借助于别的个体私人利益的实现,只有在实现了别人的私人利益的时候才能实现自身的私人利益。这样,在不同的私人利益之间、在各个私人利益的相互实现中,就会产生出一个公共利益,创造出一个共同利益。正如人的公共性产生于人的社会性、公共领域产生于人的实践交往活动一样,社会公共利益根源于各个私人利益之间的交互实现过程中,表现在由人的自利性所推动的人的交互活动和交往联系中。"共同利益恰恰只存在于双方、多方以及各方的独立之中,共同利益就是自私利益的交换。一般利益就是各种自私利益的一般化"①。它不仅是私人利益的一般化过程,也是私人利益的超越和扬弃形态。而作为对私人利益的扬弃和超越形态,公共利益既是对所有私人利益的限制,也是对私人利益的一种保障。

(三)公共利益的基本单位是各类社会共同体组织,分工和私有制的存在,使得以阶级与国家为典型代表的社会共同体呈现出强制性和虚幻性,从虚假的共同体走向真实的共同体是公共利益发展的历史趋势

共同体是人的存在和活动的现实的社会形式,是人类共在共处的基本方式,承载着人的类生活的基本内容。"物以类聚,人以群分",人的活动总是以一定的组织形式出现的,人的生活总是以一定的共同体方式存续的,它体现了人的一种类特性或类存在,也是人类的社会生活高于动物的群居生活的地方。"人的本质是人的真正的共同体"②,诉诸于共同体的形式来考察人的利益活动或公共利益问题,可以说是马克思公共性理论的一个特色和贡献之处。

人类为什么需要共同体这种组织存在形式与生活方式? 从公共性的角度来看,由于公共利益根源于人们之间的社会实践活动和交往活动,而人们之间的这种共同活动及其交换活动,每个交往主体总是从自身利益出发的,并且总是试图实现自身利益的最大化,因此,他们之间一定会产生利益的冲突和斗争,包括私人利益与私人利益之间、私人利益与公共利益之间的矛盾和斗争。为了让不同个体

---

① 《马克思恩格斯全集》第30卷,人民出版社2002年版,第199页。
② 《马克思恩格斯全集》第3卷,人民出版社2002年版,第394页。

的私人利益之间的矛盾、冲突、斗争控制在一定的社会秩序的范围之内,而不至于毁灭整个社会,为了社会的稳定与和谐,以及更好地实现私人利益,公共利益需要由一定的人类共同体来承载或实现。如果说,私人利益的相互实现为公共利益的产生提供了可能,那么,人类共同体则为公共利益的实现提供了现实途径。从一般的意义上讲,共同体也是个体的人的自我完善和自我发展的基本条件和基本形式,按照马克思的理解,人的真正的共同体就是人的生活本身,是人的物质生活与精神生活、人的道德、人的享受与人的本质本身,人只有在共同体中才能获得一种自我认同,才能获得自己发展的手段。

实际上,共同体作为人类存在的基本方式,其形成要远早于公共利益与个体利益之间的分化。人类共同体的演进,有一个从人类社会与共同体之间由领域合一到领域分离的过程。早期人类共同体与人类社会就是一个统合的领域,没有公共领域与私人领域之分,也没有公共利益与私人利益之分,因此谈不上公共利益与私人利益之间的矛盾和冲突。当社会共同体中分离出私人利益和私人领域之后,才会产生与之相对应的公共利益与公共领域。而公共利益一旦产生,就依附于共同体这一社会组织形式,并有其作为公共利益的基本单位,共同体活动由此成为公共性活动,共同体活动之领域成为公共领域。

从人类历史发展的角度看,人类共同体有一个不断演进的过程,在近代社会以前有原始共同体、古代共同体、家庭共同体、族群共同体;近代社会以来有民族共同体、阶级共同体、社会共同体、现代国家共同体、国际共同体、全球共同体等多种形式和多个发展阶段。近来习近平总书记提出的全球"命运共同体"范畴,它将对构建新型大国关系、助推国际格局新秩序产生积极而深远的影响。

马克思在共同体理论上的贡献主要表现在三个方面:一是论述了分工与共同体的关系;二是揭示了资本主义社会的共同体,特别是阶级共同体与国家共同体的现实性和虚幻性;三是分析了人类共同体的历史发展及其未来趋势。

关于分工与共同体的关系。分工意味着生产过程中人与人之间的分离,意味着生产资料和社会劳动在不同领域、不同部门与不同主体之间的分配,意味着劳动者对生产资料的不同占有。正是分工把人们置入到不同的社会共同体中,形成了不同共同体内部公共利益和私人利益、共同体之间公共利益与私人利益之间的矛盾。这是因为,社会分工使得一部分人永远占有着社会分工体系中的有利地位,享受着这种地位所提供的特殊利益;另外一部分人则丧失了占有这种特殊利益的机会和权利成为被剥削、被压迫的对象。正是这种社会分工固定化模式的内在缺陷，使得人们在自身利益实现的过程中彼此之间的冲突成为可能。"随着分工的发展也产生了单个人的利益或单个家庭的利益与所有互相交往的个人的共同利益之间的矛盾；而且这种共同利益不是仅仅作为一种'普遍的东西'存在于观念之中，而首先是作为彼此有了分工的个人之间的相互依存关系存在于现实之中。"①因此，分工不但形成了个人利益与共同利益，而且还导致个人利益与共同利益之间的矛盾和冲突。而要解决私人利益与公共利益以及不同共同体利益之间的矛盾，消灭社会分工是其前提和基本条件。因为按照马克思的理解，只要分工不是出于人们的自愿，还带有强制的色彩，那么一切企图解决私人利益与公共利益之间以及不同共同体利益之间矛盾的尝试都具有强制性和虚幻性。国家共同体的出现就是人类社会试图解决这种矛盾的产物。

关于阶级共同体与国家共同体的现实性和虚幻性。阶级共同体与国家共同体是社会分工导致的两个最为重要的共同体组织。马克思特别强调阶级共同体在人类社会发展中的作用和地位，认为阶级共同体的出现，使得阶级之间的利益冲突变得无法调和，不同阶级共同体之间的利益矛盾日益成为人类社会发展的主要矛盾。国家共同体所调节的个人利益与普遍利益之间、不同共同体利益之间的矛盾，最为集中地反映在不同阶级共同体的利益斗争上。国家共同体乃是解决阶级共同体之间利益矛盾的必然要求和结果。在这个意义上，马克思将国家定义为阶级统治的工具。正如恩格斯在《家庭、私有制和国家的起源》中所概括那样，"国家是社会在一定发展阶段上的产物；国家是承认：这个社会陷入了不可解决的自我矛盾，分裂为不可调和的对立面而又无力摆脱这些对立面。而为了使这些对立面，这些经济利益互相冲突的阶级，不致在无谓的斗争中把自己和社会消灭，就需要有一种表面上凌驾于社会之上的力量，这种力量应当缓和冲突，把冲突保持在'秩序'的范围以内；这种从社会中产生但又自居于社会之上并且日益同社会相异化的力量，就是国家。"②

因此，与其他一般共同体相比，国家共同体之所以更为高级，就是因为它不仅产生了公共权力，能够采取暴力方式强制解决和处理私人利益与公共利益以及不

---

① 《马克思恩格斯选集》第1卷，人民出版社1995年版，第84页。
② 《马克思恩格斯选集》第4卷，人民出版社1995年版，第170页。

同阶级共同体利益之间的矛盾,并且将自己装扮成社会公共利益、普遍利益的代表。事实上,国家共同体所代表的公共利益具有双重属性:即现实性和虚幻性。一方面,国家共同体在维护和实现公共利益方面有其现实性,表现在它以普遍利益的方式解决个人利益和公共利益以及不同共同体利益之间的矛盾和冲突,体现了它作为解决社会矛盾、维护社会稳定的功能和角色;另一方面,国家共同体从产生之日起就不可能独立于社会各共同体之上,不可能摆脱各个共同体利益,尤其是阶级共同体利益的纠缠,国家共同体实质上是占统治地位的阶级共同体用以维护本阶级共同体利益的社会机器。国家共同体所代表的公共利益,实际上是居于统治地位的阶级共同体的特殊的公共利益。这种特殊的公共利益对于其他共同体、特别是被统治的阶级共同体来说,显然是虚幻的、不真实的。由于这种共同体是一个阶级反对另一个阶级的联合,因此对于被统治的阶级来说,它不仅是完全虚幻的共同体,而且是新的桎梏。个人在共同体中只是作为抽象的、偶然的个人而存在。

三、自由人联合体:真实公共性的实现

马克思始终站在无产阶级和人民大众的立场上,揭示了人类共同体的历史发展及其未来趋势。认为自从人类社会分化出共同体以来,有一个从自然共同体到社会共同体再到自由人联合体的历史嬗变过程。在马克思看来,国家共同体并不是永恒的,它最终将为自由人的联合体所取代。在这一过程中,人的自由程度、人的自主活动发展程度,与公共领域的发展以及人的公共性需要的发展紧密联系在一起。就是说,人的自主活动发展到什么程度,人们参与到公共领域的广度和深度就会达到什么程度,公共利益就会在何种程度上摆脱国家共同体的束缚而实现人们的普遍利益需要。马克思从唯物史观的角度揭示了公共利益发展的历史逻辑,指明了公共利益只有在自由人的联合体中才能得到真正实现。自由人联合体是人的公共性的全面实现。在这一共同体中,"各个人在自己的联合中通过这种联合获得自己的自由",使"个人向着完善的个人的发展以及一切自发性的消除"成为现实。①

---

① 《马克思恩格斯选集》第 1 卷,人民出版社 1995 年版,第 121 页。

第四节　政府公共性与公共产品：马克思公共性的政治经济维度

将政府公共性与公共产品视为马克思公共性的政治经济学维度，实际上是将马克思作为政治维度的政府公共性与作为经济学维度的公共产品结合在一起来加以论述。马克思政府公共性思想认为，承担社会公共管理职能，是国家和政府产生的一个根本原因；国家和政府作为公共权力的主体，必然承载着公共性的职责，其中维护社会公共利益将成为社会主义国家的中心任务，国家和政府双重职能的总体发展趋势必然是公共性的不断扩大与阶级性的不断缩小。公共产品与公共服务理论是马克思政治经济学和社会公平观研究的重要组成部分，包括公共产品理论的研究性质、原因与本质，公共产品的供给与模式选择、公共产品的实现与增长机制等。马克思的政府公共性思想是指导我国建设公共服务型政府的理论依据，马克思的公共产品理论对我们如何正确认识和处理政府与市场关系，经济发展与政府公共产品供给的关系，以及保证公共产品需求和供给随着社会生产力发展而增长，进而加快转变政府职能等都具有重要的现实启示。

一、政府公共性：公共性思想的政治维度

马克思的政府公共性思想，主要体现在马克思的世俗社会—国家观（国家的起源）、国家的本质特征（公共权力）、国家的双重属性与双重职能（阶级性与公共性）、国家双重属性在历史上的互动关系等。

（一）从马克思的"世俗社会—国家观"的形成看国家的双重起源

从马克思国家观的"双重起源"中，我们不难理解，承担社会公共管理职能，是国家（广义上的政府）产生的一个根本原因；国家—政府自产生之日起，就承载着社会公共管理的职能。

世俗社会国家观是相对于马克思早期的理性政治国家观而言的。所谓"理性政治国家观"，是指用理性这一判据来审视国家和法，认为理性是国家的本质和基础，国家政治与法律不过是理性的化身，是理性规律和普遍利益的最高体现。因此，理性是判明国家和法律是否具有现实性的准绳。显然，马克思早期的国家观在整体上规约在黑格尔法哲学和市民社会—国家学说的巨大阴影当中：即把国家和法视为普遍理性和自由的体现，国家作为"自在自为理性的东西"，其"目的就是普遍的利益本身"，而市民社会作为私人特殊利益的场所，其矛盾可以在国家中得到解决，使之达到"个人目的和普遍目的这双方面的统一"①。但马克思的理性政治国家观在遭遇到强大的物质利益、并企图用理性原则去解决这一利益冲突时面临着巨大的理论矛盾和困惑。这一理论矛盾和困惑表明，马克思的理性政治国家观在现实的经济—社会关系面前遭遇到了前所未有的挑战，并使马克思产生了"苦恼的疑问"：诸侯、贵族等级的私人利益为什么能够"把国家变为私人利益的工具"？为什么现存的国家并不能体现应有的理性批判原则，相反却偏私于特权等级的利益，使本该是普遍之法的权威丧失殆尽？由此，马克思对以理性为轴心的政治国家观发生了严重的动摇和怀疑，并促使马克思从理性政治国家观向世俗社会国家观的根本转变。如果说，黑格尔作为最高"伦理实体"的"伦理国家"，只是从一个超验的实体出发，把抽象的绝对精神确立为整个世界的本质和尺度，进而把国家视为客观化的精神，一种总体性的普遍伦理，绝对自在自为的理性的东西，那么，马克思则从世俗社会出发，坚持社会决定国家的历史观，认为国家并不具有自满自足的普遍性本质。作为一种社会政治共同体，国家生活的现实基础不是什么"绝对理念"，而是客观的社会经济结构；国家并不是自满自足的存在物，它来自于社会。马克思由此破除了国家至上性、独立性和普遍性的"神话"，揭示了阶级社会的国家实质。

按照马克思的历史观，国家的产生既是私有制社会阶级斗争的结果，也是与社会公共职能分化相联系的产物。一方面，国家是随着私有制的确立与阶级的出现应运而生的，"国家是阶级矛盾不可调和的产物和表现。在阶级矛盾客观上达到不能调和的地方、时候和程度，便产生国家。"②另一方面，国家的起源与社会公共管理职能的独立化密切相关。在分工与私有制出现以前，社会公共管理职能十分简单，不可能也没有必要成为一种独立的活动。自从分工与私有制产生后，生产活动及其产品交换在规模上和复杂程度上有了很大发展，需要一个权威组织来进行管理，保证生产与交换的顺利进行。而且脑力劳动同体力劳动相脱离并成为

---

① 黑格尔：《法哲学原理》，商务印书馆 1961 年版，第 12、169、258 页。
② 《列宁全集》第 31 卷，人民出版社第 2 版，第 6 页。

某些人的专门职业,使得建立一种权威的公共管理机构不仅十分必要,而且成为现实的可能。正如恩格斯所说的,"社会产生着它不能缺少的某些共同职能。被指定执行这种职能的人,形成社会内部分工的一个新部门。这样,他们也获得了同授权给他们的人相对立的特殊利益,他们同这些人相对立而独立起来,于是就出现了国家。"①值得一提的是,社会公共管理职能的独立化与阶级的形成,在历史上往往是交织在一起的,当国家成为管理社会公共生活的独立机构时,它不可避免地同时成为统治阶级镇压和剥削被统治阶级的工具和机器。

(二)国家的本质特征是和人民大众分离的公共权力,而公共权力的本质属性是公共性,国家既然是一种公共权力,那就必然具有公共性

所谓公共权力,就是管理社会公共事务即管理社会全体成员的共同事务的权力,它存在于一切社会中,国家更不例外。由于国家具有政治性或阶级性,因此国家所拥有的公共权力具有特殊性,即它是一种具有政治性质的权力,可以采取各种方式甚至强制、暴力的方式来加以执行。国家共同体之所以高于其他一般的共同体,就是因为它拥有的公共权力这样的政治性、强制性。就国家权力的公共性与阶级性关系而言,公共性是国家的前提和基础,阶级性是国家的实质。前者是一个与人类社会共同体共始终的永恒性范畴,后者则是处于阶级社会特定阶段的历史性范畴。国家只有首先具有公共性成为公共权力,然后才能具有阶级性而成为政治权力。

一方面,作为公共权力,国家是整个社会利益的代表,对全社会的公共事务进行管理,实现和维护着整个社会民众的基本权益,满足社会存在和发展的公共利益需求。国家存在的目的和合法性就是维护和保障人民的权利。只有代表整个社会、为了整个社会的公共利益,管理全社会的公共事务,才能赢得广大公众的观念认同和政治服从,统治阶级才能获得对全社会进行统治的合法性资格。"国家是'公共权力'机关。它之所以具有公共性,是因为它肩负着为全体公民谋幸福这样一种使命。"②因此,公共性是国家—政府合法性的根基和源泉。"国家是整个社会的正式代表,是社会在一个有形的组织中的集中表现"③。"只有为了社会的

① 《马克思恩格斯选集》第4卷,人民出版社1995年版,第700-701页。
② 哈贝马斯:《公共领域的结构转型》(曹卫东等译),学林出版社1999年版,第2页。
③ 《马克思恩格斯选集》第3卷,人民出版社1995年版,第631页。

普遍权利,特殊阶级才能要求普遍统治。"①历史上的统治阶级之所以极力把本阶级的特殊利益说成是整个社会的普遍利益,就是因为他们深知:只有体现公共性特征,打着公共性的旗号或幌子,统治阶级才能实现对全社会的有效统治。正如马克思所指出的:"每一个企图取代旧统治阶级的新阶级,为了达到自己的目的不得不把自己的利益说成是社会全体成员的共同利益,就是说,这在观念上的表达就是:赋予自己的思想以普遍性的形式,把它们描绘成唯一合乎理性的、有普遍意义的思想。进行革命的阶级,仅就它对抗另一个阶级而言,从一开始就不是作为一个阶级,而是作为全社会的代表出现的;它俨然以社会全体群众的姿态反对唯一的统治阶级。"②

　　另一方面,国家作为与人民大众分离的以一种特殊的公共权力,其本质在于阶级性。国家作为公共权力似乎"与社会分离而独立于社会之上"③,但实际上"国家权力并不是悬在空中的。"④"国家看来是至高无上的独立的存在本身,不过是表面的"。实质上它并不真正独立,"它照例是最强大的、在经济上占统治地位的阶级的国家"⑤。"它是当时独自代表整个社会的那个阶级的国家:在古代是占有奴隶的公民的国家,在中世纪是封建贵族的国家,在我们的时代是资产阶级的国家。"⑥可见,阶级性是国家的本质所在,国家就是假借全社会公共利益的名义来实现剥削阶级特殊利益的组织形式,作为公共权力与社会和人民大众相分离,国家异化为阶级压迫的暴力机器。只有在无产阶级专政的国家中,人民第一次实现了当家做主,才开启了公共权力向社会和人民大众复归、逐步和最终让公共权力失去政治性质的历史进程。因此,"在国家身上,社会性与阶级性是辩证地统一在一起的,全社会的代表与统治阶级的工具这两个方面是辩证地统一在一起的。我们只有把握了这一点,才算是把握住了马克思主义的国家本质概念。"⑦

　　(三)国家具有双重职能:社会公共职能与政治统治职能

　　其中社会公共职能是一切国家政治统治的基础,政治统治职能是建基于社会

---

① 《马克思恩格斯选集》第 1 卷,人民出版社 1995 年版,第 13 页。
② 《马克思恩格斯选集》第 1 卷,人民出版社 1995 年版,第 100 页。
③ 《马克思恩格斯选集》第 3 卷,人民出版社 1995 年版,第 94 页。
④ 《马克思恩格斯选集》第 1 卷,人民出版社 1995 年版,第 677 页。
⑤ 《马克思恩格斯选集》第 4 卷,人民出版社 1995 年版,第 172 页。
⑥ 《马克思恩格斯选集》第 3 卷,人民出版社 1995 年版,第 631 页。
⑦ 李延明:《什么是国家的本质》,《马克思主义研究》,1999 年第 2 期。

公共利益需要基础之上的,维护社会公共利益将成为社会主义国家的中心任务。

长期以来,由于我们较多关注和强调马克思关于国家阶级性的论述,而相对忽视了关于国家公共性方面的论述,把马克思的国家观简单化和片面化地理解为"阶级统治的工具"。实际上,在马克思那里,国家具有"社会公共管理机构"和"阶级统治的暴力机器"的"双重形象"或"双重职能"。马克思在《资本论》中明确指出,剥削阶级国家活动的特点是"既包括由一切社会的性质所产生的各种公共事务,又包含由政府同人民大众相对立而产生的各种特殊职能"[1]。从国家的起源来看,国家原本派生于社会,产生于社会存在和发展的共同利益的需要,它是以维护社会公共利益的名义而诞生的。只不过国家从它诞生之日起,就伴随着阶级与私有制的出现,蕴含着深刻的矛盾:既产生于社会共同利益的需要,又是特殊的阶级利益之间冲突的产物。因此,国家的政治统治职能并不是先天就有的,它是基于社会公共职能并由社会公共职能转化而来的,是社会公共职能对社会的独立化结果,而执行社会公共职能则是国家产生的初衷。

事实上,马克思在论述国家的阶级实质的同时,也从未否定国家的公共属性,认为国家的"政治统治到处都是以执行某种社会职能为基础,而且政治统治只有在它执行某种社会职能时,才能持续下去"[2]。马克思指出:"只有为了社会的普遍利益,个别阶级才能要求普遍统治。"[3]就是说,统治阶级取得对全社会进行长期统治的"合法性"基础,在于必须对全社会的公共事务承担起基本的管理职能或公共性要求。因此,国家存在"双重形象":社会公共管理机构与阶级统治和压迫的工具。作为社会公共管理机构,也即管理社会公共事务,为社会提供公共产品与公共服务,满足社会的公共需要,具有服务性;作为阶级统治的工具,主要是维护和满足本阶级的政治统治和特殊需要,具有强制性。只有在执行好了这两种基本职能的基础上,国家才能保障社会秩序、维护政治稳定。马克思在展望未来社会时认为,即使统治和压迫的职能在将来社会被铲除,维护社会存在和发展的共同利益需要的"合理职能"则始终存在,它将成为社会主义国家的中心任务。在《法兰西内战》中,马克思在谈到无产阶级掌握国家政权问题时指出:"政府的压迫力量和统治社会的权威就随着它的纯粹压迫性机构的废除而被摧毁,而政府应执

---

① 《马克思恩格斯全集》第25卷,人民出版社1974年版,第432页。
② 《马克思恩格斯选集》第3卷,人民出版社1995年版,第523页。
③ 《马克思恩格斯选集》第1卷,人民出版社1995年版,第464页。

行的合理职能,则不是由凌驾于社会之上的机构,而是由社会本身的负责任的勤务员来执行。"①在这里,马克思对旧政府的职能进行了区分:"旧政权的纯粹压迫性质"即阶级统治的职能与管理社会公共事务的职能即"合理职能"。马克思认为,旧政府管理社会公共事务的"合理职能"应予以保留,但是行使这一职能的权力不应再凌驾于社会之上,而应回归社会,交给真正代表社会的社会公仆来行使。

(四)国家(广义的政府)双重属性(公共性与阶级性)在历史上的互动关系和发展趋势

作为公共权力的执行者,政府的公共性表明,政府缘起和存续的目的在于满足社会公共需要与社会公共利益,维护公平正义和社会秩序,造福全体社会成员,政府的任务就是为全体社会成员提供在数量和质量上大体均等化的公共产品和公共服务;作为与人民大众分离的公共权力,政府的阶级性意味着,政府掌握在统治阶级手中,代表着统治阶级的利益、并为统治阶级的利益服务。问题在于:政府的公共性与阶级性究竟是一种什么样的层次和关系?

首先,政府的公共性与阶级性是目的性与手段性的辩证统一关系。按照恩格斯的说法,国家是阶级矛盾和斗争不可调和的产物和表现,是"从社会中产生但又自居于社会之上并且日益同社会相异化的力量"②。国家不是从来就有的,它是社会发展到一定阶段的产物,同阶级的存在一样,国家"仅仅同生产发展的一定历史阶段相联系",最终也会随着阶级的消灭而随之消亡。因此,社会是原生的,是一个永恒性的范畴,国家则是派生的,是一个历史性的范畴。社会公共事务管理职能是国家政治统治职能的前提,满足社会公共需要与社会公共利益,维护公平正义和社会秩序,始终是国家政治统治的基础。从这一意义上讲,政治统治职能仅仅是实现社会公共事务职能的手段而已。正如马克思在评价资产阶级革命获得的"政治解放"一样,它对于实现"人类解放"这一人类根本目的而言,仅仅具有手段的意义。

其次,总体发展趋势是公共性的不断扩大与阶级性的不断缩小,它是一个国家政治统治职能逐渐萎缩、社会公共事务职能逐步扩大的过程。国家的职能不是静态的、一成不变的,而是动态的、发展变化的,它随着社会环境条件,特别是生产

---

① 《马克思恩格斯选集》第3卷,人民出版社1995年版,第122页。
② 《马克思恩格斯选集》第4卷,人民出版社1995年版,第170页。

力发展和社会主要矛盾的变化而变化。这是一个公共性与阶级性此消彼长、交相辉映、在迂回曲折中前进的过程,但总体发展趋势是国家政治统治职能逐渐萎缩,而社会公共事务职能逐步扩大的过程。其嬗变历史的逻辑大致是:由古代人类童年时期自然的真正公共性,到私有制和阶级对抗社会由于阶级特殊利益与社会公共利益之间矛盾斗争不可调和而导致公共性的部分丧失,再到人民民主国家和社会主义社会公共性的失而复得,最后完全复归到"自由人联合体"阶段更高水平的公共性。相比之下,越是早期的国家,其政治统治职能越强,而社会公共职能越弱。但其总体发展趋势是社会公共职能逐步扩大并最终得到完全实现,而政治统治职能逐渐萎缩并最终归于消亡。马克思展望未来理想社会的设想是:社会生产力极大发展,社会财富极大丰富,人们的精神素质极大提高,公共权力失去了政治性或阶级性,公共性得到了真正完全地复兴和彰显,社会进入"自由人的联合体"的管理模式,每个人都得到自由全面的发展,人类获得彻底解放。

二、公共产品理论:公共性思想的经济维度

马克思的政府公共性是其公共产品理论的思想基础,马克思主义公共产品理论应该放到政府公共性这一"国家观语境"中来加以解读和阐发。"现代的国家政权不过是管理整个资产阶级的共同事务的委员会罢了。"①根据经济学家诺思的国家思想,"把国家在社会政治经济发展中的主要作用归纳为界定和行使产权与提供公共物品或基础设施,这同马克思所论述的国家的社会职能并无本质的区别"②。

公共产品相对于私人产品而言,属于西方经济学中的一个基础性概念。在西方,对公共产品的探究肇始于休谟在《人性论》中对公共产品核心问题的讨论。亚当·斯密在《国富论》中从公共支出角度对公共产品问题进行了分析。但从休谟到庇古的西方诸多学者都未对公共产品的概念加以界定。明确提出公共产品概念的最初是兰杜尔,后经萨缪尔森、奥尔森、布坎南等经济学家的研究发展,已为现代经济学广泛接受。概而言之,"在公共产品的定义性属性之筛选上,萨缪尔森和马斯格雷夫强调了公共产品的不可分割性和非排他性;鲍德威和威迪逊只选取

---

① 《马克思恩格斯选集》第 1 卷,人民出版社 1995 年版,第 274 页。
② 参见汪前元,周莉:《马克思与诺思:两种国家理论的比较分析》,《马克思主义研究》2004
第 5 期。

了消费的共同性,奥斯特罗姆夫妇和萨瓦斯论及了消费的非排他性和共同性两个属性;奥尔森、史卓顿和奥查德选择了消费的非排他性;金格马凸显了消费的非竞争性。"①学者概括了公共产品的两个基本特征:"非排他性"与"非竞争性"。所谓"非排他性",是指一旦公共产品被提供,就不可能排除任何人对它的不付代价的消费,即"每个人对这种产品的消费都不会导致其他人对该产品消费减少的产品";"非竞争性"是指一旦公共产品被提供,增加一个人的消费不会减少其他任何消费者的受益;也不会增加社会成本,即新增消费者使用该产品的边际成本为零。

马克思虽然没有明确提出"公共产品"范畴,但在他的理论中包含有丰富而深刻的关于公共产品思想的论述。公共产品与公共服务理论是马克思政治经济学和社会公平观研究的重要组成部分,集中体现在《哥达纲领批判》等经典著作中。马克思的公共产品理论,包括公共产品理论的研究性质、原因与本质,公共产品的供给与模式选择、公共产品的实现与增长机制等。

首先,马克思主义公共产品理论的研究性质,属于社会生产关系范畴中的分配问题。马克思是在《哥达纲领批判》中批判拉萨尔"不折不扣的公平分配观"、阐发共产主义社会不同发展阶段上的公平分配原则问题上进行较系统论述的。

在《哥达纲领批判》中,针对拉萨尔"不折不扣的劳动所得"分配给"社会一切成员"的论调,马克思提出了社会主义条件下总产品的分配原理,认为社会总产品在分配之前是"有折有扣"的。马克思说:"难道资产者不是断言今天的分配是'公平的'吗?难道它事实上不是在先进的生产方式基础上唯一'公平的'分配吗?难道经济关系是由法的关系来调节,而不是相反,从经济关系中产生法的关系吗?难道各种社会主义宗法分子关于'公平的'分配不是也有各种极不相同的观念吗?"②马克思的连续质问,就是为了说明,作为法权观念的公平归根到底由经济基础所决定并反映经济基础的本质要求,而"消费资料的任何一种分配,都不过是生产条件本身分配的结果;而生产条件的分配,则表现为生产方式的性质"③。企图在不触及资本主义经济制度、而囿于"资产阶级框框"的公平观,无论如何也难以伸张无产阶级的公平理想;而拉萨尔"公平分配"的实质,只是一种脱开经济基础和生产方式的性质,围绕着分配兜圈子的做法,暴露了其"分配决定

---

① 周义程,闫娟:《什么是公共产品:一个文献评述》,《学海》2008 年第 1 期。
② 《马克思恩格斯选集》第 3 卷,人民出版社 1995 年版,第 302 页。
③ 《马克思恩格斯选集》第 3 卷,人民出版社 1995 年版,第 306 页。

论"的唯心史观立场。

马克思认为,公共产品和公共需求是一个社会在生产和再生产过程中所必需的。理由是:社会再生产、劳动力再生产、社会的公共需求与消费三者之间的同一性关系。具体而言,物质资料的生产和再生产是人类生存与发展的物质基础,劳动力再生产是物质资料再生产的主体前提,而劳动力再生产的前提条件是消费需求的实现或满足。消费需求可分为两大类:生产消费和生活消费。"如果是生产消费,实际上是商品已作为生产要素为生产新的商品在发挥效用;如果是生活消费,实际上是商品为满足人的需要在发挥效用。所有这些消费的进行,也就是社会再生产的运行。全社会的消费与社会再生产是同一的过程。"①在市场经济条件下,消费条件的获取与满足主要有两条途径:私人产品途径,由个人通过提供劳动或资本等方式从市场中获取;公共产品途径,由政府或企业通过类似于教育、医疗、社会保障等公共服务的方式进行满足。在社会化大生产与各种风险对人类生存和发展存在严重威胁的今天,为了确保劳动力的扩大再生产能适应现代经济社会发展的需要,通过提供全社会发展所必需的公共产品来减少人们的生活压力、困境和风险,保证社会再生产与劳动力再生产的顺利进行,尤为必要。

在《哥达纲领批判》中,马克思就国家如何在社会总产品中通过扣除公共产品以便保障和促进社会再生产的思想进行了阐述。马克思指出,如果把"劳动所得"首先理解为劳动的产品,那么集体的劳动所得就是社会总产品。因此,社会总产品在作为消费资料进行个人分配之前,需要进行两个方面的扣除:一是用来进行物质资料再生产方面的扣除,包括:(1)用来补偿消费掉的生产资料部分;(2)用来扩大生产的追加部分;(3)用来应付不幸事故、自然灾害等的后备基金或保险基金。二是用来满足社会公共需求方面的扣除,包括:"第一,和生产没有关系的一般管理费用。同现代社会比较起来,这一部分一开始就会极显著地缩减,并随着新社会的发展而日益减少。第二,用来满足共同需要的部分,如学校、保健设施等。同现代社会比较起来,这一部分一开始就会显著增加,并随着社会的发展而日益增长。第三,为丧失劳动能力的人设立的基金,总之,就是现在属于所谓官办济贫事业的部分。"②马克思上述中关于用来满足社会公共需求方面的扣除,特别

---

① 　许崇正:《马克思再生产理论与社会主义市场经济》,《经济学家》2006 年第 4 期。
② 　《马克思恩格斯全集》第 19 卷,人民出版社 1965 年版,第 19－20 页。

是教育、保健、后备基金、一般管理费用、济贫事业等,正是公共产品和公共服务的重要组成部分,它来源于对社会总产品的扣除。如果按照有的学者,将公共产品划分为维护性、社会性和经济性三种类型的公共产品的话,那么,上述"和生产没有关系的一般管理费用"属于维护性公共产品和公共服务,"用来满足共同需要的部分,如学校、保健设施等"和"为丧失劳动能力的人设立的基金"属于社会性公共产品和公共服务,而用于满足再生产需要的作为生产资料的扣除部分则涉及经济性公共产品和公共服务。

为什么要进行上述的扣除呢?在马克思看来,这些关系到社会存在和发展的共同利益需要必须得到优先的满足,以期有效地保障社会再生产、特别是劳动力再生产的顺利进行和社会的利益共享。只有在这个基础上,才能对社会总产品的其余部分进行个人分配,才能谈得上个人的消费和发展。这些扣除对任何社会维系其生存和发展都是不可少的,而并非资本主义社会所独有的。从马克思的分析可以看出,社会总产品中满足社会存在和发展的共同需要部分,实质上正是理论界所探索和指认的"公共产品"范畴。马克思公共产品思想的实质,是以社会存在和发展的公共需要、公共利益为出发点,着眼于公共产品所体现的一定的生产关系和分配公平问题。

其次,马克思主义公共产品理论研究的核心内容,是从社会存在和发展的共同利益需要的角度,考察公共产品的本质及其供求等基本理论问题。

关于公共产品的本质。在西方,自萨缪尔森以来的西方经济学者都是从产品属性的角度,强调了公共产品的非竞争性、不可分割性和非排他性等消费性特征。他们把资本主义私有制条件下的市场经济作为立论基础,认为公共产品的存在意义在于弥补私人产品之不足,解决市场失灵、垄断及外部性问题。萨缪尔森等西方学者对公共产品本质特征的考察,主要是基于公共产品的自然属性之物质技术判断标准,而撇开了公共产品的社会性、历史性,无法揭示出其生产关系的社会本质。

马克思认为,满足社会存在和发展的共同利益需要是公共产品的根本属性。所谓共同利益是指,作为社会总产品中各项"扣除"形成的公共产品,是代表全体社会成员的共同意愿,为了满足他们的公共利益需求,实现他们的共同目的并使其共同受益。显然,共同利益是一种非竞争性、非排他性的相容性利益,增加新的受益者并不会减少原有受益者的利益。在社会主义条件下,经济社会发展的根本目的是为了满足广大人民群众日益增长的物质文化的需求,在此基础上探讨公共产品理论,探讨社会总产品中在一定生产关系下的分配才是科学的。如果说,"在资产阶级社会里,活的劳动只是增殖已经积累起来的劳动的一种手段",那么,"在共产主义社会里,已经积累起来的劳动只是扩大、丰富和提高工人的生活的一种手段"①。在马克思看来,公共产品所表现的消费均等性、非排他性,这种消费特殊性并不是"市场失灵"产生的,而是源自于它是社会总产品中满足人类社会存在和发展的共同需要部分并直接由社会提供,由此它才在具体消费过程中表现出均等性、非竞争性等相对于私人产品而言的消费特殊性。因此,马克思公共产品理论的研究内容重点在于从社会存在和发展的共同利益需要角度考察公共产品的本质,它不是围绕市场需求来提供公共产品,而是围绕着满足社会存在和发展的共同利益需要提供公共产品,以期更好地满足社会成员需要,有利于社会和个人的发展。

关于公共产品的供给及其方式。按照马克思的分析,公共产品供给的基本条件是整体供给,公共产品除了具有满足社会共同利益需要这一根本性质,还要具有满足整体供给的条件。只有那些用来满足社会共同利益需要,同时又以社会整体形式供给的产品才是公共产品。整体供给的主体主要是政府。这是因为,国家(政府)是整个社会利益的代表,满足社会存在和发展的公共利益需求,是国家存在的合法性基础,也是人民大众的期待。同时,政府自身的特性——拥有最大的社会权力和社会资源,也决定了其供给公共产品方面的独特优势。当然,政府是整体供给的主体,并不意味着政府是公共产品供给的唯一形式。马克思曾以用水利问题为例进行说明:"节约用水和共同用水是基本的要求,这种要求,在西方,例如在弗兰德和意大利,曾使私人企业家结成自愿的联合;但在东方,由于文明程度太低,幅员太大,不能产生自愿的联合,所以就迫切需要中央集权的政府来干预。因此亚洲的一切政府都不能不执行一种经济职能,即举办公共工程的职能。"②可以看出,这里马克思给出了公共产品供给的两个主体:"私人企业家结成自愿的联合"和政府;两种供给方式:市场供给方式和政府供给方式。因此,从整体的角度看,公共产品满足的社会共同利益需要必然要求一个整体利益的代表来提供,政

---

① 《马克思恩格斯选集》第1卷,人民出版社1995年版,第287页。
② 《马克思恩格斯全集》第9卷,人民出版社1961年版,第145页。

府和私人企业家结成的自愿联合都是整体利益的代表,它们在实践中都承担着公共产品供给主体的角色。

再次,公共产品供求方式和标准,往往与社会生产力发展水平密切相关。一般而言,公共产品需求和供给总是随着生产力发展而日益增长。

当社会生产力发展水平和社会总产品的总量比较低时,共同利益需要主要体现为维持社会生存需要的最基础的部分,用于满足社会公共利益需要的产品总量及其在社会总产品中所占的比重都比较低,供给方式也较为单一地依靠共同利益的代表机构直接从社会产品中扣除;随着生产力和人类社会的逐步发展,物质财富与社会总产品不断积累壮大,公共领域和公共利益也不断分化和凸显,社会存在与发展的公共利益需要不断上升,满足社会共同发展需要的公共产品供给总量及其比重不断提高,公共产品的供给方式也日趋多元化,并开始在计划和市场两种主要资源配置方式中按照一定的标准进行选择。对此,马克思在《哥达纲领批判》中指出:对于从社会总产品中扣除生产资料部分,"在经济上是必要的,至于扣除多少,应当根据现有的物质和力量来确定,部分地应当根据概率计算来确定";对于从社会总产品中扣除消费资料部分,比如,"同生产没有直接关系的一般管理费用。同现代社会比起来,这一部分一开始就会极为显著地缩减,并随着新社会的发展而日益减少。"而"用来满足共同需要的部分,如学校、保健设施等。同现代社会比起来,这一部分一开始就会显著地增加,并随着新社会的发展而日益增长。"①用现在的话来说,如果我们把公共产品划分为维护性公共产品、经济性公共产品、社会性公共产品三类的话,那么同生产没有直接关系的一般管理费用属于维护性公共产品,用来满足共同需要的部分(如教育、医疗、社会保障等)属于社会性公共产品。它们随社会生产力发展的总趋势是:维护性公共产品在社会总产品中所占比重会不断减小,而社会性公共产品所占比重则不断增大,并将成为政府提供公共产品与公共服务的主体部分。

三、政府公共性和公共产品理论的现实意义

首先,马克思政府公共性思想是指导我国建设公共服务型政府的理论依据。在马克思政府公共性思想中,蕴含着公共服务政府、民主法治政府、有限责任政

---

① 《马克思恩格斯选集》第3卷,人民出版社1995年版,第302-303页。

府、优质高效政府、透明廉洁政府等基本理念,它为我国当前构建公共服务型政府提供了理论依据。所谓"公共服务型政府","即构建服务于以人为本、以社会为本的发展理念与实践的新型政府治理模式。"①公共服务型政府是公共性与服务性在社会行政管理中的体现。公共性和服务性是公共行政领域中的一对普遍性的价值理念,也是一种新型的政府建设和社会治理模式(即政府、企业、社会组织与公众等各类社会主体共同参与的合作治理),其中"公共性"是构建公共服务型政府的起点,"服务性"是构建公共服务型政府的本质。"公共性"作为构建公共服务型政府的起点,也是传统行政与现代行政之间的根本区别所在。如果说传统政府是服务于个人或少数人的政府,那么现代政府是服务绝大多数人的政府,是维护公共利益与秩序的、民主的管理机构。因此,在中国要构建公共服务型政府,迈向公共行政的现代化,必须时刻关注、思考与探索"公共性"的主题。"服务性"作为构建公共服务型政府的本质,是指政府使用公共权力和公共资源向公民、企业与社会组织等提供各项服务,加快实现基本公共服务的均等化,并从整体上拓展和畅通公民、社会组织有序参与公共决策和社会管理的途径。有学者指出,"我国政府职能在中国的建设发展中,从最初的全能型政府到改革开放后的经济建设型政府,再到现代的公共服务型政府,这是我国政府执政方式不断进步的体现,在由经济建设型政府向公共服务型政府转变的过程中,马克思的政府公共性理论起到了现实的指导作用"②。

其次,马克思公共产品理论对我们如何正确认识和处理政府与市场关系,加快转变政府职能提供了重要的现实启示。马克思公共产品理论告诉我们,可以根据社会产品公共性程度的高低,把一个社会提供的总产品划分为私人产品和公共产品两大类,相应地,政府的主要职责是提供公共产品,市场的主要职责是提供私人产品。这就是说,向社会与民众提供公共产品和公共服务以满足社会公共利益的需要,实现基本公共服务均等化,是政府的主要职能。从这一视角,即根据社会产品所具有的公共性程度的高低,可以作为我们处理政府与市场关系、确定政府与市场职责的基本依据。凡是市场能自发有效调节的私人产品领域一律交给市场,政府要加快简政放权、转变职能,从过多的行政审批和政府干预中尽快抽身,

① 扶松茂,竺乾威:《公共服务型政府建设若干问题的思考》,《苏州大学学报》2011年第5页。
② 桑艳,杜治平:《马克思恩格斯政府公共性思想当代审视》,《人民论坛》2014年第20期。

集中精力提供公共产品和公共服务,负责公共产品供给的制度安排。不仅如此,政府虽然是公共资源的最大占有者与配置主体,但并不一定直接提供所有的公共产品和公共服务,也不应该包揽或垄断公共产品供给,它完全可以通过引入市场机制,大力推进公共产品和服务的市场化和社会化改革,以提高公共产品供给的质量和效率。正如十八届三中全会通过的《中共中央关于全面深化改革若干重大问题的决定》中所提出的,要全面正确履行政府职能,"必须积极稳妥从广度和深度上推进市场化改革,大幅度减少政府对资源的直接配置,推动资源配置依据市场规则、市场价格、市场竞争实现效益最大化和效率最优化。政府的职责和作用主要是保持宏观经济稳定,加强和优化公共服务,保障公平竞争,加强市场监管,维护市场秩序,推动可持续发展,促进共同富裕,弥补市场失灵"。

再次,马克思主义公共产品理论有助于我们正确认识和处理经济发展与政府公共产品供给的关系,保持公共产品需求和供给随着社会生产力发展而增长。马克思认为,生产力发展水平直接制约着公共产品与服务的供给水平与供给方式,但是生产力的发展并不会自动地、必然地导致公共产品与服务供给水平的同步增长和提高。事实上,经过三十多年的改革发展,我国生产力发展水平显著提升,但由于长期以来政府偏重于抓经济建设而相对忽视了公共服务,加上人们之间、地区之间"不均衡"发展战略,使得经济社会发展进入到了一个私人产品供给相对充足而公共产品供给却严重短缺的历史时期。具体表现在政府公共产品的供给与人民群众快速增长的公共产品需求之间的矛盾十分突出,尤其是民生领域的基本公共服务供求之间的结构性矛盾更为明显。环境恶化、医疗和社会保障体制缺失、教育和住房成本增加、收入差距拉大……呈现出供给"总量不足、结构失衡、绩效偏低"的现状。因此,切实解决目前公共产品供需矛盾已成为我国政府面临的迫切任务。为此,必须大力发展生产力推动经济发展,保证政府有充足的财力供给公共产品与服务。同时,加大公共财政的社会性支出,减少经济性支出,尤其是政府应在提供教育、医疗、就业、住房和社会保障等方面承担起基本的责任,加快财政支出结构转型,增加社会性支出的比重,促进社会公平正义,努力使全体人民劳有所得、学有所教、老有所养、病有所医、住有所居,逐步缩小居民之间、城乡之间和区域之间享有公共服务方面的差距,加快推进基本公共服务均等化,推动和谐社会建设。

第五节　人的公共性与公共性的人：马克思
公共性的人学向度

在马克思的公共性视域中，人不仅是一种实践存在物和社会存在物，而且体现为一种公共性的存在，但人的公共性存在的哲学基础却蕴含在人的实践性和社会性之中。从群体性到主体性再到公共性，体现了马克思关于人的发展的三种历史形态，与之相适应，公共性也依次表现为虚幻的公共性、消极的公共性和真实的公共性等历史形态。公共人的建构是马克思公共性人学向度的落脚点，它具有公共精神的承载者、公共利益的捍卫者、公共空间的建构者和公共生活的建设者等多重现代特质。

一、实践性与社会性：人的公共性的哲学基础

人是一种实践的存在物，也是一种社会性存在物。人的公共性源自于人的社会性。作为社会性存在物，任何人和组织都对其他人和组织有着某种实践性的需要和依赖。在实践中，人们必须通过承认他人、成就他人才能真正确证自我、成就自我。按照黑格尔的说法，孤立的人不能成为真实的人，自我只有在自己与其他人的"社会关系"即"相互承认"中，才能实现自己，黑格尔甚至把这种相互承认称为"绝对的精神"。从人的公共性发展的最高形式来看，每个人的自由活动将成为其他一切人自由发展的条件。在这里，公共性是确证和实现自我的过程中所体现出来的为他或利他的特质和属性。这种"为他"或"利他"的公共性特质和属性，并不是人的一种抽象的类特征，也不是人的固有的自然本性，而是在实践活动中人的社会性本质的表现方式，是人类交往实践过程中所体现的组织社会生活秩序和追求历史永恒发展的公共性智慧。因此，马克思关于人的公共性的哲学基础，是在实践基础上的人的社会性。人类历史正是通过这些从事实践活动的人所共同拥有的、作为实践活动前提和条件的这一公共性的积累而得到不断彰显和开辟道路的。

"实践"是人的社会性的诞生地。人的社会性是在物质资料生产的基础上通过交往实践而产生的，交往实践是人的社会性形成和发展的前提，它通过人与人之间在交往实践所结成的各种社会关系体现出来。因此,人的社会性或社会关系不是一种先于人、外在于人或超然于人的"外在框壳",而是内在于人们之间有机的交互活动之中。社会性就是交往实践活动中人们之间的这种"关系性"、"共在性"。这种关系共在性也即人的公共性,它相对于人们反复组织起来的交往实践而言,既是它的前提,又是它的结果。正是在交往实践中,人们既体现和维护了一定的社会关系,又推动和改变了一定的社会关系。马克思说:"一定的社会关系同麻布、亚麻一样,也是生产出来的。"①"人在积极实现自己本质的过程中创造、生产人的社会联系、社会本质。"②"人们按照自己的物质生产的发展建立相应的社会关系。"③在资本主义社会中,"通过异化劳动,人不仅生产出他同作为异己的、敌对的力量的生产对象和生产行为的关系,而且生产出其他人同他的生产和他的产品的关系,以及他同这些人的关系。"④即便是"消费直接也是生产",它"再生产出不仅具有直接生命力的个人,而且是处于一定的社会关系的个人"⑤,即再生产出劳资关系和雇佣制度。

"社会性"是公共性的存在论基础,公共性植根于人的社会本性。正是在人们的社会生活中,公共性才逐步成为人的社会生活组织原则。当然,公共性也是一个历史范畴、政治范畴和文化价值范畴,但归根到底是一个社会范畴。因为作为历史范畴、政治范畴和文化范畴的公共性都源自于社会性、受制于社会性并由社会性所决定。社会性是公共性的前提和基础,公共性则是社会性的本质规定,两者具有同构性。没有离开社会性的公共性,也没有离开公共性的社会性;离开了社会性来谈论公共性会陷入无本之木、无源之水,离开了公共性来谈论社会性则会陷入社会秩序的混乱和无序。

"社会性"作为公共性的存在论基础,主要体现在:社会性是公共性的起源,也是公共性的最终归宿,并特别地体现在社会与国家的关系之中。

在私有制与政治国家产生以前的远古时期,社会性与公共性是重合的。随着私有制和阶级国家的产生,代表国家的统治阶级成为公共利益或公共性的代表,

---

① 《马克思恩格斯选集》第 1 卷,人民出版社 1995 年版,第 141 页。
② 《马克思恩格斯全集》第 42 卷,人民出版社 1979 年版,第 24 页。
③ 《马克思恩格斯全集》第 4 卷,人民出版社 1958 年版,第 144 页。
④ 《马克思恩格斯全集》第 42 卷,人民出版社 1979 年版,第 99 - 100 页。
⑤ 《马克思恩格斯全集》第 46 卷(下),人民出版社 1980 年版,第 230 页。

公共领域逐渐从社会领域中独立出来。恩格斯在《家庭、私有制和国家的起源》中,分析了原始社会解体和私有制、阶级产生的过程,揭示了国家的起源、阶级本质以及发展和消亡的历史规律。认为国家和阶级、私有制一样,并不是从来就有的,人类曾经有过不需要国家,而且根本不知国家和国家权力为何物的社会,这一时期的社会性与公共性是重合的。当经济社会发展到一定历史阶段而必然使社会分裂为阶级时,国家就由于这种分裂而成为必要了。这就是说,国家既不是从外部强加于社会的一种力量,也不像黑格尔所说的是"伦理观念的现实"。国家是承认,这个社会陷入了不可解决的自我矛盾,分裂为不可调和的对立面而又无力摆脱这些对立面。为了使这些对立面和经济利益互相冲突的阶级,不至于在无谓的斗争中把自己和社会消灭,就需要有一种表面上凌驾于社会之上的力量,这种力量应当缓和冲突,把冲突保持在"社会秩序"的范围以内。这种从社会中产生但又自居于社会之上并且日益同社会相异化的力量,就是国家。"在这里,国家是直接地和主要地从氏族社会本身内部发展起来的阶级对立中产生的。"①作为阶级矛盾不可调和的产物,国家是经济上占统治地位的阶级进行政治统治的工具,是凌驾于社会之上而且日益与社会相脱离的特殊公共权力。

可见,社会性是公共性的起源或诞生地。国家的产生是社会发展的需要和社会内部矛盾发展的结果。同样,人的公共活动、公共领域源自于社会活动和社会领域,发轫于社会发展之中。正如资产阶级的公共领域植根于市民社会,市民社会催生了资产阶级的公共领域一样,社会活动和社会领域为公共活动和公共领域提供了物质性的和合法性的基础,社会活动和社会领域的发展推动了公共活动和公共领域的形成和发展。

社会性也是公共性的最终归宿。由于公共性是社会性的本质属性和提炼升华,其发展的最高阶段恰恰是真正代表全社会公众的意志或所有个体的意志,重返公共性与社会性融合一致的阶段,也即阶级与国家消亡之后的共产主义(自由人联合体)阶段,因此,社会性是公共性的归宿,正如国家随阶级的产生而产生,也将随阶级的消亡而消亡一样,社会性由此成为衡量公共性程度的一个重要标准。就是说,公共领域的活动越是接近社会大众的意愿,其公共性体现的就越充分;反之,公共领域的活动越是远离社会大众,其公共性就越减弱。当前公共服务型政

① 《马克思恩格斯选集》第4卷,人民出版社1995年版,第169页。

府构建的目的,就是力图使公共管理从权力中心向社会中心转变,从管理中心向服务中心转变,管理责任重心从对上负责到对下负责转变等,其结果都使公共领域的活动更趋向民主,更能保障公平,更能代表广大公众的利益。

国家与社会的关系是如此,作为公共性重要承担者的政府与社会公共组织,不仅其产生是社会发展的需要,而且其对社会作用所形成的政府职能,也是以社会的发展需要为基础。如果一个政府不能及时有效地代表、反映和回应社会民众对它的要求,就不是一个真正履行公共性职能的政府。从这个意义上说,政治民主改革的目的和方向,就是为了增强政府适应社会、服务社会的能力。随着社会的发展和社会自我管理、自我调节、自我服务能力的增强,社会公共组织也会逐渐摆脱政治依附的地位而成为独立主体。在未来国家、政府消亡了的情况下,整个社会将会依靠这些社会性组织来进行自我管理,并完全丧失其政治性,变成纯粹的管理性组织。

二、群体性—主体性—公共性:公共性视域中人的发展形态

马克思公共性的人学维度,还体现在公共性对实现和促进人的发展的环境和条件上。由于"人的本质不是单个人所固有的抽象物,在其现实性上,它是一切社会关系的总和"[1]。现实的人不仅是个体性的存在,而且是在公共的生活环境中活动的,因而为社会公共性所规定的存在物,公共性是人的主体性发展的最基本条件。"人是一种在公共空间中生存的政治动物",他"天生就处于一个公共的社会关系网络之中……只有当他进入了张开双臂拥抱他的社会世界的公共空间之中,他才成为一个人。我们的生活世界在内部共同拥有的一种公共性,它既是内在的,也是外在的。"[2]马克思认为,一个人的发展取决于和他直接或间接进行交往的其他一切人的发展。可以说,将人的发展条件和成长环境置于公共性视域中加以考察,是研究马克思公共性之人学维度的核心内容;马克思人学思想的独特贡献与深刻之处,就是着眼于人的社会性与公共性及其历史变迁来考察人的发展。

"三大社会形态"理论无疑是马克思分析公共性视域中人的发展形态的典型

---

① 《马克思恩格斯选集》第 1 卷,人民出版社 1995 年版,第 56 页。
② 哈贝马斯:《公共空间与政治公共领域——我的两个思想主题的生活历史根源》,《哲学动态》2009 年第 6 期。

范例。在《1857－1858 年经济学手稿》中,马克思对"三大社会形态"理论的集中表述是:"人的依赖关系(起初完全是自然发生的),是最初的社会形态,在这种形态下,人的生产能力只是在狭窄的范围内和孤立的地点上发展着。以物的依赖性为基础的人的独立性,是第二大形态,在这种形态下,才形成普遍的社会物质变换,全面的关系,多方面的需求以及全面的能力的体系。建立在个人全面发展和他们共同的社会生产能力成为他们的社会财富这一基础上的自由个性,是第三个阶段。第二阶段为第三阶段创造条件。"①马克思的三大社会形态理论,以人的公共性为基本视域(三大社会形态的公共性视域分别是:古代以群体本位和人的依赖关系为特征的虚幻公共性——现代以个体本位和人的物化关系为特征的消极公共性——未来以社会本位和自由个性为特征的真实公共性),以一定的共同体为中介(表现为自然共同体——经济共同体——自由人的联合体),以人的感性生成和自我解放为立足点(表现为人的原始的丰富性——以物的依赖性为基础的人的独立性——自由个性)。而人的感性生成和自我解放是马克思三大社会形态理论的价值指向和人文意蕴。马克思指出:"全面发展的个人——他们的社会关系作为他们自己的共同的关系,也是服从于他们自己的共同的控制的——不是自然的产物,而是历史的产物。"②人的感性生成和自我解放就其实质而言,就体现在人的社会性与公共性的历史发展和转换上,并最终使这种社会公共性成为"他们自己的共同的关系","服从于他们自己共同的控制","社会关系实际上决定着一个人能够发展到什么程度。"③

马克思把人类社会发展的最初形态称之为"人的依赖关系"阶段。这一阶段社会关系的基本特点是:人与人关系的自然特征和不平等性质。在这一阶段中,人类社会以狭隘孤立的形式发展着,劳动者和其他个人均受到人类自然形成的共同体内部狭隘关系的束缚,"自然联系使他成为一定的狭隘人群的附属物",而维系人的公共性的纽带主要是自然血缘关系基础上的宗法制度和封建等级制度,个人则表现为"不独立的、从属于一个较大的整体",即从属于他人或某种自然共同体:或者直接隶属于部落、家庭等血缘共同体,或者隶属于某种军事共同体。人们只是按照他们在共同体内的地位、作用和职能发生关系,人与人之间处于直接的

① 《马克思恩格斯全集》第 46 卷(上),人民出版社 1979 年版,第 104 页。
② 《马克思恩格斯全集》第 46 卷(上),人民出版社 1979 年版,第 108 页。
③ 《马克思恩格斯全集》第 3 卷,人民出版社 1960 年版,第 295 页。

人身依附和统治服从关系。马克思说:"虽然个人之间的关系表现为较明显的人的关系,但他们只是作为具有某种(社会)规定性的个人而相互交往,如封建主和臣仆、地主和农奴等等,或者作为种姓成员等等,或属于某个等级等等。"①因此,这种共同体关系的另一个特点是人与人之间的不平等性。个人被固定在稳定的社会关系网络之中而无自己的独立性和自由,他只能作为共同体锁链中的一环,他所从事的某种特定的活动受到先在的社会规定性所支配和限制,必须按照自己所在等级的先在规定性上再生产自己。由于这种社会形态中的"生产方式是以土地和其他生产资料的分散为前提的,它既排除了生产资料的积累,也排斥社会对自然的统治和支配,排斥社会生产力的自由发展,它只同生产和社会和狭隘的自然产生的界限相容"②,因此,必然被新的社会形态所代替。

"以物的依赖性为基础的人的独立性"是人的发展的第二大历史形态。在这一阶段上,人的主体性呈现出"独立—依赖"的双重意蕴:一方面是个体独立性和主体性的积极张扬;另一方面是人的物性化,以及物化社会关系作为抽象劳动基础上的"抽象物"与个人生活相对立,又在一定程度上消解了人的主体性。

在马克思看来,资本主义生产方式的确立,是以劳动者和劳动的客观条件直接统一性的瓦解和分离为前提的,这一瓦解和分离,使得劳动者成为可以自由出卖劳动力的雇用工人,使劳动客观条件成为资本。劳动和资本的关系在资本主义生产方式中具有根本对抗的性质,表现为:劳动和资本的分配必须以交换价值为中介,因此,交换和交换价值在这里居有支配地位。而交换和交换价值又是以人的"抽象劳动"为依据。因此,交换价值的支配地位就意味着抽象劳动——以平均劳动时间这一抽象的量的关系来进行计算的、并使物的交换成为可能的劳动——成为社会关系的支配力量,它支配着人与人的交往和社会生活的一切活动,使得资本主义条件下的人的主体性发展呈现出双重性的特征。

一方面,这种支配力量使劳动及其产品的普遍交换成为每一个人的生存条件。为了获得和扩张这一生存条件,每个人必须在更加普遍、更加广泛的社会联系中进行生产和交换,从而在根本上突破了原先主要由自然条件造成的封闭性和地域性的狭隘关系。马克思说:"一切产品和活动转化为交换价值,既要以生产中

---

① 《马克思恩格斯全集》第46卷(上),人民出版社1979年版,第18、21、110页。

② 《马克思恩格斯全集》第23卷,人民出版社1972年版,第830页。

人的一切固定的依赖关系的解体为前提,又要以生产者互相间的全面的依赖为前提。每个人的生产,依赖于其他一切人的生产;同样,他的产品转化为他本人的生活资料,也要依赖于其他一切人的消费。"①这种普遍的依赖关系,通过社会化大生产、世界市场和现代交通和通讯手段,极大地拓展了人们的社会联系和交往空间,建立起了世界性的普遍联系。同时,由于资本"创造出一个普遍利用自然属性和人的属性的体系",这种体系既要求人们去"探索整个自然界,以便发现物的新的有用属性";又要求"培养社会的人的一切属性,并且把他作为具有尽可能丰富的属性和联系的人,因而具有尽可能广泛需要的人生产出来——把他作为尽可能完整的和全面的社会产品生产出来(因为要多方面享受,他就必须有享受的能力,因此他必须是具有高度文明的人),——这同样是以资本为基础的生产的一个条件。"②

另一方面,由于劳动者和劳动条件的彻底分离,使上述普遍的社会关系成为独立于人们之外、并反过来支配和统治人们的一种异己的物质力量,它使个人活动和产品的社会性表现为异己的东西,使人们从属于存在于他之外的社会联系和生产体系。与此相适应,与个人之间的普遍联系一同增长的是个人之间的相互独立和漠不关心;抽象劳动在生产出个人关系和个人能力普遍性、全面性的同时,也生产出个人同自己、同别人的普遍异化;以前个人受他人限制,现在则受不依他为转移的、独立存在的社会联系的限制。由于资本主义市场经济创造出一个"普遍有用的体系",这是一个以货币为纽带的社会体系,在这个体系中,人与人的关系歪曲地"反映成存在于生产者之外的物与物的社会关系"。马克思说:"活动和产品的普遍交换已成为每一单个人的生存条件,这种普遍交换,他们的互相联系,表现为对他们本身来说是异己的、无关的东西,表现为一种物。在交换价值上,人的社会关系转化为物的社会关系;人的能力转化为物的能力。"③物的能力即货币的能力,它要求以商品和货币等物的形式来表现人们之间普遍的依赖关系。而"物的依赖关系无非是与外表上独立的个人相对立的独立的社会关系",人受普遍的抽象关系的统治,这种抽象"无非是那些统治个人的物质关系的理论表现"④。

---

① 《马克思恩格斯全集》第46卷(上),人民出版社1979年版,第102页。
② 《马克思恩格斯全集》第46卷(上),人民出版社1979年版,第392页。
③ 《马克思恩格斯全集》第46卷(上),人民出版社1979年版,第103、104页。
④ 《马克思恩格斯全集》第46卷(上),人民出版社1979年版,第111页。

"自由的社会的个人阶段",从而使社会公共性真正成为每个人的发展条件和存在方式,是社会发展的第三种形态。这一阶段的根本特点是:个体与社会的冲突得到了彻底解决,社会公共领域与个人的感性生活的对立得到了真正克服,公共活动与每个人的真正生活和存在方式相谐调。马克思预见道:"随着大工业的发展,直接劳动本身不再是生产的基础,首先因为直接劳动主要变成看管和调节的活动,其次也是因为,产品不再是单个直接劳动的产品,相反地,作为生产者出现的,是社会活动的结合。"①在这种生产活动中,作为生产和财富的宏大基石的,已不再是人本身完成的直接劳动和劳动时间,而是劳动者作为"社会的个人"的发展,是劳动者对人本身的一般生产力的占有;衡量真正财富的尺度也不是物化在产品中的平均劳动时间,而是个人本身所具有的发达的生产力和可以自由支配的时间。同样,在这种生产活动中,公共性从与个人相对立的异己力量转化为每个人的内化了的本质:成为他们的活动、生活、享受和财富,成为他们成就个性、提高才能的主体条件,成为他们全面占有自己生命本质和获得自身完整性的内在需要。总之,公共性"成了我的生命表现的器官和获得人的生活的一种方式",从而使"人终于成为自己的社会结合的主人,从而也就成为自然界的主人,成为自身的主人——自由的人"②。在这里,公共活动、公共领域作为人的感性生活和存在方式的人学意蕴得到了阐扬。

按照"三大社会形态"理论,马克思公共性的人学维度,特别体现在公共性视域中人的发展的主体性质与活动性质及其依次更替。就主体性质而言,其发展依次经历"前主体性——主体性——主体间性(公共主体性)"的过程;就人的活动性质而言,其发展依次经历"群体性——个体性——公共性"的过程。这两个过程系列在本质上又是一致的,它们相互规定、相互照应、融为一体。从"主体—活动"视角考察马克思的三大社会形态更替,其演进逻辑分别是:(1)传统社会(前资本主义时代)的主体性质为前主体性,活动性质则以群体为本位,它相当于马克思三大社会形态中的"人的依赖关系"阶段。在这一阶段上,人的主体性质总体上属于"前主体性"状态,即尚未达到主体性时的人的属性,人与人之间处于依赖关系的群体性活动中。这种人的依赖关系形成的群体性活动在私有制条件下表现为人

---

① 《马克思恩格斯全集》第46卷(下),人民出版社1980年版,第222页。
② 《马克思恩格斯选集》第3卷,人民出版社1995年版,第760页。

身的依附关系,如奴隶对奴隶主的依附,农民对地主的依附等。因此,传统社会的公共性体现为以群体本位和人的依赖关系为特征的虚幻公共性。(2)由资产阶级开创的现代社会,人摆脱了对他人的依赖,每个人成为独立的主体,这时,人作为主体同客体的关系中所具有的性质就是主体性,这是现代社会人普遍具有的特性,是现代社会和现代性特征中在人身上所体现出来的最主要的特质,表现为人的自主性、主动性、能动性和创造性等,它对应于马克思三大社会形态中的第二大形态即"以物的依赖性为基础的人的独立性"阶段。但在资本主义高度发达的市场经济条件下,人的主体性往往以个体为本位、以物化为特征的主体性表现出来,使得"在资本主义社会里,资本具有独立性和个性,而活动着的个人却没有独立性和个性"①,人与人的关系被分裂为"原子式的碎片",并使这些"碎片"处于彼此对立和离散的外在关系状态。这是一种以个体本位和人的物化为特征的消极公共性。(3)现代社会以个体本位和人的物化为特征的狭隘主体性、消极公共性及其在现代社会所遭遇到的困境,必然被以社会为本位和以自由平等为特征的"互主体性"、"交互主体性"或"共同主体性"所取代,这是一种互动的、有机的、社会性的结合,相当于马克思三大社会形态中的第三种社会形态,即"建立在个人全面发展和他们共同的社会生产能力成为他们的社会财富这一基础上的自由个性"②阶段,这是以"自由人联合体"为共同体形式,以人的感性生成和自我解放为立足点的真实公共性阶段。

三、公共人:公共性思想的人学建构

亚当·斯密在其伦理学著作《道德情操论》(1759)和政治经济学名著《国富论》(1764)中,分别论述了他的利他主义的伦理观和利己主义经济观,提出了以人的同情心为出发点的"道德人"假设和从物质利益出发的自利性的"经济人"假设。在这里,利他与利己、道德人与经济人之间的矛盾性假设,世称"斯密问题"或"斯密难题"。可以说,利他与利己、道德人与经济人都是人性假设中的不同维度、人的社会性的不同侧面。正如人的公共性源自于并受制于人的社会性一样,公共人也诞生于社会人之中。如果说,公共性是在公共领域内具有公共精神、公共利

---

① 《马克思恩格斯选集》第1卷,人民出版社1995年版,第287页。
② 《马克思恩格斯全集》第46卷(上),人民出版社1979年版,第104页。

益和公共理性等维度组成的一个立体概念的话,那么,公共人就是与一定的社会环境或社会关系相勾连,并为这种现实的社会公共性所规定的人。他不仅保持着个体的存在,同时又表现出一种个体性与公共性的张力性存在。

事实上,在个体社会化的历史长河中,公共性一直以来似乎都只是一个幌子,为不同历史阶段的政治、宗教、经济和社会所裹挟。在中国封建社会,个体成为"政治人",公共性被异化为政治性;在西方中世纪,个体成为"宗教人",公共性被异化为神圣性;在现代西方社会,个体是"经济人",公共性被异化为经济性;在现代中国,个体曾经是"单位人",公共性被异化为组织性,等等。可见,无论是国家还是社会都试图将个体约束在一种预设的范围内去塑造,个体在本质上都是一种群本质的人,没有真正成为类本质的人。

如上所述,马克思三大社会形态理论,将人的本质依次界定为即"人的依赖关系"形态下的群本质、"以物的依赖性为基础的人的独立性"形态中的个体本质、"建立在个人全面发展和他们共同的社会生产能力成为他们的社会财富这一基础上的自由个性"条件下的类本质。在马克思的语境中,类本质意义上的人就是真正意义上的公共人。与三大社会形态相适应,人的主体存在形态也依次经历:政治人(前主体性)—经济人(主体性)—社会人(主体间性)—公共人(共同主体性)。具体说来,在马克思哲学的语境中,公共人具有如下特质:(1)公共人是在个体性与公共性彼此容纳基础上的共在与共享,是共性与个性的有机融合。正如类本质的特点是建立在个人全面发展和他们共同的社会生产能力成为他们的社会财富这一基础上的自由个性一样,公共人必然将公共性作为其存在的本质特征和内在规定;(2)公共人是完整意义上的人,即自由全面发展的人,他是"以一种全面的方式,也就是说,作为一个完整的人,占有自己的全面的本质"①;(3)公共人的组织性,源自于他们共在的世界即公共领域。"人是存在着的,是在世界——这个世界不是自然意义上的世界,正如马克思、阿伦特、库尔泊强调的是属于我们的世界——中存在着,也一定是与他者共在着的,这是人存在的本真状态。"②因此,公共人是基于人的类本质而实现的个体性与公共性的张力性存在,也是一个和他人不断相互创生的过程,公共人就是在公共领域中追求和体现公共性并积极行动的

---

① 《马克思恩格斯全集》第42卷,人民出版社1979年版,第123页。
② 沈湘平:《公共性:后现代性之后的现代性主题》,《江海学刊》2008年第4期。

主体。

相对于个体人、组织人、经济人、政治人、文化人、生态人等,公共人具有其自身的现代特质。第一,公共人是公共精神的承载者,执着于公共精神的追求。公共精神是公共人的核心价值观。所谓公共精神"是以利他的方式关心公共利益的态度和行为方式,落实在公共生活、公共利益中,在主观意愿中寻找动力,自主地追求公共利益,并在态度、行为方式上达到与他人的沟通"①。"公共精神不仅表现为一种理念,更表现为一种行动。作为理念的公共精神表现为一种价值取向,即公共善;作为行动的公共精神表现为公共参与。"②可以说,公共人既是公共精神的辩护者,也是公共精神的践行者和公共精神的再生产者。公共人必须打破个体人的冷漠与自闭,坚定地为公共精神辩护。对公共善的追求,并以自己的行动践行这种公共善,是公共人区别于个体人的精神特质;公共人不是被动的受塑者,而是与他者的互动中主动建构公共领域、从事公共精神再生产的人。正如马克思所说的,"把个人的目的变成普遍的目的,把粗野的本能变成合乎道德的意向,把天然的独立变成精神的自由;使个人以整体的生活为乐事,整体则以个人的信念为乐事。"③

第二,公共人是公共利益的捍卫者,公共利益最大化是公共人追求的首要目标。追求社会公共利益,并不否认个人利益,不是不要正当的个体利益。如果说在私人领域,个人利益追求是一种现实的活动,那么在公共领域,公共利益至上是一种信仰。公共利益的关键在于共享性、开放性,它不是个体私利的聚合,而是基于公共交往所需要的公共利益诉求,公共人须以公众为本位,树立公共利益至上的观念,坚持利益的共享性,即个体基于公共性交往的需要对彼此利益的共享。坚持利益追求的正当性,这种正当性既表现为公共利益对他者利益的尊重与保全,也表现为公共利益获得的手段与方式必须符合文明社会的道德要求,承担公共责任。

第三,公共人是公共空间的建构者,应培育批判精神并在公共交往中构建公共空间。公共空间可能是一个具体的场所,也可能存在于一个虚拟的空间,但作为一个充满着对话与合理辩论的空间,它们都需要在建构中生成。作为建构者的

---

① 林琼斌:《论公民公共精神的提升》,《海南师范大学学报》2009 年第 1 期。
② 杨芳:《公共精神与公民参与》,《岭南学刊》2008 年第 5 期。
③ 《马克思恩格斯全集》第 1 卷,人民出版社 1995 年版,第 217 页。

公共人需要具有批判的精神和开放性的品格,在共同利益关照下,通过对现实问题的批判来形成公共空间的批判氛围。同时,公共人需要充分的公共交往,在与他者的交往中不断建构自我。公共人在交往中建构自身的同时,也在建构他赖以栖身的公共空间。

第四,公共人是公共生活的行动者,成为公共生活的建设者。为了承载公共精神、捍卫公共利益,建构公共空间,任何一个试图成为公共人的个体都必须进行有意义的行动。公共人要成为一个社会生活中的行动者,首先要成为"言说者",而非"沉默者",要通过积极的公共表达,促进公共舆论的形成。公共人要成为"行动者",而非"旁观者"。行动是公共人常态化的生活姿态,公共人要以自己的积极而有意义的行动参与到社会生活中,不仅以自己的社会性表达打破沉默,助推公共舆论的形成,更为重要的就是以自己的公共参与打破旁观,促进公共交往,体现行动对公共人的塑造。

第四章

马克思公共性视域中的民生意蕴

马克思公共性视域中的民生意蕴,致力于考察马克思公共性思想与民生思想之间的内在关联。一方面,在马克思的公共性思想中,包含着深刻的民生思想。无论是马克思揭示的公共领域、公共产品,以及交往实践的公共性意蕴,还是他关于公平正义、共建共享、人的全面发展的公共性价值理念,都与广大民众的生存与发展具有内在的关联。另一方面,在马克思对于民生问题的关注中,也关涉到并依赖于公共性问题的思考和解决。马克思对民生问题的现实批判与理想建构,离不开公共理念、公共精神、公共社会环境与制度等,从这一意义上说,马克思的民生观,是一种以实践为根基的公共民生观。马克思的公共民生观,源自于人们的公共需求,体现在人们的公共生活中,并通过社会公平保障其实现。因此,我们将分别从公共需求、公共生活、社会公平三个视角讨论其与民生的关系。

第一节 马克思公共需求观与民生

人类需求与民生的关系十分密切。发展民生说到底是为了更好地满足人们的各种各样的需求。考察马克思公共性视域中的民生意蕴,首先映入眼帘的是人的公共需要与民生的关系。公共需求具有区别于私人需求的内涵与特征,公共需求的满足程度与民生状况的改善程度在本质上是一致的。当前我国民众的公共需求正在发生深刻的历史性变化,它要求提供公共服务的政府实现以公共需求为导向的服务型政府的自觉建构。

一、公共需求的内涵及其特征

公共需求是一个与私人需求相对应的范畴。如果说"私人需求"是人们对衣食住行等消费品的个体性需求,那么"公共需求"则是维系社会存在与发展的一种集体性需求。正如公共性是个体性交互作用的结果一样,公共需求不是一个抽象的概念,而是公民个体需求中的共性要求,是公民个体需求的最大公约数。比如社会公共秩序的维护、生活环境的保护、水旱灾害的防治、国防军事的建设等。公共需求是人类历史发展过程中的一种普遍的、永恒的社会性需要,也是实现每一个社会成员个人需要的社会前提条件。当经济发展水平较低时,公共需求主要集中在人们的衣、食、住、行等基本需求上;而经济社会发展水平提高后,就进一步产生了健康舒适的生活环境、便利完善的基础设施、丰富多彩的文化教育,以及个性发展等许多新的公共性需求。在马克思看来,公共需求是在一定社会历史条件下和一定社会范围内,为了维护社会稳定与发展,促进社会公平与正义,实现社会公共利益与人的全面发展而形成的共享性需要。因此,解决人类社会共同体所面临的社会公共问题,满足社会成员在社会生产与生活中的共同需要,是公共需求的本质属性。

如果说,私人需求在个体享用消费品的过程中具有排他性、可分割性和竞争性的特点的话,那么,公共需求则是社会成员在享用公共产品过程中具有互不排斥性、不可分割性和平等共享性等特征。它不是私人需求的简单累加,而是具有不可分割的共同利益的需求。公共需求为了满足社会公共需求而提供的公共物品,可以无差别的由每个社会成员共同享用,一些社会成员的享用并不排斥其他社会成员的享用,它相对于私人需求而言,具有一定的优先性。马克思在《哥达纲领批判》中提出社会总产品的分配顺序时,指出"首先要扣除满足社会共同需求的部分,才能谈到剩余部分的个人分配","共同需求"的范围主要包括:再生产、后备基金或保险基金、管理、官办济贫等共同需要费用。在这里,马克思不仅指出了公共需求的类型,强调"满足社会共同需要"是公共需求的基本特性,而且指出了公共需求的满足在产品供给顺序上的优先地位,即应优先满足社会公共利益或共同需求。① 公共需求具有以下特征:

---

① 参见:《马克思恩格斯选集》第 3 卷,人民出版社 1995 年版,第 302 - 303 页。

(1)以公共利益、整体需求为导向。以公共利益与整体需求为导向是公共需求区别于个体需求的本质属性。它以公共利益为宗旨，以公共利益的最大化为目的。公共需求必须把社会当作一个整体利益、围绕社会整体需要、代表社会共性和宏观全局问题，它着眼于社会整体需要和长远利益，以满足社会存在和发展的最基本的共同需要为导向。马克思的公共需求观就是以为绝大多数人谋利益，实现人类全面而自由的发展为宗旨的，其公共利益、整体需求为导向十分明显。问题在于，这种代表公共利益和社会整体需求的主体究竟由谁来承担？按照马克思的观点，国家是一种虚假的公共利益之代表，未来社会能代表广大公众利益、行使公共权力职能的是"自由人联合体"，只有它才最能代表着社会的共同利益，负责社会共同利益的最大化。

(2)以社会历史发展为考察视角。公共需求是一个历史的、动态的范畴，它是随着经济社会的发展和人民生活水平的提高而不断变化的，具有动态发展性。在马克思看来，人人共享、普遍受益是社会发展的终极目标，是满足公共需求的理想状态，但它并不是一蹴而就的，而需要通过全部人类历史的发展来证明。一部人类发展的历史，就是一部不断创造条件构建人人共享、人人受益的社会，也是一部不断满足社会公共需求的历史。因此，不同的社会历史发展阶段，由于政治、经济、文化、社会发展程度的不同，会产生不同的公共需求。资本主义社会的公共需要不同于封建社会、奴隶社会；计划经济条件下的社会主义由于"贫穷"而无法满足人们基本的公共需要，市场经济条件下的社会主义充满了生机与活力，但又出现了贫富差距、城乡差距、区域差距拉大的趋势，产生了社会基本公共服务不均衡、结构不合理的现象。这既不是经典作家所说的社会主义，也不是中国特色社会主义的根本目标。因此，考察公共需求应有历史的、具体的方法和视角。

在马克思那里，公共需求还是一个社会范畴，在阶级社会中还具有一定的阶级性。按照这一分析，公共需要就是服从于统治阶级这一共同体利益的需要，是为统治阶级利益服务的，体现了公共需求的社会本质。从这个意义上说，西方经济学将公共需求、公共产品的基本属性规定为非排他性、非竞争性等自然属性，忽视了政治、法律、文化等上层建筑这些社会属性对公共需求的决定作用，掩盖了公共需求为资产阶级服务的阶级本质，体现了西方经济学公共产品理论的虚伪性。

(3)以追求公平与效率为宗旨。一方面，对公共需求的满足和分配，应符合公平合理性。所谓公平，是指社会一切成员具有"平等的权利"，即平等地享有属于社会一切成员的权利。当然,对于"平等的权利"或公共的平等权,应该做具体的、历史的理解,要与社会经济文化发展相适应。在共产主义的第一阶段,虽然取消了阶级差别,但由于经济社会还不发达,还保留旧制度的一些弊端,社会仍然承认个体天赋、能力和效率上的差别,也必定会产生不同个体之间"权利的不平等"。随着社会的发展程度不断提高,到了共产主义的第二阶段,这种"权利的不平等"越来越少,每个人都能享受到相同的权利。另一方面,对公共需求的满足和分配,还应讲求效率。公共需求的效率,追求的是以最少的公共成本换取最大的公共利益,既能最大限度地促进社会稳定与发展,又能最大限度地保障个体利益,从而达到社会资源配置效率的最优化和社会整体效益的最大化。为此,公共部门要预先有效合理地供给公共需求,并通过政府管制、社会自治等手段,节约成本,遏制腐败与低效,最大限度的满足公共需求。

(4)以层次性与供给引导性为特质。在《哥达纲领批判》中,马克思将社会总产品进行必要的"扣除"作为逻辑起点,将人类社会存在和发展分为生存型、发展型和享受型三个层次;在《自然辩证法》中,恩格斯把人的需求对象物分为三类,即"生活资料、享受资料和发展资料"或"生活资料、享受资料、发展和表现一切体力和智力的资料"①。与此相适应,人的公共需要可作以下分层:满足基本生存的公共需求,即满足基本生存的公共需求,这是公共需求中最基础、最重要、属于基础民生保障的部分,承担着维护社会正常运行和个人基本生活的公共职能,是最基本的、属于利益共享程度最高的共同需要。满足生存的公共需求可括国防公共安全、基本就业、义务教育、公共卫生、社会保障、社会救济以及基本的基础设施建设等基础性公共需求。它以人民群众最关心、最直接的需求为重点,让弱势群体也能公平公正地享受到经济社会发展成果。满足发展的公共需求,即为了保障和促进经济社会顺畅运行和发展的公共需求。如职业培训、自主创业、社会交流等较高层次的民生需求,它为民众有尊严地生存提供发展机会,并让民众在获取这些发展机会的过程中形成持续稳定的发展能力。满足享受的公共需求。满足享受的公共需求是需求层次较高的公共需求,这类公共需求更侧重于促进社会完善和个人发展,关乎发展权利,例如高等教育、住房、保健等公共福利。

---

① 《马克思恩格斯选集》第4卷,人民出版社1995年版,第372页;《马克思恩格斯选集》第1卷,人民出版社1995年版,第330页。

民生需求的供给引导性。公共需求提供的范围和程度,会随着经济社会发展的程度也发生变化。一般来说,在经济社会处于较低发展阶段时,满足生存的公共需求被供给的程度相对较高,同时满足发展的公共需求也应有较多的供给,而满足享受的公共需求相对供给较少;当经济社会发展较好时,满足发展的公共需求供给程度相对较高,满足生产和享受的公共需求应当有一定量的供给;当经济社会发展到较高阶段时,满足享受的公共需求应当被大量供给,满足发展的公共需求供给能力也不断增强,满足生产的公共需求所占比重相对下降并保持在一定水平。

二、公共需求视域中的民生问题

将民生问题置于公共需求观中加以考察,即从公共需求的视角审视民生问题,是马克思公共民生观的一个重要考察方法和研究视角。可以说,保障和改善民生的过程,就是满足和实现最广大人民日益增长的公共物质文化需求的过程。

首先,公共需求的满足程度与民生状况的改善程度具有一致性。马克思把人的需要当作历史的起点,认为人的需要是人的行动和交往的初始动因,人的需要的满足程度是衡量民生状况改善的基本标志。马克思认为,“人们为了能够创造历史,必须能够生活”,“但是为了生活,首先就需要吃喝住穿以及其他一些东西。因此第一个历史活动就是生产满足这些需要的资料,即生产物质生活本身”。这是一切历史活动的最基本条件,“人们单是为了能够生活就必须每日每时去完成它,现在和几千年前都是这样……因此任何历史观的第一件事情就是必须注意上述基本事实的全部意义和全部范围,并给予应有的重视”。马克思还指出:“已经得到满足的第一个需要本身、满足需要的活动和已经获得的为满足需要而用的工具又引起新的需要,而这种新的需要的产生是第一个历史活动。”①在马克思看来,人的生存和发展的需要及其现实满足是人类活动的基本出发点,是历史变迁的根本动因。人类为什么要追求发展,最根本的一条就是为了满足人类生存和发展的需要。正是由于人类的客观性需要才产生了为满足需要而进行的各种生产活动,人类需要的多样性、丰富性,要求经济社会获得综合全面的发展,人类需要的无限递增和不断再生性,导致了人类对社会发展的永恒追求。既然社会发展的

①《马克思恩格斯选集》第1卷,人民出版社1995年版,第79页。

目的或出发点是为了满足人的需要,那么,对人类生存和发展需要的现实满足程度便成为衡量一个社会发展的基本价值尺度。

人的需要对社会发展与历史进步的内在驱动,其中相当一部分是通过公共需求的方式来加以体现和实现的。远古时代的社会需要体现为个人需要与公共需要的合二为一。随着分工和私有制的出现,产生了私人需要、私人利益与公共需要、公共利益之间的分化与矛盾。正因为它们之间的分化与矛盾,公共利益和公共需要才采取了国家的姿态或"虚幻共同体"的方式来调节它们之间的矛盾,以防止和避免矛盾冲突而导致其共同的灭亡。尽管承担公共利益、公共需要的国家以"虚幻共同体的形式"出现,但是,国家在何种程度上创造和积累公共产品、公共服务并实现和满足社会的公共需要和公共利益,决定并影响着一个社会的民生状况乃至整个社会的稳定、和谐和发展的程度。在历史上,当社会基本公共需求得到相对满足时,民生状况就得到明显的改善,老百姓就会安居乐业,社会就呈现出繁荣和稳定的状态,相反,当一个社会的基本公共需求得到相对匮乏时,社会就会表现出动荡不安。当前,我国改革和建设的最终目的,就是为了保障和改善民生;而保障和改善民生,就是以维护最广大人民的根本利益、满足其日益增长的公共物质文化需要为出发点和归宿的。因此,实现和满足社会的公共需求与保障和改善民生状况,两者的路径在本质上是完全一致的。

其次,公共需求的全面增长与民生的改善程度也是一致的。社会需求是拉动经济增长的三大因素之一,而在社会总需求中,公共需求又是主要因素。当前我国公共需求的数量在不断增加,而且增长的速度远远大于个人需求的增长速度。据统计,同以往相比,当前广大社会成员的消费结构发生了两个重要变化:一是食品与衣着等基本消费支出的比例在不断下降,从 1990 年的 67.61% 下降到 2015 年的 33.15%;二是医疗保健、教育等消费支出比例不断上升,城镇居民在这方面的支出比例从 90 年代初期的 10% 左右上升到 2015 年的 40% 左右。这一结构性变化表明,公共需求全面快速增长已成为当今我国经济社会生活中不容忽视的重要趋势。面对这一重要趋势,党和政府要着力于政府职能转变,为社会提供更多的公共产品,满足社会的公共需求。

不仅如此,满足发展中不断增长的公共需求,是构建和谐社会的经济基石,也是衡量社会协调发展的基本尺度。经济发展的规律表明:一个社会、一个地区的发展,往往表现为私人产品与公共产品、个体需求与公共需求相互促进、交互提升的过程。经济发展的初期阶段,是私人产品的极大丰富和个体需要的较大满足,但这一时期公共产品的发展与供给往往呈滞后和匮乏状态,公共需求得不到应有的满足。公共需求的走强是经济发展到一定水平的必然产物,当公共产品的发展和丰裕并使公共需求得到满足后,经济发展又反过来为私人产品和个体需求进入更高层次的发展创造了条件。因此,经济的持续发展总是伴随着公共产品和私人产品的协调发展、私人需求和公共需求不断协调满足的过程。这一过程循环往复、不断递升,推动着经济社会的不断发展。和谐社会首先需要社会经济的充分发展,以便为社会和谐奠定充分的物质基础。因为无论是私人产品还是公共产品、个体需求还是公共需求,都是以物质经济的充分发展为前提基础。如果说,个体需求的满足、私人产品的供给主要通过竞争性的企业与市场来提供,这种提供方式必然会导致社会的分化和矛盾,那么,公共需求的满足、公共产品的供给则主要是通过公共部门尤其是现代政府来提供,而公共需求、公共产品具有非竞争性和非排他性,更能体现社会的公平正义,特别是能够顾及社会的弱势对象和边缘群体,因而能更好地体现社会和谐。历史也充分表明,对公共需求的满足程度是评价与衡量一个社会的社会关系和社会结构是否和谐的重要尺度。中国历史上的"贞观之治"、"康乾盛世"等,可谓经济繁荣、社会和谐,体现为当时社会不同阶层、特别是广大民众的基本需求得到满足,是个人需求与公共需求、私人利益与公共利益和谐相处的标志。同样,二战以来的西方资本主义国家之所以能保持社会的长期和谐与稳定,其根本原因在于,通过社会福利制度、社会保障体系建设,保障了大多数公民的需求和利益,满足了社会公共需求。

再次,马克思主义需要理论的民生解读,要求我们将当代中国的民生问题置于马克思公共需求观中加以考察。从公共需求的视角审视当代中国民生问题,要求我们积极推进"五位一体"的总体布局,不断满足人民日益增长的公共民生需求。(1)坚持以经济建设为中心,大力发展物质文明、民生经济,不断满足人民的物质民生需要。(2)不断推进民主建设,大力发展政治文明,不断满足人民的政治民生需要。在中国,民生与民主、政治与民生历来密切相关、相辅相成。只有人民群众真正成为国家和社会的主人,享有政治民主,才能使经济社会发展的成果真正为人民群众所享有;只有政治主题转向民生,将改善民生视为政治发展的根本目的和最高标准,使政治生活围绕的基本问题走向民生层面,才能使改革发展的过程真正成为实现和维护群众切身利益的过程,最大限度地满足人民群众日益增长的物质文化需要;只有牢固树立经济发展是政绩、改善民生更是政绩的理念,抓住人民群众最直接、最关心、最现实的利益问题,才能让改革发展的过程成为真正为群众排忧解难的过程,成为实现和维护群众切身利益的过程,不断提高人民群众生活水平的过程。(3)增强文化软实力,大力发展精神文明,不断满足人民的精神民生需要。"文化是民族的血脉,是人民的精神家园。"当人民群众的经济生活、政治生活发生得到大幅提升之后,文化权利就成为公民生存权和发展权的有机组成部分,人民群众对精神文化生活的需要,构成了民生的重要内容。为此,要高度重视文化建设,大力发展文化事业,促进文化产业发展,使民众的社会文化生活更加丰富多彩。(4)加强社会建设,创新社会管理,不断满足人民的社会民生需要。加强社会建设,必须以保障和改善民生为重点。要多谋民生之利,多解民生之忧,在学有所教、劳有所得、病有所医、老有所养、住有所居上取得新进展,努力让人民过上更好生活。(5)加强自然环境保护,大力发展生态文明,不断满足人民的生态民生需要。人民群众对幸福生活的期盼不仅包括富足的物质生活、充分的政治参与、丰富的精神文化、和谐的社会生活,还包括有一个良好的生产生活环境。干净的水、新鲜的空气、洁净的食品、宜居的环境等要求,越来越成为提高人民群众生活质量和健康素质的公共民生的基本需要。

三、构建以公共需求为导向的服务型政府

当前,我国社会民众的公共需求正在发生深刻的历史性变化,这种变化使得传统供给型的社会服务方式面临着严峻的挑战,它要求提供公共服务的政府实现以公共需求为导向的服务型政府的自觉建构。

当前社会公共需求变化的主要特点。我国正步入公共需求发生深刻变化的重要时期,这种深刻变化主要体现在以下三个方面:第一,公共需求呈现快速增长的态势。公共需求的水平是随着经济社会的发展进步而不断增长提高的。经过30多年的改革开放和经济的快速增长,我国已基本解决温饱问题,老百姓的收入水平大大提高,并进入人均国内生产总值从 3000 美元向 10000 美元提升的阶段。按照国际经验,这一阶段恰恰是公共服务需求急速增加、各种社会矛盾凸显的关键时期。公共需求的快速增长,已逐步成为我国经济社会发展的重要动力和市场需求的主流。公共需求的急剧增加与政府提供公共产品的短缺和公共服务不到位之间的矛盾日益凸显。第二,公共需求的结构发生深刻的变化,要求越来越高。

在个人和社会的总需求中,公共需求的比重越来越高,并逐渐由消费型、生存型需求向享受型、发展型需求转型演进。在基本的衣食住行等生活需求得到满足之后,社会成员在教育、就业、养老、住房、医疗、旅游、安全等方面的支出远远大于基本的生存性支出,人们开始由注重生活的量向注重生活的质方面转变,关注和追求生活环境、文化教育和个性发展等方面的新需求,公共安全、公共医疗、义务教育、社会保障等方面的公共需求已经成为社会需求结构的主体。第三,需求主体日益扩大且呈现出多元化。随着改革的深入和经济发展,越来越多的人把社会保障看成是生存的基本权利,尤其是中低收入群体对公共医疗、义务教育、就业和社会保障的公共需求日益强烈,广大城镇中低收入群体已发展成为公共需求的主体之一。而中高收入群体则更多的是偏向公共安全等方面的需求。随着城市化进程加快,广大进城务工人员渴望享受与城镇居民同等待遇,其基本公共需求日益强烈,必然导致公共需求的直线上升。由于历史原因,农村的公共需求长期处于被压抑的状态,在义务教育、公共医疗、养老保障等方面农村居民基本被排除在享受公共服务的主体之外,随着农村改革的不断深化和农村经济的发展,农村公共需求在各个领域都将被逐步激活,广大农村居民开始成为公共需求的重要主体之一,其潜在的公共需求已转化为现实需求。

公共需求的深刻变化引发诸多社会矛盾。虽然近年来我国公共产品的供给与公共服务体系建设取得了很大的进展,但与人民群众日益增长的公共需求相比,公共产品与公共服务供给的质与量、效率和水平都还存在许多不相适应的地方,成为影响经济社会发展的突出矛盾:(1)公共需求急剧增加与公共产品和公共服务短缺之间的矛盾。随着我国经济社会进入新的发展阶段,人民群众的衣食住行等私人产品的严重短缺已经成为历史,而社会公共产品、公共服务等公共需求全面快速增长,城乡居民的发展性消费支出比例明显超过生存性消费支出比例。但政府在公共产品和公共服务中的投入和供给总量上明显不足,它在财政支出中的比重、占 GDP 的比例仍然偏低。公共需求的全面、快速增长与公共服务不到位、公共产品供给严重不足之间的矛盾日益凸显,由此形成劳动就业、公共卫生和基本医疗、义务教育、社会保障、公共安全、环境保护等诸多社会问题,严重影响社会主义和谐社会的构建,它已深深地制约着经济的进一步发展、社会的全面进步和人民生活质量的提高。(2)公共服务资源配置不均衡、不合理,社会发展成果不能惠及全体人群。特别是在收入分配、教育、医疗和社会保障等领域资源配置不均衡、不合理,有失公平。比如,城乡之间资源配置不合理:城乡地区水平差异大,公共资源过分集中于城市。城市居民享受的养老—医疗—失业保险、住房—物价补贴等各种社会保障,农村绝大多数居民较难享受;多数义务教育人口在农村,但用在农村的教育资源却只有不到1/4;公共卫生资源也过度集中在城市大医院,农村和社区卫生发展缓慢。(3)公共服务方式较为单一,公共服务质量有待提高。如:公共教育——在基础教育普及、高等教育大众化之后,人们已不满足于"有书读",名校优质教育资源供给不足的问题日益显现;公共医疗——虽然医疗保障体系覆盖面有所扩大,但总体保障水平并不高;公共安全——公共食品安全和公共卫生突发事件已成为全体社会成员最关注的大事。公共领域的改革滞后严重制约了公共产品的供给能力和水平。公共领域的许多资源由部门所有、地区分割管理,制约了资源的共享程度和使用效率;公共服务领域的垄断现象较为严重,在一些竞争性公共部门缺乏多元化的投资主体,造成公共服务效率低下,影响了公共服务供给数量的扩大和质量的提高。

面对社会公共需求的深刻变化,作为以公共利益为取向,以提供公共服务、公共产品为己任的政府主体,必须适应经济社会发展的新情况、新变化,按照公共利益和公共服务的要求,实现以公共需求为导向的公共服务型政府的自觉建构。在马克思看来,政府是社会公共利益的代表。要使政府真正成为社会公共利益的代表,必须确保其提供的公共服务是基于公众的公共需求导向。从历史与现实来看,政府提供服务行为的方式可以分为两种,即传统政府供给为导向的政府服务行为与社会公共需求为导向的政府行为。

传统政府供给导向是一种"以政府为中心的供给导向模式",它从政府的自利性需求考量,遵循着自上而下的决策程序,甚至以政府意志来代替民众意志,以期实现政府(官员)自身的利益最大化,其最大缺陷是,没有考虑民众实际的公共需求。由于它漠视了民众的公共需求或公共利益,这种"以政府为中心的供给导向模式"所导致的社会后果是非常严重的,它造成了政府公共服务理念严重缺失,公共服务提供严重不足,公共供求结构严重失衡,并从中暴露出体制性的矛盾和制度上的缺陷。如何完善公共服务制度,保障政府公共服务的提供基于公共需求之导向,实现最广大人民的根本利益,成了悬置在中国构建服务型政府进程中的一道难题。

"以满足公民为中心的公共需求导向模式",是构建公共服务型政府的价值取向。所谓以公共需求为导向的服务型政府,就是在社会本体和民生本位理念的指导下,政府遵照民意与民生要求,来提供公共服务并承担服务责任的政府。与传统政府供给的服务行为相比,服务型政府的目的是为了公民利益的实现,而不是自身利益的实现;在政府向公民提供服务过程中,处于基础性地位的是公民意志,而不是政府意志,服务的内容是基于公共需求,而不是政府自身需求。简言之,政府工作的一切出发点和最终归宿必须围绕公共需求。政府提供何种服务,服务的效果如何,不是由政府自己来决定或评判,而要通过科学合理的民主程序产生的民意来决定,由民众来评判其服务的成效和满意度。

从"以政府为中心的供给导向模式"向"以满足公民为中心的公共需求导向模式"的转变,体现了三大转变:(1)从政府本位向公民本位转变。公民本位是政府治理能力和治理体系合法性的本质要求与唯一选择,"人民应该是裁判者"①,体现了政府公共行政理念和价值准则。它主张政府的服务要围绕公众的切身利益,最大限度地满足公民的一切合理需求。公共需求导向的服务型政府就是以公共需求为根本出发点的理想政府。(2)从政府本位向社会本位转变。社会本位是公共需求导向的服务型政府的另一本质特征。在传统行政模式下,国家凌驾于社会之上,政府职能无限扩张,而作为公共治理的社会主体地位却极度萎缩,政府与社会之间呈现出"大政府、小社会"格局。社会本位要求公共需求导向的服务型政府以社会公共利益为出发点和立足点,还原社会本来的角色,把扩大社会权力、提高社会自治能力作为转变政府职能的重要途径,通过发挥社会中介组织作用,还权于社会,建立政府与社会之间的平等伙伴的关系。(3)从权力本位向权利本位转变。公共需求导向的服务型政府的权利本位体现在,政府工作的一切出发点和最终归宿必须围绕公共需求,及时回应公民需求,积极履行政府责任;政府要勇于承担责任,并由公民来加以评判。

为什么服务型政府要以公共需求为导向? 由于公共需求导向相对于政府供给导向而言,因此可以从政府与公众两个方面来说明理由。从政府方面来说,政府掌握一定的公共资源,其主要职能就是满足社会公共需求、为全社会提供充足优质的公共产品与公共服务。但由于政府掌握公共资源的有限性与公共需求的无限性,政府公共服务的提供必然面临选择问题,政府优先提供什么、优先为谁提

---

① 洛克:《政府论》,商务印书馆 1964 年版,第 76 页。

供服务？政府抉择的出发点是什么？理想的出发点是公共需求,为最广大的群众提供最需求的公共服务,为所有的企业提供公平、公正的市场环境。从公众方面来看,社会公众对于执政党和政府的信任、能力与声望的评判,在新的历史条件下已经不再仅仅局限于单纯的经济(GDP)增长,公共需求能否得到公平合理和均等化的满足,正在成为人民群众之于党和政府的合法性源泉。能够在经济发展"新常态"下最大限度地为社会民众尤其是弱势群体提供均等化的公共服务,只有这样的政府才能迅速增强自身的凝聚力和向心力。对于迅速增长的公共需求能否给予足够的重视和及时增加提供公共产品的力度,正在成为影响社会和谐的关键。因为要实现民主法治、公平正义、诚信友爱、充满活力、安定有序、人与自然和谐相处的社会,政府提供有效的公共服务是关键。就社会阶层关系的和谐而言,政府的公共服务与公共产品能否与公共需求相适应,也正在成为影响中国社会阶层结构是否和谐的重要因素;公共需求的满足状态,往往成为社会阶层等结构矛盾走向缓解的物质基础。

如何构建以公共需求为导向的服务型政府？要构建基于公共需求为导向的服务型政府,必然要求政府能够及时有效地了解和掌握公共需求,并将这种公共需求纳入政府公共决策之中,确保政府提供的服务能充分反映公共需求,从而保障公共利益得以实现。它要求政府关注倾听民众呼声,通过建立科学合理的利益表达和诉求机制以及合理的制度安排,将合理的公共需求纳入政府政策议程的输入端,通过科学的"转化"机制,将公共需求体现于实实在在的公共政策中。具体而言,构建基于公共需求为导向的服务型政府,必须适应公共需求变化的新形势,加快政府职能转变,强化公共服务职能;完善公共财政体制,增加公共服务投入;改进公共服务方式,提高公共服务效率;建立绩效评估体系,确保公共服务质量。

加快政府职能转变,强化公共服务职能。当前,我国经济社会发展已进入全面深化改革的深水区和攻坚期,快速增长的公共需求与基本公共服务供给的严重不足,成为改革发展新阶段的突出矛盾。适应公共需求深刻变化和全面增长的现实要求,不断强化政府公共服务职能,满足社会对公共产品的基本需求,已成为中央和地方各级政府面临的基本任务。从历史上看,由于长期以来,经济建设型政府使得公共产品和社会服务严重短缺,既不能满足公众日益增长的公共需求,又对经济的可持续发展产生负面的影响。从经济建设型政府向公共服务型政府转变,重要的是要加快推动以政府转型为主线的行政体制改革,推进以公共服务为中心的政府职能转变,积极回应人们日益增长的公共需求。这就要求我们从解决公共需求与公共服务供给之间的突出矛盾出发,及时确立以公共服务为目标的政府转型,不断强化公共服务职能,合理界定公共服务边界,明确公共服务范围,把与民生关系密切、经济社会发展不可或缺的作为核心公共服务,把公共资源更多地向公共服务和社会治理方面倾斜,充分发挥政府在公共产品供给中的主导作用,为社会提供更多的公共产品和公共服务。

完善公共财政体制,增加公共服务投入。公共财政是政府提供有效公共服务的基础。要实现城乡基本公共服务均等化,重要的是要适应社会公共需求变化,加快建立以"公共财政"为主要内容的新型财政体制。为此,要深化财政体制改革,加快建立以公共支出为重点的公共财政支出体系,积极调整财政支出的范围和结构,不断优化公共资源配置,将财政支出的重点转向公共教育、社会保障、公共卫生、公共安全和公共基础设施等方面,特别是要向社会低收入群体提供应有的社会保障,让社会成员都能享受到基本的公共服务。同时,要逐年增加公共服务方面财政投入的比例,拓宽社会融资渠道,积极调动社会资本在服务供给方面的作用。加强对公共财政支出的监督和制约,提高财政运行的社会参与度,逐步实现财政预算和管理的透明化、制度化,保证公共服务投入真正落到实处。

改进公共服务方式,提高公共服务效率。公共服务领域也要实现治理能力和治理体系的现代化。国外的经验和我国改革开放的实践证明,单凭政府的力量,远远不能满足社会多元化的公共需要。只有适应社会经济发展的需要,改革公共产品供给方式,打破行政垄断,实行公共产品和服务的市场化与社会化,才能更有效地提供公共服务。为此,必须引入市场机制,要扩大市场参与度,允许私人部门介入提供或生产公共产品,实现投资主体多元化。充分发挥社会组织的作用,采取"社会化"的方式提供公共服务,建立政府与社会合作的多中心治理结构,政府要积极创造条件,大力扶持社会组织的发展,发挥其提供服务、反映诉求、规范行为的功能,以有效地延伸政府的公共服务职能。同时,还要大力推行政务公开,加快建设透明政府,才能充分发挥政务信息对经济社会活动和人民群众生活的服务作用,完善政务信息发布制度,切实保障公众对公共产品和公共服务供给的知情权、表达权、选择权、监督权。

建立绩效评估体系,确保公共服务质量。绩效考评作为一项重要的激励约束制度,有助于落实政府的公共责任,使政府更加重视行政活动的产出和结果,更加重视服务对象的满意程度。为此,要加快建立以公共产品和公共服务为导向的政府绩效评估体系,将公共服务数量和质量指标纳入干部绩效考核体系,作为评价和考核干部的基本尺度,充分发挥绩效评估考核的导向作用与激励约束作用。要建立多重绩效评估机制,扩大公民和服务对象的参与,大力开展公民评议活动,也可以借鉴国外的经验,建立专门的社会评估组织对各级政府绩效进行科学的诊断和评估。要建立公共服务责任机制,强化行政问责,追究公共服务方面的失职责任。要加强绩效考评的宣传和引导,形成科学考评政府绩效的良好社会氛围。只有建立以公共服务为取向的政府绩效评价体系,医疗卫生、教育、就业、社会保障、生态环境等领域的矛盾才能够得到有效的解决,公共服务质量才有保证。

第二节　马克思公共生活观与民生

生活观是马克思民生思想最切近的理论基础,"现实生活的生产和再生产"就是民生问题的产生、解决、再产生、再解决的过程。考察马克思公共性视域中的民生问题,必然涉及公共生活中的民生问题。

一、生活与公共生活

从广义上讲,"生活"即人的生命活动,这种生命活动与人的生存和发展是直接同一的。凡是为了人的生存和发展而进行的各种活动,在这里都属于广义生活的范畴。作为人的生命活动,它是人的生命动态展开和体验的过程。马克思指出:"个人怎样表现自己的生活,他们自己就是怎样。"①简言之,一个人的生活方式和他的存在方式是同质的。从狭义上讲,"生活"是指为了生存和繁衍所必需从事的人的生计活动,其基本内涵体现为衣食住行等感性物质生活。按照马克思的说法,这种物质生活是人类的"第一个历史活动",也即人类历史活动的起点。在《德意志意识形态》中,马克思指出:"人们为了能够'创造历史',必须能够生活。但是为了生活,首先就需要吃喝住穿以及其他一些东西。因此第一个历史活动就

---

① 《马克思恩格斯选集》第 1 卷,第 67 页,人民出版社 1995 年版。

是生产满足这些需要的资料,即生产物质生活本身。"①

我们可以从以下几个方面进一步了解作为唯物史观的"生活"范畴。(1)生活的主体是现实的个人。所谓"现实的个人,是他们的活动和他们的物质生活条件,包括他们已有的和由他们自己的活动创造出来的物质生活条件"②;(2)生活的内容是现实的个人之感性活动的具体展开,是人之存在的基本方式,即"个人怎样表现自己的生活,他们自己就是怎样";(3)在感性生活的基础上进一步展开为人们的精神和意识的活动。"意识在任何时候都只能是被意识到了的存在,而人们的存在就是他们的现实生活过程","不是意识决定生活,而是生活决定意识"③。

如果说"生活"源自于人的生存与发展的需要,那么,公共生活的哲学基础乃是人的"类特性"或"类生活"。人是一种群居的存在物,因而是类的存在物,作为类的存在物,就一定以公共生活的形式生活着。因此,公共生活可以说是人的一个基本属性。按照马克思的理解,作为社会的人,总要在社会中生存与发展,需要与他人相联系,产生共同的活动,形成公共生活。随着现代文明的不断推进和发展,公共生活已经逐渐为普通大众所认同和接受,并为愈来愈多的人所关注和重视。有序的公共生活不仅是现代人生产实践和交往实践的当下境遇,也是社会和谐稳定的重要保障;一个社会的公共生活状况以及公共生活中体现出来的公共精神与公共价值观念,反映了其文明发展的状况和人们修养的程度。

深入把握公共生活的内涵与特征,还需要从以下几个方面作进一步理解:(1)公共性是公共生活的本质特征。公共生活与私人生活相对而言,是指在生活空间上的共在、共有的生活领域,如公共组织生活、公共政策与公共管理活动等;(2)共享性是公共生活的利益取向,体现为生活利益的共享性与人们利益之间的"不可分割性";(3)相互依赖性是公共生活的主体性特征。在公共生活场域中,主体之间具有平等的相互依赖性,处于交往关系中的人是一种"交互主体性"或共同主体。公共生活的公共性只有在主体之间相互承认和尊重中才可能存在。正如阿伦特在《人的条件》中所指出的,"共同生活在世界上,这从根本上意味着,事物的世界处于共同拥有这个世界的人之间,就如一张桌子被放置在围着它坐在一起的

---

① 《马克思恩格斯选集》第1卷,第79页,人民出版社1995年版。
② 《马克思恩格斯选集》第1卷,第67页,人民出版社1995年版。
③ 《马克思恩格斯选集》第1卷,人民出版社1995年版,第72、73页。

人之间一样;世界像每一个中间事物一样,都同时将人联系起来和分离开来。"①
因此,所谓公共生活,就是在公共领域的交往实践活动中,以公共利益的正当合理
性为价值取向,以公正平等为实现保障的共同利益生活。

公共生活之所以在现代社会当中受到人们的高度重视,既与现代市场经济的
确立与深化紧密关联,也与现代科学技术的飞速发展有关。首先,现代市场经济
的建立,极大地推动和拓展了社会生活的公共化程度。一方面,现代市场经济直
接推动着"世界交往"历史形态的生成,促使资本在全球范围内的自由流动成为普
遍的社会经济生活现实,人类进入了一个全球一体化的时代。这是一个世界范围
内普遍的公共生活的时代,人类的社会生活因市场经济的发展而不断"社会化"和
"公共化"。就是说,资本流动的全球化对人类生活产生了强烈的影响,使得人们
的经济生活、政治生活和文化生活领域的关联性和共享性不断增强,构成了人类
"共在""共生"的公共生活世界。另一方面,市场经济在极大地拓展和彰显人们
活动的自由度和个性自主程度的同时,也由于市场信息的不对称或"理性的无知
之幕"等市场本身的缺陷,使得市场活动中存在着大量公共精神缺失、公共规则阙
如的现象,人们对公共制度、公共意识、公共空间、公共舆论、公共权利、公共价值、
公共责任等"公共问题"缺乏基本的关注,健康的、正常的公共生活有待我们去建
构。其次,现代科学技术的发展也加速了生活的公共化过程。科学技术作为公共
生活形成的重要的外在变量,它对人类公共生活的影响,主要表现在现代科学技
术极大地促进了社会经济结构和社会生活结构的变化,它使人的生活活动和交往
的空间得到了极大地拓展,人类生活的关联性、互动性和开放性显著加强,人类生
活开放式的共享空间不断扩大,从而极大地推进着人类生活的"公共化"过程。总
之,市场经济全球化拓展,科学技术的推动,使得人类社会生活"公共化"进程成为
了必然。公共生活正成为人类生活普遍的、不可或缺的组成部分和重要特征。

既然公共生活形成于公共领域的交往实践活动中,它以公共利益正当合理性
为目的,以公共理性为维系纽带,以公正规则为实现保障,那么,公共生活中形成
的公共性关系必然需要伦理规范的调适和维系,这些伦理规范包括和谐共生、互
利共赢、尊重平等和公平正义等。

和谐共生。和谐共生是公共生活利益调适的基本价值取向。在社会生活日

---

① 阿伦特:《人的条件》北京三联书店 1998 年版,第 83 页。

趋公共化的当今时代，和谐共生是公共生活的每一个主体的基本存在方式，社会和谐状态归根结底是社会主体的和谐，没有共生，也就没有人的存在。所谓和谐共生，就是在处理公共利益的时候，要保证每一个社会成员尽可能多地公正公平地享受利益，比如社会成员在合理的度之内分享公共生活利益，代际之间在可持续发展原则下合理分享公共生活资源等等。

互利共赢。互利共赢是社会公共生活中主体共同追求的利益目标。"互利"即达到利益共享，相互促进；"共赢"就是共事双方或多方主体之间互惠互利、相得益彰，实现共同收益。随着市场经济建设的深入推进，在社会公共生活中，一方面既有的利益格局被打破了，另一方面又催生了大量新的利益主体和利益群体，形成了多元化的利益格局，不同的利益主体、利益群体之间的矛盾呈现出前所未有的复杂局面。在这种社会生活状态下，我们更有必要达成"互利共赢"的共识。中国古代墨子早就提出了"兼相爱、交相利"的伦理主张，倡导人们互相帮助，互惠互赢，共谋福利，反对互相争夺。墨子的"交相利"思想运用在现代公共生活中，就是"互利共赢"。在公共生活中实现"互利共赢"必须克制自私、自利。每一主体的个人利益是社会利益实现的基础。"最大多数人的最大幸福"是功利主义追求的最终目标，也是现代公共生活伦理建设追求的目标。没有个人利益的实现，就无从建构群体利益，也就无法实现整个社会的公共生活利益。

尊重平等。尊重平等是社会公共生活中处理社会关系的基本伦理准则。建立人与人之间良好的互动关系，其核心就是要尊重他人、平等相待，从而达到互相尊重。所谓"尊重"就是重视并且恭敬地对待别人。尊重作为最基本的道德共识，为公共生活中人与人之间的相互交往提供了保障条件。尊重平等主要是从"主体—主体"相互关系的角度阐释公共生活伦理维度，以期实现"主体间性"的良性培育。

公平正义。公平正义是社会公共生活最重要的伦理维度。公平正义一方面作为伦理精神，指人们对平等、合理的价值追求和精神向往；另一方面作为一种伦理规范，指利益方面的获取和分配要遵循公平、公正、正义的原则。社会公共生活的实质内容就是公共利益分配和公共关系调适。在公共生活实践中，利益发生冲突是十分普遍的。因为每个人在利益问题上都存在"利己"的倾向，人与人之间的种种矛盾正是来自于双方根本利益的冲突。因此，在公共生活中倡导公平正义的伦理精神，贯彻公平正义的伦理规范十分必要。

二、马克思的公共生活观

在马克思的经典文本中,有关"生活"的论述随处可见。比如,"生产生活就是类生活","全部社会生活在本质上是实践的","不是意识决定生活,而是生活决定意识","经济学家的材料是人的生动活泼的生活"①,"物质生活的生产方式制约着整个社会生活、政治生活和精神生活的过程"②,等等,这些论述都体现了马克思对"生活"问题的深切关注与深度思考。

"公共生活"是随着资产阶级国家的产生而产生的。在马克思那里,"公共生活"首先是作为一个批判性的范畴出现在马克思的早期著作中。针对鲍威尔仅仅通过批判和废除宗教(基督教)作为国教的地位来解决犹太人问题的方案,马克思认为,鲍威尔通过废除宗教来解决犹太人问题的方案是片面的和不彻底的,它并没有解决现实社会中个人生活与公共生活的二元分裂问题,作为世俗基础或公共生活领域的国家在这里成了问题的实质所在。具体说来,这里存在着两个方面的问题:一是资产阶级虽然完成了政治解放的任务和使命,即把宗教从国家中分离出来,资产阶级国家取代了封建制国家,但在现实生活中并未废除宗教。就是说,政治解放并未扬弃宗教,相反,宗教成了市民社会的精神,被逐入了私人信仰的领域,它在人们的现实生活中依然扮演着重要的角色;二是政治解放还不是人类解放,人类解放的任务尚未完成。就是说,宗教与国家的分离只是实现了政治解放,但远未达到人类解放。鲍威尔等人对犹太人问题的解决只是局限于宗教对立与神学对立的外观上,而没有深入到解决问题的根基处。实际上,要实现人类的解放,作为世俗基础或现实公共生活领域的国家成了问题的关键所在。因此犹太人问题已经失去了神学的意义而真正成为世俗的问题,对宗教的批判应该让位于对国家或公共生活的批判,"只有对政治解放本身的批判,才是对犹太人问题的最终批判"③。可见,对"政治解放本身的批判",既是宗教批判进一步深入到世俗社会批判的需要,也是实现人类解放的需要。探寻公共生活与个人生活辩证统一的"自由人联合体",是马克思公共生活的理想状态。对此。我们做些分析。

首先,"对政治解放本身的批判"是宗教批判进一步深入到世俗社会批判的需

---

① 《马克思恩格斯文集》第 1 卷,人民出版社 2009 年版,第 162、501、525、599 页。
② 《马克思恩格斯文集》第 2 卷,人民出版社 2009 年版,第 591 页。
③ 《马克思恩格斯全集》第 3 卷,人民出版社 2002 年版,第 168－169 页。

要。在马克思看来,所谓"政治解放"就是"市民社会从政治中获得的解放",它使人们脱离了旧的直接的政治共同体,成为利己主义的独立个人。但政治解放的进步作用也仅止乎于此,它并没有消弭作为其基础的市民社会内部私人利益之间的分裂和对立,没有解决政治国家和市民社会之间的二元分裂以及人的生活的二重化。相反,政治解放恰恰是完成了人的生活的二重化。正是这种二重化使人分裂为国家的抽象公民和市民社会的现实的私人,以及使人们相互交往的共同体和自由成为与现实生活相脱离的虚幻的彼岸存在,这便是宗教产生的真正世俗根源。马克思由此提出了关于世俗局限性与宗教局限性的关系问题,认为世俗局限性决定了宗教局限性,要消除宗教局限性就必须清除世俗局限性。"我们不能把世俗问题化为神学问题。我们要把神学问题化为世俗问题。"鲍威尔的错误在于,"他批判的只是'基督教国家',而不是'国家本身',他没有探讨政治解放和人类解放的关系,以此他提供的条件只能表明他毫无批判地把政治解放和普遍的人类解放混为一谈。"①因此,与鲍威尔只是从宗教神学的视角看待和解决犹太人问题不同,马克思明确提出了世俗社会批判的任务:"真理的彼岸世界消逝以后,历史的任务就是确立此岸世界的真理。人的自我异化的神圣形象被揭穿以后,揭露具有非神圣形象的自我异化,就成了为历史服务的哲学的迫切任务。于是,对天国的批判变成对尘世的批判,对宗教的批判变成对法的批判,对神学的批判变成对政治的批判。"②对政治国家的批判,就是对业已实现的政治解放的批判,同时也是对国家在宗教问题上所表现出来的软弱性的根除。因此,完成宗教批判的根本有赖于对现世政治国家的批判。在《论犹太人问题》和《〈黑格尔法哲学批判〉导言》中,针对鲍威尔把犹太人的解放归结为宗教解放,把社会政治问题归结为宗教神学问题并混淆政治解放和人类解放的关系,马克思认为,科学的任务在于揭示宗教存在的社会政治根源,揭示神学问题的此岸根源,从而把天国与尘世的分裂归结为尘世自身的分裂,用世俗的桎梏来说明宗教桎梏,也只有用物质的力量消灭了世俗桎梏,才能最终克服宗教的狭隘性。这样,政治解放和宗教的关系问题已经成了政治解放和人类解放的关系问题。

其次,关于政治解放与人类解放之间的关系。政治解放既"不是彻头彻尾、没

---

① 《马克思恩格斯全集》第3卷,人民出版社2002年版,第167-168、172页。
② 《马克思恩格斯选集》第1卷,人民出版社1995年版,第2页。

有矛盾地摆脱了宗教的解放",也"不是彻头彻尾、没有矛盾的人的的解放方式"①。作为有着内在矛盾的人的解放方式,政治解放远未达到人的自由全面的解放,而只是有限的、局部性的解放。这种局限性体现在人在现实社会中的二元分裂:一方面,国家摆脱宗教的过程使人在政治上从属于世俗国家,人成了国家的公民,个人在国家中融入到了公共生活的领域和过程;另一方面,国家与宗教的分离,使宗教成为个人的私人事务,宗教蜕变为一种个人生活。马克思对此做了形象的比喻:"正像基督是中介者,人把自己的全部神性、自己的全部宗教约束性都加在他身上一样,国家也是中介者,人把自己的全部非神性、自己的全部人的无约束性寄托在它身上。"②两个"中介者"造成了人在现实社会中的分裂,现实社会中的人处于"一仆二主"的分裂状态:作为"国家的公民和作为市民社会成员的分离"。由于这种分离根源于市民社会与国家之间的分离,而市民社会和国家的分离是一种无法在现实生活中排除的"本质的矛盾",所以一旦将这种本质的矛盾引入到"市民社会自身矛盾"的解剖,便不难发现"人不能不使自己在本质上二重化":作为公民他处于官僚组织中,作为私人又处于社会组织即市民社会组织中。这是市民社会成员的双重身份和双重生活状态,也即个人存在的二重化。"在第一种组织中,国家对市民说来是形式的对立面,在第二种组织中,市民本身对国家说来是物质的对立面。"③由此,马克思从对国家的批判转向对市民社会的批判。

在国家与市民社会的关系问题上,马克思超越了黑格尔的观点。在《法哲学原理》中,黑格尔提出了国家作为一种公共生活对于每一个个体所具有的普遍意义,充分肯定了国家存在的合理性以及对市民社会的基础性。在《黑格尔法哲学批判》《论犹太人问题》中,马克思的研究却得出了与黑格尔截然相反的结论:不是政治国家决定市民社会,而是市民社会成为政治国家的前提和基础。而"现实的个人"在国家与市民社会中是相互分离的,即个人的公共生活和私人生活的分离。马克思形象地称这种双重生活为"天国的生活"与"尘世的生活":"前一种是政治共同体中的生活,在这个共同体中,人把自己看作社会存在物;后一种是市民社会中的生活,在这个社会中,人作为私人进行活动,把他人看作工具,把自己也降为

---

① 《马克思恩格斯全集》第 3 卷,人民出版社 2002 年版,第 171 页。
② 《马克思恩格斯全集》第 3 卷,人民出版社 2002 年版,第 172 页。
③ 《马克思恩格斯全集》第 1 卷,人民出版社 1995 年版,第 340 – 341 页。

工具,并成为异己力量的玩物。"①个人的生活完全被两重化,共同体中的生活与私人的生活也将人的生活世界完全分裂开来。这种分裂就造成了政治国家中的生活与市民社会中的生活的对立状态,然而化解这种对立状态的途径和宗教对待世俗的方法一样,政治国家最终服从了市民社会的原则。

从上述分析,我们可以得到马克思公共生活观的以下几点看法。

第一,马克思考察公共生活的基本视角是政治国家与市民社会的关系。马克思将公共生活范畴置于政治国家与市民社会关系的基本框架中来加以讨论,在这一关系框架中,与政治国家与市民社会关系相适应的就是公共生活与私人生活的关系。一方面,人在政治国家中过着公共生活。资产阶级政治解放的过程,既是国家摆脱宗教的过程,同时也是个人在国家中融入公共生活的过程,因此,个人在政治国家中过着公共生活和普遍生活。另一方面,个人在市民社会中,是以"私人生活"的形象出现的,市民社会将私人利益作为其从事一切活动的立足点和检验标准。个人在市民社会中成为一种尘世存在物,成为追求个人利益最大化的理性经济人和"原子式个人"。显然,在资本主义市场经济条件下,政治国家中的公共生活与市民社会中的利己化个人是分离的:在政治国家中,个人扮演者公民的角色,是抽象的个人;在市民社会中,个人扮演者资本家、工人、商人、土地占有者等角色,是"活生生的个人"。这种分离源自于政治国家与市民社会的分离,就是说,政治国家与市民社会的相互分离,决定了公共生活与个人生活的相互分离。马克思形象地称这种双重生活的分离为"天国的生活"与"尘世的生活":"前一种是政治共同体中的生活,在这个共同体中,人把自己看作社会存在物;后一种是市民社会中的生活,在这个社会中,人作为私人进行活动,把他人看作工具,把自己也降为工具,并成为异己力量的玩物。"②个人的生活完全被两重化,共同体中的生活与私人的生活将人的生活世界完全分裂开来。这种分裂就造成了政治国家中的生活与市民社会中的生活的对立状态。

第二,政治国家服从于市民社会的原则,公共生活只是私人生活的附庸或"狮皮"。黑格尔在《法哲学原理》中,提出了政治国家与市民社会是普遍利益与特殊利益的关系,国家作为一种公共生活对于每一个个体所具有的普遍意义。在《黑

---

① 《马克思恩格斯全集》第 3 卷,人民出版社 2002 年版,第 171 页。
② 《马克思恩格斯全集》第 3 卷,人民出版社 2002 年版,第 171 页。

格尔法哲学批判》《论犹太人问题》中,马克思反驳了黑格尔把国家理解为超越市民社会的最高伦理目的的观点,得出了与黑格尔截然相反的结论:市民社会的原则是整个社会的主导性原则。在这里,政治国家"不得不重新承认市民社会,恢复市民社会,服从市民社会的统治。"①"政治生活……只是一种手段,而这种手段的目的是市民社会生活。"②在市民社会面前,政治国家低下了"高贵的头颅",而并非黑格尔所说的"客观精神"或"最高目标",它成了私人生活的附庸或"狮皮",被个人生活"殖民化"了。就是说,在资产阶级国家里,市民社会中的个人权利才是第一位的,国家即公共生活领域只是保障个人权利的徒具形式的保护伞。马克思指出:"在这些权利中,人绝对不是类存在物,相反,类生活本身,即社会,显现为诸个体的外部框架,显现为他们原有的独立性的限制。把他们连接起来的唯一纽带是自然的必然性,是需要和私人利益,是对他们的财产和他们的利己的人身的保护。"③利己的个人摆脱政治的束缚,成为政治国家的基础和前提。因此,"市民社会"这一范畴对于理解现代资本主义国家的起源和基础,对于阐明当代国家制度的性质、结构及其历史进步价值,都有着重要的意义。"现代国家的自然基础是市民社会以及市民社会中的人,即仅仅通过私人利益和无意识的自然的必要性这一纽带同别人发生关系的独立的人……现代国家就是通过普遍人权承认了自己的这种自然基础……现代国家既然是由于自身的发展而不得不挣脱旧的政治桎梏的市民社会的产物,所以,它就用宣布人权的办法从自己的方面来承认自己的出生地和自己的基础。"④但问题的实质在于,由于市民社会使个人生活的直接感性需要合理化、现实化,使个人利己的物质欲求上升至主导性地位,感性需要和利己主义成为指导个人生活的主要原则,资本增值和利益最大化的资本逻辑成为市民社会的基本原则,市民社会的这种利己主义生活原则和资本的内在性矛盾,表明它必然具有历史性和自我否定性。在此基础上的政治生活或作为公共生活象征和代理者的国家与政府也同样必须受到坚决的批判。

第三,寻求公共生活与个人生活的辩证统一,是马克思公共生活的理想状态。马克思认为,政治解放是有局限性的,它只是市民社会的生成与解放,而不是完备

---

① 《马克思恩格斯全集》第3卷,人民出版社2002年版,第173 – 174页。
② 《马克思恩格斯全集》第3卷,人民出版社2002年版,第186页。
③ 《马克思恩格斯全集》第3卷,人民出版社2002年版,第187页。
④ 《马克思恩格斯全集》第2卷,人民出版社2002年版,第145页。

意义上的、彻底的人的解放。政治解放只是"摆脱政治桎梏同时也就是摆脱束缚住市民社会利己精神的枷锁。政治解放同时也是市民社会从政治上得到解放,甚至是从一种普遍内容的假象中得到解放。"①马克思将资本主义社会中政治生活服从于个人生活的原则称之为"理论上的通则",与之相适应,公共生活仅仅成为保障个人生活得以充分实现的形式。这样的公共生活或政治生活成为马克思批判的主旨,其实践指向在于批判和变革现存维护个人生活的外在政治国家,其价值指向无疑就是人的解放。而人的解放只有在共产主义社会中才能实现,其中公共生活与个人生活的辩证统一则是人的解放的根本标志。马克思所设想的"自由人联合体"便是实现公共生活与个人生活相统一的组织形式。它不同于资本主义社会中公共生活与个人生活的抽象分离,"自由人联合体"与个人生活是内在统一的,因为它已经使外在的政治、法制等因素成为多余的东西,从而使这些外在的抽象形式被完全废弃。

三、公共生活观中的民生问题

马克思公共生活观中的民生问题,主要涉及三个方面的意涵:一是民生在马克思的公共生活观甚至唯物史观中,处于一个什么样的地位;二是马克思是怎样通过批判黑格尔的"非批判的神秘主义"法哲学来确证公共生活与私人生活的关系;三是马克思公共生活观中的民生问题的阐述,对于构建中国特色社会主义民生观有何重要启示。

(一)将民生置于马克思的公共生活观中加以考察,不难发现,民生是马克思公共生活观乃至整个唯物史观的出发点和落脚点

其基本理路是:马克思将民生置于(以个体生活为基础的)市民社会和(以公共生活为表现形式的)政治国家这一关系框架中来加以考察,这一考察使得马克思的民生观和生活观成为实现其哲学世界观转变、创建唯物史观的现实基础。该理路的形成源自于马克思对黑格尔生活观的批判和超越。我们知道,揭示现代性状况下"社会生活"的分裂困境,并为走出这一困境找寻可能的道路,乃是黑格尔的巨大理论贡献。黑格尔的解决方案是:通过"理念"的总体性运动来实现社会生活的"统一",即试图用政治国家这一"伦理实体"来弥合现代性状况造成的"社会

---

①　《马克思恩格斯全集》第3卷,人民出版社2002年版,第186页。

生活"的分裂。在黑格尔看来,一个分裂的、追逐私利并停留于激情与主观需要基础上的市民社会很难成为人类最终的生活状态,社会生活的无序状态必须通过他的"法哲学"来加以解决,即通过普遍性原理构造的"伦理国家"这一"最高实体"来消解市民社会中的主观偏好。

马克思指出,黑格尔法哲学中的深刻之处,是提出了社会生活中市民社会与国家的分离,但他把两者的分裂想象成"理念"实现自身的必然环节,并试图用政治国家这一"伦理实体"来弥合现代性状况造成的"社会生活"的分裂时,则是错误地判断了问题的实质。黑格尔只是发现了冲突却无法解决这些冲突,因为当他通过代表"伦理实体"的现代国家来统摄"市民社会"的分裂时,只是在"观念"中以逻辑思辨的方式"扬弃"了这些矛盾,只是在理念的运动中解决了现代性的难题,现实的矛盾并未受到丝毫的触动。黑格尔的"精神现象学"不可能真正解决市民社会与国家之间的矛盾和冲突。马克思正是在反思批判黑格尔的基础上提出了全新的思想方案。马克思反思批判的立足点就是关于现实的人的生存与发展的民生问题。

在《〈政治经济学批判〉序言》中,马克思批判黑格尔法哲学时说:"1842－1843年间,我作为《莱茵报》的编辑,第一次遇到要对所谓的物质利益发表意见的难事……是促使我去研究经济问题的最初动因","为了解决使我苦恼的疑问,我写的第一部著作是对黑格尔法哲学的批判性的分析,这部著作的导言曾发表在1844年巴黎出版的《德法年鉴》上。我的研究得出这样一个结果:法的关系正像国家的形式一样,既不能从它们本身来理解,也不能从所谓人类精神的一般发展来理解,相反,它们根源于物质的生活关系,这种物质的生活关系的总和,黑格尔按照十八世纪的英国人和法国人的先例,概括为'市民社会',而对市民社会的解剖应该到政治经济学中去寻求"①。这一经典论述所包含的基本意涵是:对黑格尔法哲学的批判是马克思实现思想变革的重要根据,而批判的出发点就是物质利益关系。马克思确立了一条从"物质生活关系"来理解和阐释法的关系和国家形式的唯物主义思想路线和认识方法,"物质生活关系的总和"也即黑格尔意义上的"市民社会";通过对黑格尔市民社会与政治国家关系的颠倒的批判,马克思此后的研究重心是进一步解剖市民社会的"政治经济学研究",以期实现对资本主义市

---

① 《马克思恩格斯选集》第2卷,人民出版社1995年版,第31－32页。

民社会的批判和超越。马克思超越黑格尔之处就是将市民社会与政治国家之间的矛盾看作是市民社会自身中的矛盾,政治国家没有家庭的天然基础和市民社会的人为基础就不可能存在,它们是国家的必要条件。可见,马克思是以"家庭"或"市民社会"等现实的个体的人的物质利益或"物质生活关系"作为自己研究的逻辑切入点的,正是基于对民生的高度关切,马克思主义唯物史观得以形成。

早在《莱茵报》做编辑期间,马克思作为贫苦群众利益的代表,就遇到大量涉及贫苦人民大众物质利益的民生问题,并促使马克思在理想与现实的激烈冲突中越来越多地关注人民生活,并通过政治经济学的研究去解答"物质利益之难事"。这表明,马克思正是通过对民生问题的高度关切和深入研究作为唯物史观研究的出发点的。不仅如此,马克思主义作为无产阶级和全体劳动人民实现自身解放的学说,人的解放之所以能够实现,同样根源于马克思主义对民生的高度关切。因为在人们争取解放的漫长历史进程中,基于生存与发展的需要与满足仍然是本质重要的因素。"'解放'是一种历史活动,不是思想活动,'解放'是由历史的关系,是由工业状况、商业状况、农业状况、交往状况促成的"。"当人们还不能使自己的吃喝住穿在质和量方面得到充分保证的时候,人们就根本不能获得解放"。"生产力的这种发展(随着这种发展,人们的世界历史性的而不是地域性的存在同时已经是经验的存在了)之所以是绝对必需的实际前提,是因为如果没有这种发展,那就只有贫穷、极端贫困的普遍化;而在极端贫困的情况下,必须重新开始为争取必需品的斗争,全部陈腐污浊的东西又要死灰复燃。"①换言之,生产力的高度发达和社会财富的极大丰富,是现实的个体的人真正获得解放的必要的物质基础。

(二)民生问题的关键是解决好公共生活与个体生活之间的关系,使个体生活摆脱公共生活这一"外在必然性的强制",个体生活的自由和发展是民生问题解决的价值取向

《自由主义、社群与文化》一书的作者威尔·金里卡指出,马克思指证的"资本主义把'公域的'与'私域的'人、市民社会的'资产阶级'与国家的'公民'分离开来,相互脱离"②,揭示了资本主义对人的社会性的否定。在马克思看来,导致现代资本主义条件下"公共领域"与"私人领域"、公共利益与私人利益以及与之相

---

① 《马克思恩格斯选集》第1卷,人民出版社1995年版,第74-75、74、86页。
② 威尔·金里卡:《自由主义、社群与文化》,上海世纪出版集团2005年版,第111页。

适应的公共生活与个体生活的分离,根源在于资本主义社会分工和私有制条件下的生产力发展。"随着分工的发展也产生了个人利益或单个家庭的利益与所有相互交往的人们的共同利益之间的矛盾;同时,这种共同的利益不是仅仅作为一种普遍的东西存在于观念之中,而且首先是作为彼此分工的个人之间的相互依存关系存在于现实之中"①。资本主义条件下的"公共生活"作为一种外在的"权力"关系,使得处于这样的"公共生活"中的个体不得不屈从于这些关系。"只要私人利益和公共利益之间还有分裂,也就是说,只要分工还不是出于自愿,而是自发的,那么人本身的活动对人说来就成为一种异己的、与他对立的力量,这种力量驱使着人,而不是人驾驭着这种力量"②。公共生活与个体生活的脱节和分离,以及公共生活的这种异己性,产生了国家这一虚幻的共同体的形式。"正是由于私人利益和公共利益之间的这种矛盾,公共利益才以国家的姿态而采取一种和实际利益(不论是单个的还是共同的)脱离的独立形式,也就是说采取一种虚幻的共同体的形式"③。因此,在现实的人和国家的关系上,马克思批判黑格尔"神化"了国家对人的天然统治权力,从而主张"个体"对于国家、法律和社会生活的主导地位。他把经验的个人作为分析和看待问题的出发点,在马克思那里,批判黑格尔的逻辑前提,揭露其共同体概念的抽象性和虚幻性,其根本指向乃是个体自由。为此,真实"公共生活"的重建必须在超越资本主义的法权关系的基础上才是可能的。

马克思对未来的"公共生活"作了如下展望:"在控制了自己的生存条件和社会全体成员的生存条件的革命无产者的集体中,情况就完全不同了。在这个集体中个人是作为个人参加的。它是个人的这样一种联合(自然是以当时已经发达的生产力为基础的),这种联合把个人的自由发展和运动的条件置于他们的控制之下"④。实现理想的"公共生活",首先要以一定的物质生活条件为基础,同时,还需要"联合"起来的个人实现对"生产条件"的控制,它意味着人们不再受外在的物质力量和社会关系的控制,而是能够自由地支配自己的生产生活条件,使社会生产及其成果服务于自身发展的需要。公共生活的旨归是实现"个体"的自由发展,个体以全面的方式占有自己的本质。在这里,"个体"自由与"公共生活"是完

①《马克思恩格斯全集》第 3 卷,人民出版社 1960 年版,第 37 页。
②《马克思恩格斯全集》第 3 卷,人民出版社 1960 年版,第 37 页。
③《马克思恩格斯全集》第 3 卷,人民出版社 1960 年版,第 38 页。
④《马克思恩格斯全集》第 3 卷,人民出版社 1960 年版,第 84 - 85 页。

全一致的,因为只有在"真实的集体"中才能真正实现自己的自由,而"公共生活"也只有在追寻个体独立自由的意义上才能被期待,即"在真实的集体的条件下,各个个人在自己的联合中并通过这种联合获得自由"①。

（三）马克思关于公共生活观中的民生问题的阐述,对于构建中国特色社会主义民生观具有重要的启示

就当代中国以市场为取向的改革而言,市民社会的发育和成熟程度决定着中国社会主义市场经济体制的完善程度。但在社会主义制度框架中,市民社会的发育和成熟是否能够规避"资产阶级社会",也即市民社会的内在化差别所导致的贫富分化和社会对抗,而直接与马克思所设想的人的全面发展、人类解放相对接,这是一个值得我们关注的重大问题。因此,以人的全面发展和人的解放为价值取向对公共生活伦理加以调适,是建设中国特色社会主义公共生活观的本质要求。

划定公共生活领域与私人生活领域之间的边界十分重要。在当下的现实生活中,公共领域及其伦理规则以及私人领域及其伦理规则都没有形成相对清晰的边界。许多原本应该依照公共伦理加以处理的事务反而依照私人伦理加以处理,从而伤害了正义原则;而许多本该依照私人伦理加以处理的事务反而应用了充满计算和功利性质的公共伦理加以处理,结果伤害了情感原则。其实,无论是一般的公民还是拥有或使用公共权力的公务员,在实际的生活中都有将公共伦理和私人伦理加以混同的可能性。

当代社会变革使得公共生活产生了许多新的伦理问题,面临着新的伦理困境。当代社会变革最突出的特点就是:其一,熟人社会向陌生人社会转变,信息交流突破了封闭的小圈子,交往实践前所未有的拓宽了;其二,义利观念发生变化,对"利"的追求凸显,使得对"义"的要求显得落后;其三,社会公共生活在"情"和"理"的选择中逐渐突破为"情"所困而更强调"理";其四,改变了中国传统伦理重整体而轻个人的状况,在"群己"问题上强调二者的合理性共存。

综上,当代社会变革不可避免地引发了公共生活面临新的伦理问题,一是"熟人社会"向"陌生人社会"的转型,社会实践交往的空间极大扩展,新型的人际交往关系给公共生活伦理的进步提出了新的挑战;二是传统义利观在当代市场经济建设过程中遭遇新的问题,义利问题如何处理成为当代公共生活伦理建设的重要主

---

① 《马克思恩格斯全集》第3卷,人民出版社1960年版,第84页。

题,如何树立适应当代公共生活的社会主义义利观是时代发展的必然要求;三是在调适人际关系时,情与理的重要性需要有所改变,树立"入情入理"价值理性,是当代公共生活伦理的必然抉择,以有效地维护公共生活伦理秩序。

第三节　马克思社会公平观与民生

从公共性视域中考察民生问题,还必须把马克思的社会公平观纳入考察的视野。因为保障与改善民生问题的关键在于公共产品的有效供给,而公共产品的本质属性在于其公平性。公共产品供给越是短缺,公平越会成为焦点,越是渴望出台公平政策。因此,公共产品供给必须从其本质属性出发,体现公平原则,实现社会和人均总福利的最大化与均等化。马克思的社会公平观是在批判"超验的公平观"、"永恒的公平观"、"不折不扣的公平分配观"等观点的基础上建立起来的,它具有现实实践性、社会历史性、人民主体性等基本特点。马克思的社会公平观是社会主义民生体系建设的价值诉求和制度保证,它要求我们在研究民生问题时,必须以马克思主义的公平观为指导,注重对现实经济关系的研究,并把后者作为前者的基础;由于公平是通过人与人之间的利益关系体现出来的,而协调利益关系的基础则有赖于社会财富的丰裕程度,因此必须正确处理好公平与效率的辩证关系,实现公平与效率的优化结构和动态平衡;社会主义公平观还必须坚持人民主体性的政治立场,即把广大人民群众作为主体,协调不同群体的利益矛盾作为中心,形成均等化的利益关系并提升人民群众的生活水平作为最终目的。

一、在批判中阐发的公平观

马克思的公平观是通过对资本主义私有制社会不公平现象以及形形色色资产阶级、小资产阶级思想家公平观批判的基础上建立起来的,具有明显的现实性和针对性。

第一,批判蒲鲁东"超验的公平观",认为公平是人与人之间经济关系的反映,具有唯物主义现实性的特点。"永恒公平"是蒲鲁东的最高理想,它在蒲鲁东理论框架中的地位类似于"绝对观念"在黑格尔哲学体系中的地位。在蒲鲁东看来,公平是人类自身的本质,"平等作为理性的创造原则是财产赖以构成的基础,而作为这种理性的根据,它又是财产的一切论据的基础"①。他认为"好的东西,最高的幸福,真正的实际目的就是平等",现实社会中的"分工、信用、工厂,一句话,一切经济关系都仅仅为了平等的利益才被发明的"。显然,蒲鲁东的错误并不是因为他追求公平的社会理想,而是他赋予这种理想化了的公平一种神秘的、超验的本性,并把它看成是对现实的经济关系起支配和决定作用的"原始的意向、神秘的趋势、天命的目的"②。马克思一针见血地指出,蒲鲁东主义的显著特点是,每当需要分析现实经济关系时,就求助于超验的公平。他"要求现代社会不是依照本身经济发展的规律,而是依照公平的规范来改造自己。""蒲鲁东在其一切著作中都用'公平'的标准来衡量一切社会的、法的、政治的、宗教的原理,他摒弃或承认这些原理是以它们是否符合他所谓的'公平'为依据的"③。在马克思看来,公平观作为一种观念形态或价值判断,归根到底是对现实经济关系与评价主体之间关系的反映,受制于生产力的发展状况和生产方式的变革要求。"人们按照自己的物质生产的发展建立相应的社会关系,正是这些人又按照自己的社会关系创造相应的原理、观念和范畴"④。资产阶级的公平观实质上不过是维护资本主义私有制经济关系的资产阶级意识形态而已。

马克思进一步指出,虽然"公平"在观念形态上直接起源于法权观念,但法权观念归根到底又是经济关系的反映。"蒲鲁东先生从与商品生产相适应的法权关系中提取出他的公平理想,永恒公平的理想"。但"人们往往忘记了他们的法权起源于他们的经济生活条件,正如他们忘记了他们自己起源于动物界一样……而衡量什么算自然法权和什么不算自然法权的标准,则是法权本身最抽象的表现,即公平……而这个公平则始终只是现存经济关系的或者反映其保守方面、或者反映其革命方面的观念化的神圣化的表现"⑤。在马克思看来,"法的关系正像国家的形式一样,既不能从他们本身来理解,也不能从所谓人类精神的一般发展来理解,相反它们根源于物质的生活关系"⑥。因此,作为法权观念的公平不是先验的、决定经济关系或社会制度的东西。相反,作为人与人之间经济关系观念化、神圣化

① 《马克思恩格斯全集》第 2 卷,人民出版社 1957 年版,第 50 页。
② 《马克思恩格斯选集》第 1 卷,人民出版社 1995 年版,第 149 – 150 页。
③ 《马克思恩格斯选集》第 3 卷,人民出版社 1995 年版,第 207 – 208 页。
④ 《马克思恩格斯选集》第 1 卷,人民出版社 1995 年版,第 142 页。
⑤ 《马克思恩格斯选集》第 3 卷,人民出版社 1995 年版,第 211 页。
⑥ 《马克思恩格斯选集》第 2 卷,人民出版社 1995 年版,第 32 页。

的表现,它是由经济关系决定的。同样,也不存在某种永恒不变的、超越社会经济关系的公平标准,公平的标准是以不同的社会经济关系为转移的;主观设定的公平不能决定社会制度的性质,也不能成为判定一种社会制度性质好坏的标准。

第二,在批判蒲鲁东"永恒公平观"的基础上,马克思还阐发了公平观的辩证历史性质,认为公平的内涵、标准及其实现程度都具有历史性和相对性的特点,只有在历史的过程中才能得到真实的理解,而永恒的、一成不变的公平观在历史上是不存在的。"平等的观念,无论是以资产阶级的形式出现,还是以无产阶级的形式出现,本身都是一种历史的产物,这一观念的形成,需要一定的历史条件,而这种历史条件本身又以长期的以往的历史为前提。所以,这样的平等观念说它是什么都行,就不能说是永恒的真理。"①在马克思看来,蒲鲁东的"永恒公平观"就像以抽象的理性或人性的善恶为尺度的历史观一样,都是一种主观唯心主义的观点,它所代表的只是那个时代已经没落了的小资产阶级的理想社会观。

实际上,公平是一个历史范畴,它在不同的历史时期甚至在同一时期不同的社会集团那里都具有不同的内容,它随着社会历史的变迁而不断发生变化。比如:"希腊人和罗马人的公平认为奴隶制度是公平的,1789 年资产者的公平要求废除封建制度,因为据说它不公平。在普鲁士的容克看来,甚至可怜的行政区域条例也是对永恒公平的破坏。所以,关于永恒公平的观念不仅因时因地而变,甚至因人而异。"②就是说,不同的公平观相对于其所处的时代和历史条件而言,都曾具有存在的合理性,但这种合理性不是永恒的;时代变化了,社会的经济政治结构发生了变化,那么,作为反映经济政治结构的公平观念也会产生新的内容和要求。脱离具体的历史条件,企图寻求一种凌驾于一切社会制度之上的普适意义上的公平内涵,是不可能的。

公平的内容是这样,公平的标准也是如此。马克思在谈到资本主义社会劳动力的买卖时说过:"这种情况对买者是一种特别的幸运,对卖者也绝不是不公平的",因为资本家是"按照商品交换的各个永恒规律行事的"③。这就是说,在资本主义社会的商品交换中,公平的标准是等价交换原则,符合这一原则的交换就是公平的。在谈到未来社会主义社会的分配时,马克思又说道:"生产者的权利是同

---

① 《马克思恩格斯选集》第 3 卷,人民出版社 1995 年版,第 448 页。
② 《马克思恩格斯选集》第 3 卷,人民出版社 1995 年版,第 212 页。
③ 马克思:《资本论》第 1 卷,人民出版社 1975 年版,第 219 页。

他们提供的劳动成正比例的;平等就在于以统一尺度——劳动——来计量。"①凡是符合"按劳分配"这一标准则是公平的。可见,资本主义的公平观和社会主义的公平观的差别是一种历史的差别。但是有人会问,为什么社会主义公平就一定高于资本主义的公平呢? 即"按劳分配"原则为什么高于"按资分配"原则? 按照唯物史观,公平的标准归根到底是要看它是否符合社会发展的规律,是否代表先进生产力发展的方向,是否代表最广大人民的根本利益,是否有利于社会协调的、持续的发展。"按资分配"虽然明显高于建立在等级特权和人身依附关系的封建社会公平观,但它体现的是资本对劳动的统治,其"实质在于活劳动是替积累起来的劳动充当保存并增加其交换价值的手段"②。而"按劳分配"则极大地促进了广大劳动者的积极性,维护了最广大劳动群众的根本利益。

公平的实现同样是一个具体的、历史的过程,正如不公平的产生是一个历史过程一样。马克思在批判空想社会主义者时,认为其所以是空想的,就是因为它缺乏达到公平的历史条件,把未来可能达到的公平目标超前地置于现实世界中,将理想目标看成是"人性的复归",把"将来完成时"等同于"现在进行时"。马克思在谈到无产阶级公平观在于"消灭一切阶级"时指出,阶级的消灭绝不是靠头脑中的公平观念就可以实现的,而是现代化大工业生产高度发展的产物,"只有在生产力发展到一定阶段,发展到甚至对我们现代条件来说也是很高的阶段,才有可能把生产提高到这样的水平,以致使得阶级差别的消除成为真正的进步,使得这种消除持久巩固,并且不致在社会的生产方式中引起停滞或甚至衰落。"③

第三,马克思还批判了拉萨尔"不折不扣的公平分配观",阐述了共产主义社会不同发展阶段上的公平分配原则。在《哥达纲领批判》中,马克思针对拉萨尔"不折不扣的劳动所得"分配给"社会一切成员"的论调,提出了社会主义条件下总产品的分配原理:无论什么社会,社会总产品在分配之前是"有折有扣"的,即应当扣除用来补偿消费掉的生产资料、扩大再生产的基金和后备基金等经济上的必要部分;还要扣除国家管理费用、社会福利事业费用、社会保险费用等。同样,社会一切成员与公平分配的说法也自相矛盾,因为社会一切成员无疑包括不劳动的成员,既然劳动的产品在劳动的成员和不劳动的成员之间分配,那肯定就不属于

① 《马克思恩格斯选集》第 3 卷,人民出版社 1995 年版,第 304 页。
② 《马克思恩格斯选集》第 1 卷,人民出版社 1995 年版,第 346 页。
③ 《马克思恩格斯全集》第 18 卷,人民出版社 1965 年版,第 610 页。

公平分配了,这只不过是资产阶级的法权要求;况且劳动者所能得到的只是维持其劳动力再生产所必需的生活资料,而资本家依靠生产资料的所有权占有劳动成果的绝大部分。

针对拉萨尔所谓"公平的分配观",马克思一连提出了四个质问:"难道资产者不是断言今天的分配是'公平的'吗?难道它事实上不是在先进的生产方式基础上唯一'公平的'分配吗?难道经济关系是由法的关系来调节,而不是相反,从经济关系中产生法的关系吗?难道各种社会主义宗法分子关于'公平的'分配不是也有各种极不相同的观念吗?"①马克思在这里的连续质问,目的是为了说明,作为法权观念(上层建筑意义上)的公平归根到底由经济基础所决定并反映经济基础的本质要求,而"消费资料的任何一种分配,都不过是生产条件本身分配的结果;而生产条件的分配,则表现为生产方式的性质"②。企图不触及资本主义经济制度、而囿于"资产阶级框框"的公平观,无论如何也难以伸张无产阶级的公平理想;而拉萨尔"公平分配"的实质,只是一种脱开经济基础和生产方式的性质,围绕着分配兜圈子的做法,暴露了其"分配决定论"的唯心史观立场。因此,为了更彻底地批判拉萨尔的"公平分配劳动所得"的论调,马克思具体阐述了共产主义两个阶段的分配原则。

共产主义社会发展的两个阶段不但生产力水平和社会发展程度不同,而且分配方式也明显存在差别。马克思首先论述了共产主义的第一个阶段的基本特征:"它不是在它自身基础上已经发展了的,恰好相反,是刚刚从资本主义社会产生出来的,因此它在各方面,在经济、道德和精神方面都还带着它脱胎出来的那个旧社会的痕迹"。这种基本特征决定了分配方式只能是"每一个生产者,在作了各项扣除之后,从社会方面正好领回他所给予的一切。他所给予社会,就是他个人的劳动量……他以一种形式给予社会的劳动量,又以另一种形式全部领回来"。"生产者的权利是和他们提供的劳动成比例的;平等就在于以同一尺度——劳动——来计量。"即"按劳分配"原则。这一分配原则,彻底否定了长期以来建立在生产资料私有制基础上人剥削人的分配制度,因而相对于资本主义的"按资分配"原则来说是一个巨大的历史进步。但按劳分配原则也并未实现分配的完全平等。因为"这

---

① 《马克思恩格斯选集》第 3 卷,人民出版社 1995 年版,第 302 页。
② 《马克思恩格斯选集》第 3 卷,人民出版社 1995 年版,第 306 页。

种平等的权利对不同等的劳动来说是不平等的权利"，"它默认劳动者的个人天赋，从而不同等的工作能力，是天然特权。所以就它的内容来讲，它像一切权利一样是一种不平等的权利"。这是以承认劳动者的自然差别的不公平和不平等为前提的，因而也是"形式上的平等，内容上的不平等"。但是，"权利决不能超出社会的经济结构以及由经济结构制约的社会的文化的发展"。要完全实现公平的分配原则，只有到了共产主义的高级阶段才有可能。因为只有到了这一阶段，"迫使个人奴隶般地服从分工的情形已经消失，从而脑力劳动和体力劳动的对立也随之消失之后；在劳动已经不仅仅是谋生的手段，而且本身成了生活的第一需要之后；在随着个人的全面发展，他们的生产力也增长起来，而集体财富的一切源泉都充分涌流之后，——只有在那个时候，才能完全超出资产阶级法权的狭隘眼界，社会才能在自己的旗帜上写上：各尽所能，按需分配！"①

第四，公平在阶级社会中具有鲜明的阶级性，马克思在深刻批判了资产阶级公平观虚伪性的基础上，阐述了无产阶级所追求的公平是建立在"消灭阶级"基础上的实质的公平。

对于资产阶级的公平观，马克思指出了它与资本主义生产方式、交换方式的因果关联。认为以追求利润和增殖为原则的资本生产方式以及以价值实现为目的的商品经济及其交换方式是资产阶级公平观的现实基础，等价交换这一商品交换的基本原则自然成了其公平观的尺度。"平等！因为他们彼此只是作为商品所有者发生关系，用等价物交换等价物。"②"因此，如果说经济形式，交换，确立了主体之间的全面平等，那么内容，即促使人们去进行交换的个人材料和物质材料，则确立了自由。可见，平等和自由不仅在以交换价值为基础的交换中受到尊重，而且交换价值的交换是一切平等和自由的生产的、现实的基础。作为纯粹观念，平等和自由仅仅是交换价值的交换的一种理想化的表现；作为在法律的、政治的、社会的关系上发展了的东西，平等和自由不过是另一次方的这种基础而已。"③对于这样的公平，马克思一方面给予了积极的肯定，认为它实现了对于奴隶社会、封建社会无法比拟的历史进步，在自由、平等、民主、文明等现代公平观念的道路上"向前迈进了具有世界历史意义的一步"。另一方面，资产阶级公平观所实现的历史

① 《马克思恩格斯选集》第 3 卷，人民出版社 1995 年版，第 304 - 305 页。
② 马克思：《资本论》第 1 卷，人民出版社 1975 年版，第 199 页。
③ 《马克思恩格斯全集》第 46 卷（上），人民出版社 1979 年版，第 197 页。

进步意义又是极其有限的。它所标榜的"普遍的自由、平等、人权",实质上是在反对各种封建特权斗争中产生的资产阶级即商品所有者的权利:自由,不过是资产阶级从封建制度束缚下解放的自由;平等,即废除封建的特权,是资产阶级法律面前的人人平等;权利,也只是新兴资产阶级对于旧特权等级的权利,因而它始终被限制在"法权"的范围内加以谈论。"法律上的平等就是在富人和穷人不平等的前提下的平等,即限制在目前主要的不平等的范围内的平等,简括地说,就是简直把不平等叫做平等。"①显然,资产阶级的公平是以形式上的公平对事实上的不公平的掩盖,它以流通领域中平等的等价交换掩盖了占有生产资料的资本家对工人在生产领域中的剥削关系这一实质上的不平等。在《德意志意识形态》中,马克思恩格斯对所谓的"真正社会主义"从抽象公平概念出发建构社会和谐进行了深刻批判。认为这种所谓和谐社会理论的价值基点,是近代资产阶级的绝对平等、抽象自由。"有机社会的基础是普遍的平等,它通过个人和普遍之间的对立发展为自由的和谐,发展为单个幸福和普遍幸福的统一,发展为社会的公共的和谐,发展为普遍和谐的镜像。"②这也是资产阶级公平观虚伪性的表现。

如果说资产阶级的公平是用形式(法权)上的公平掩盖事实上的不公平,那么,无产阶级所要追求的则是"消灭一切阶级"基础上的实质的公平。马克思站在无产阶级和广大人民群众的立场上,阐发了无产阶级的公平观。他说道:"从消灭阶级特权的资产阶级要求提出的时候起,同时就出现了消灭阶级本身的无产阶级的要求……平等应当不仅是表面的,不仅在国家的领域中实行,它还应当是实际的,还应当在社会的、经济的领域中实行。""无产阶级平等要求的实际内容都是消灭阶级的要求。任何超出这个范围的平等要求,都必然要流于荒谬。"③"如果不把平等理解为消灭阶级,平等就是一句空话。"④无产阶级平等观既是对对抗阶级之间明显的社会不平等的自发反映,是革命本能的表现,又是从资产阶级的平等观中吸取了正当的、可以进一步发展的要求,即变形式上的平等为实质上的平等。

在马克思恩格斯看来,以"消灭阶级"为实际内容的无产阶级平等观的要求,决不是一种抽象观念上的要求或价值悬设,而是一种历史的、具体的和实践上的

---

① 《马克思恩格斯全集》第 2 卷,人民出版社 1957 年版,第 648 页。
② 《马克思恩格斯全集》第 3 卷,人民出版社 1960 年版,第 569 页。
③ 《马克思恩格斯选集》第 3 卷,人民出版社 1995 年版,第 447、448 页。
④ 《列宁选集》第 3 卷,人民出版社 1972 年版,第 838 页。

要求。无产阶级的解放事业不是基于某种公平观的实现,而是基于资本主义发展的必然趋势,"工人阶级企图实现的社会变革正是目前制度本身的必然的、历史的、不可避免的产物"①。同样,对资本主义制度的批判,也不能从抽象的公平出发,而必须从历史发展的必然性出发去加以说明和批判,并在实践中使之革命化。因此,仅仅把争取分配上的公平作为无产阶级斗争的口号是错误的,因为消费资料上的任何一种分配都只是生产条件本身分配的结果,而生产条件的分配则是生产方式本身的性质使然。只要所有制关系不改变,分配关系也就改变不了。无产阶级只有消灭了生产资料的资本家所有制,实现生产资料的公有制,才能使自己在分配领域中摆脱资本家的剥削。马克思明确说道:"应当摒弃'做一天公平的工作,得一天公平的工资!'这种保守的格言,要在自己的旗帜上写上革命的口号:'消灭雇佣劳动制度!'"②

二、公共民生建设要更加重视社会公平

(1)既然公平问题对现存分配关系具有维护或破坏的作用,是人与人之间利益关系的调节器,我们就不能对当前人们议论的公平问题漠然视之,而应认真加以研究。马克思公平观的现实性特点告诉我们,公平是不能作为研究现存经济关系的出发点的,对公平问题的研究也不能代替对现存经济关系的研究。相反,公平是一个表征具体社会经济关系的范畴,公平观作为一种观念形态或价值判断,归根到底是对现实经济关系与评价主体之间关系的反映,它受制于生产力的发展和生产方式的变革要求。因此,我们在研究公平问题的时候,必须注重对现存经济关系的研究,并把后者作为前者的基础。

我国30多年的改革开放实践,其根本问题是人与人(包括社会群体、社会集团)之间经济利益关系的变革与调整,并通过这种变革和调整,使亿万民众创造社会财富的积极性得到充分涌流和迸发。但实际的情况是,中国经济社会变革出现了两个相互矛盾的现象:一方面,我国的经济快速增长,经济总量居世界第二位;另一方面,社会差距包括收入群体差距、城乡差距、地区差距等越来越大,进入了世界上社会差距最大的国家之列。这两个相互矛盾的现象提出的一个主题,就是

---

① 《马克思恩格斯选集》第3卷,人民出版社1995年版,第113页。
② 《马克思恩格斯选集》第2卷,人民出版社1995年版,第97页。

经济发展与社会公平的关系问题。这一问题式反思有:经济发展与社会公平的关系究竟是什么? 经济发展是否必须以牺牲社会公平为代价? 其必然性的根据是什么?

如前所述,公平观作为一种观念形态或价值判断,归根到底是对现实经济关系与评价主体之间关系的反映,它"根源于物质的生活关系",受制于生产力的发展状况和生产方式的变革要求。在我国,社会主义制度和生产资料公有制的建立为实现真实的公平提供了现实的可能性,但由于社会主义还是"刚刚从资本主义脱胎出来的在各方面还带着旧社会痕迹的"社会,社会主义的生产力还没有发达到充分满足社会全体成员的生活需要和生产需要的程度,因此,在分配领域还只能实行按劳分配原则。按劳分配无疑仍存在某种不平等现象,因为每一个人的智力和体力是有差别的,因而同一时间能提供的劳动数量和质量不一样;又因为每一个人需要赡养的家庭人口是有差别的,因而付出相同数量和质量的劳动得到的实际生活水平却是不一样的。这是把同一标准应用在不同的人身上所必然产生的现象。"起点平等即使作为一种理想,也不真正意味着一个人在进入每一个竞争时在所有四个因素中(出身、运气、努力和选择)与其他人相平等。"①同时,由于我国正处在社会主义初级阶段,生产力水平不高而发展又不平衡的实际状况,决定了除了作为主体的公有制外,还需要有个体经济、私营企业、三资企业等非公有制经济作为补充。在这些非公有制经济范围内,私有制的存在决定了"按要素分配"才是公平的分配方式。因此,在社会主义初级阶段,以公有制为主体、多种经济成分共同发展这种基本经济制度,决定了按劳分配为主、按劳分配与按要素分配相结合的分配方式是相对公平的。

事实上,经济发展与社会公正的这种矛盾关系,并不是中国改革开放 30 多年来提出的特殊问题。许多发展中国家,例如拉丁美洲一些国家,早在 20 世纪 60—80 年代就讨论过这些问题了;即使在许多发达国家如美国,社会公正问题同样很突出;西欧国家在 20 世纪 70—80 年代,尽管实现了现代化,但新的贫困现象、不公平问题、社会排斥现象令人担忧。因此看来,以牺牲社会公平为代价来获得经济发展带有一定的普遍性。

(2)中国特色社会主义民生建设是公平与效率的辩证统一。在马克思的历史

---

① [美]詹姆斯·M·布坎南:《自由、市场与国家》,上海三联书店 1989 年版,第 190 页。

观中,公平反映了生产关系的性质,效率则标志着生产力的发展水平,公平与效率的矛盾在本质上是社会基本矛盾在当代社会的一种具体表现。公共民生依赖于社会公平体系的建构,公平的核心在于人与人之间利益分配关系的协调,而利益关系协调的基础和手段在于社会生产力总量的极大提高和社会公共产品的丰裕程度,为此,必须处理好效率和公平之间的辩证关系,真正将市场经济这种有效配置资源的手段与社会主义的价值目标结合起来。

人们对物质、精神、生活条件的直接需要,表现为人与人之间的利益分配关系。获取利益特别是物质经济利益是人们奋斗的直接目标,它反映着人们之间社会经济关系的本质。而公平问题的核心就在于对人们之间利益关系及其矛盾的整合与协调。为此,一方面必须充分重视经济发展对于社会公平的积极意义,大力发展社会生产力,为利益矛盾及其协调创造雄厚的物质基础;另一方面,要把维护社会公平放到更加突出的位置,逐步建立以权利公平、机会公平、规则公平、分配公平为主要内容的社会公平保障体系。这就需要我们正确处理好发展生产力(提高效率)和协调利益矛盾(促进公平)之间的辩证关系。既不能靠牺牲生产力的发展(效率)来谋求所谓的公平,也不能靠牺牲利益关系的协调(公平)来谋求所谓的效率。而应该在效率中求公平,在公平中促发展,追求效率与公平的优化关系结构和动态平衡。对于社会主义来说,提高经济效率和实现社会公平是一致的,它们都服从于社会生产力的提高和全体人民共同富裕的本质要求。

解决民生问题不仅要求相对的公平,而且必须具备一定的效率。实际上,马克思等经典作家十分强调实现社会公平理想的现实客观条件,认为社会公平是具体的、历史的和相对的,实现社会公平是一个长期奋斗的过程,要同经济社会发展阶段相适应,同生产力发展水平相适应,避免超越历史发展阶段和现实发展水平的"公平幻想"。而且,社会主义制度下的公平又不是低水平、低层次的公平,更不能降格为低效益、低收入基础上的平均主义,因为这种经济匮乏、社会产品普遍缺失基础上的平均主义只能导致贫穷的普遍化,还会滋生各种潜在的等级特权、"待遇"等不公平现象。因此,应充分认识到经济发展对于实现公平的重要意义,充分认识到效益是实现公平的基础,经济效益的增进程度对于实现公平而言具有首要的和基础性的地位。换言之,公平的实现程度首先取决于社会财富、可支配资源的丰裕程度;只有建立在高效率的基础上,才能在更高层次上实现社会的公平正义。很难想象,一个低效益、经济匮乏的社会,能给社会成员带来普遍而可靠的公平发展机会。马克思以"消灭阶级""按需分配"为内容的无产阶级公平观确实意境高远,但阶级是一个经济范畴和历史范畴,阶级的消亡是以生产力的极大提高和社会产品的极大丰富为前提的;"按需分配"更是有赖于产品的充分涌流和人们思想觉悟的极大提高。

与此同时,社会公平又是提高效益的价值目标和制度保证。在社会主义社会中,平等、公正体现了社会主义的首要价值和终极依托。社会主义市场经济是公有制与市场经济的有机结合。市场经济的社会主义性质,既赋予社会主义传统以新的活力,又使市场经济中的自由、平等、正义等价值观念负载着社会主义制度内涵。当然,市场经济在增进财富、提高效益的同时,往往会以牺牲社会公平、正义为代价。在这种情况下,必须给社会公平以足够的关注,特别是要更多地关注在市场经济竞争中处于不利地位的"弱势群体"、"困难群体"以及落后地域、乡村地区的实际利益,使社会不同主体之间的差别限制在一个合理的范围之内,并给予必要的利益补偿。

在效益和公平的关系问题上,我党走过了一个艰难探索的历程。新中国成立后,以毛泽东为首的中国共产党人为着实现劳动人民世代梦寐以求的民主、自由、平等的历史夙愿,在社会生活诸领域进行了不懈的努力,着力建构了一个"公平优先、均中求富"的经济社会发展目标模式。① 这一目标模式,反映了毛泽东试图突破资产阶级法权范围内的形式公平而实现实质上的公平的种种努力。但是这一模式所带有的强烈的平均主义倾向和道德理想主义色彩,以及对物质利益原则的忽视,极大地抑制了人民群众的生产积极性和创造性,导致了经济活力的衰退和人民生活水平的"普遍的贫困化"。自20世纪80年代改革开放以来,尤其是90年代实行以市场、效益为价值取向的市场经济体制改革政策以来,我党明确采取了针对克服以往平均主义弊端的"效率优先、兼顾公平"的政策取向,公平问题的解决则服从于经济效率的提高。这显然是与我国经济长期落后而难以迅速提高人民生活水平和解决众多的社会矛盾,以及国内外形势的深刻变化及其带来的巨大机遇和重大挑战等多方面因素密切相关。但随着经济效率和社会生产力水平的迅速提高,影响社会和谐的贫富悬殊、社会阶层分化、收入差距急剧扩大等利益

---

① 参见郁建兴:马克思主义公平观与当代中国社会的公平问题,《浙江社会科学》1995年第4期。

冲突和不公平因素与日俱增,人民群众各尽其能、各得其所的利益诉求遭遇到了诸多的困难。这些问题的存在,还会直接危及社会经济的安全运行和持续健康地发展。因此,进一步凸现和"更加注重社会公平",协调人与人之间社会关系特别是利益之间关系的矛盾,成为我们构建和谐社会、进一步提高社会效率的关键。因为只有在公正公平的环境中取得的效率才是社会需要的合理和持久的效率,在普遍发展的社会效率中达到的公平才是普遍的真实的公平;只有在公平和效率均衡发展的基础上,才能妥善协调和处理好社会各方面的利益,构建社会主义和谐社会。

(3)由于公平在阶级社会具有阶级性,不存在绝对一致的普遍公平,不同的社会集团对公平问题会持有不同的甚至相反的看法,因此,我们在研究分配领域中的公平问题时,还应认真考虑我们所讲的公平代表的是哪个社会集团的利益。

马克思"消灭阶级"的社会主义公平观告诉我们,社会主义公平观必须坚持人民性的政治立场,将最广大人民群众作为公平主体,将协调不同群体之间的利益矛盾作为中心,将形成和谐的利益关系并提升人民群众的生活水平作为最终目的。"公平正义,就是社会各方面的利益关系得到妥善协调,人民内部矛盾和其他社会矛盾得到正确处理,社会公平和正义得到切实维护和实现。"显然,站在最广大群众根本利益的立场上,维护和保障人民的最大利益,使改革开放的成果惠及全体社会成员,走共同富裕的道路是我们党所有工作的出发点和最终落脚点,也是激发广大人民群众的生产、创造积极性,提高社会生产力的根本保障。同时,将广大人民群众作为实现社会公平的主体,对于加快推进"以保障和改善民生为重点的社会建设"具有特别重要的现实意义:它有助于实现使人民群众共享社会发展成果的党的执政理念,不断缩小过大的贫富差距和两极分化,增强广大民众对改革开放政策的认同感,巩固共产党的执政基础;它还有助于切实有效地维护社会成员的基本权益,保护社会成员的财产权、就业权、劳动保护权等基本权利;有助于减少贫困人口的数量,缓解比较严重的贫富差距。

(4)民生是社会公平正义之本,保障和改善民生是社会公平正义的关键。公平正义不仅是民生的基本体现和重要内容,也是保障和改善民生的制度保障。一方面,民生建设的过程,就是制度创新的过程,其实质就是实现和维护社会公平正义,让全体人民特别是让社会弱势群体共享社会发展的成果。另一方面,民生的建设程度是公平正义实现程度的标志,通过保障和改善民生,才能真正促进社会公平正义。可以设想,一个社会公平正义程度比较高,社会总体利益分配的比较合理,即使这个社会经济能力有限,百姓的怨声还不会很高;但是如果这个社会不能体现公平正义,社会利益分配明显不公,即使它的经济发展水平很高,民生问题仍然会很突出。所谓"不患寡而患不均"就是这个道理。

资本主义社会所标榜的"普遍的自由、平等、人权",实质上是在反对各种封建特权斗争中产生的资产阶级即商品所有者的权利:自由,不过是资产阶级从封建制度束缚下解放的自由;平等,即废除封建的特权,是资产阶级法律面前的人人平等;权利,也只是新兴资产阶级对于旧特权等级的权利,因而它始终被限制在"法权"的范围内加以谈论。"法律上的平等就是在富人和穷人不平等的前提下的平等,即限制在目前主要的不平等的范围内的平等,简括地说,就是简直把不平等叫做平等。"①资产阶级的公平是以形式上的公平对事实上的不公平的掩盖,它以流通领域中平等的等价交换掩盖了占有生产资料的资本家对工人在生产领域中的剥削关系这一实质上的不平等,其结果必然出现严重的两极分化,社会处于尖锐对立之中。社会主义应当在促进发展的同时,把维护社会公平放在更加突出的位置,从资本主义"形式的公平"逐步向社会主义"事实上的公平"这一目标迈进,实行公共资源向基层、向农村、向弱势群体倾斜。为此,"在利用社会主义制度的有利条件确保'原则'与'实践'不再产生冲突方面,主要做好两件事:斩断特权参与分配,解决权贵'垄断机会'的问题;巩固和发展生产资料的公有制,削弱利用生产手段占有他人劳动的客观基础";"在利用社会主义制度的有利条件促使'形式上的公平'向'事实上的公平'发展方面,当前必须做的是从注重过程公平逐步转移到注重起点公平和结果公平上来"②。

---

① 《马克思恩格斯全集》第 2 卷,人民出版社 1957 年版,第 648 页。

② 陈学明:《马克思的公平观与社会主义市场经济》,《马克思主义研究》2011 年第 1 期,第 12 – 13 页。

第五章

构建中国特色社会主义的公共民生体系

"公共民生"是对民生和公共性两者之间的一个合称,表明民生与公共性之间的内在关联,即民生对公共性建设的依赖和公共性建设的民生化取向。民生所需要的民生产品、民生服务具有很强的公共性质,如义务教育、住房就业、社会保障、基本医疗卫生、环境保护等,它们既是建设全面小康社会中的重大民生问题,又是我们亟待建设、积累和壮大的公共产品和公共服务。民生问题有赖于公共性建设,公共性建设以民生问题的解决为取向,从这一意义上说,公共性建设的过程与民生问题的解决过程是一个问题的两个方面。不仅如此,公共民生还是一个有机的整体系统。正如民生包括经济民生、政治民生、文化民生、生态民生等多重维度一样,公共民生也是一个由公共经济、公共政治、公共文化、公共生态等组成的公共民生体系。其中公共经济建设是构建公共民生体系的物质基础,公共政治建设是构建公共民生体系的政治保障,公共文化建设构建公共民生体系的精神支撑,公共环境建设构建公共民生体系的自然前提。因此,公共民生体系的构建是一个不断递进和发展的过程。

第一节 公共经济建设是构建公共民生体系的物质基础

改善民生需要以经济发展为基础,并与经济发展水平相适应。一般而言,经济发展状况由公共经济状况与私人经济状况两个方面共同组成。如果说,私人经济状况主要由企业等市场经济自利性组织来决定,那么公共经济状况则主要由政府、公益性组织等公共组织部门所决定。可以说,公共经济是保障和改善公共民生体系的物质基础。当前,民众对公共产品与服务不断增长的物质文化需求,和公共产品、公共服务供给短缺之间的矛盾,已成为经济社会发展中亟待解决的一个发展性难题。在现有发展条件下,政府财政总收入、总供给的水平是有限的,投入公共服务领域的能力也是有限的。如何在有限的收入水平和供给能力的前提下,保障社会公共产品和服务的最大化和均等化,满足人民群众不断增长的物质文化需求,是公共经济建设过程中的一个重要课题。

一、公共经济及其功能

所谓"公共经济"是指社会公共部门为了满足社会公共需求,通过政府调控而进行的公共物品的生产、交换、分配、消费等经济活动的总称。公共经济研究的是以政府为主体的公共部门的经济行为,而不是民间的私人经济活动,其主体承担者是国家或政府以及公共部门,属于国家或政府在市场经济条件下通过经济、行政、法律等一系列综合性的调节方式。如果说,私人经济理论("私经济学")的根本特性在于私己性,它"不考察不劳动时的工人,不把工人作为人来考察,却把这种考察交给刑事司法、医生、宗教、统计表、政治和乞丐管理人去做"①,那么,公共经济理论的根本特性在于公共性,它以坚持与捍卫公共经济的共性价值为首要原则,这种公共性在资源短缺、供给有限或市场失灵的前提下,具有弥补市场缺陷、满足社会最大效益的经济功能。

在公共经济理论上,马克思主义经典作家也有着深刻的论述和系统的阐发。由于公共经济活动是现代社会化大生产的产物,马克思正是在研究社会化大生产条件下的资本主义经济活动中,逐步形成了公共经济理论。(1)关于公共经济的国家社会职能。马克思认为,国家的政治本质是由国家的经济本质决定的,国家的经济本质又是由生产方式决定的。在谈到资本主义国家的公共经济职能时,马克思列举了税收、国家预算、公共经济政策、经济立法等多种手段,认为现代国家具有双重职能:一是维护统治阶级利益的特殊职能,二是维护公共利益和社会稳定的一般职能,管理和调控公共经济活动是任何国家都具有的一般职能。马克思还以剩余价值论为思想武器,分析批判了资本主义公共经济主体即资产阶级的国家政权的本质。从表面看,资本主义国家的经济职能是为了维护社会公共利益,

---

① 《马克思恩格斯文集》第1卷,人民出版社2009年版,第124页。

实际上,"国家是属于统治阶级的各个个人借以实现其共同利益的形式,是该时代的整个市民社会获得集中表现的形式"①,"现代的国家政权只不过是管理整个资产阶级共同事务的委员会罢了"②。(2)关于公共收入和公共支出。马克思指出,通过税收获得的公共收入,不仅可用于政府、军队、官员的消费性支出,还要保证教育、科学、文化、卫生、体育等社会公共事务方面的开支,以便确保国家机器的正常运转。在公共支出方面,随着社会化大生产的推进和"公益性项目"的增多,国家的公共支出也会不断增长。(3)关于公共信用的性质和作用。马克思认为,公共信用也即国债制度,其中国债券是一种"幻想的虚拟资本"。公共信用可以推进金融市场的发展,它不仅培植了"食利者阶级",还有助于证券交易市场的发展,并在一定程度上缓解了国家财政收支的矛盾,有利于公共经济的发展。(4)关于国家宏观调控的必要性和手段。马克思认为,社会生产两大部类之间以及各部类内部各个部门之间都必须保持恰当的比例关系,这是社会化大生产发展的必然要求。但在私有制社会条件下,整个社会生产处于无政府状况,造成了这种比例关系的严重失调,而要克服市场经济固有的自发性、滞后性的弊端,必须发挥国家或政府宏观调控的功能。这种宏观调控,往往是以国家或政府的货币政策和财政政策为基本手段的。在马克思看来,即使在私有制社会货币金融危机的情况下,正确的货币政策可以缓解金融危机,错误的货币政策则会加深金融危机。财政手段的调控,对于资源的合理配置、国民收入的再分配,以及调节各个经济部门之间的比例关系都是十分重要的。

关于公共经济存在的理论依据,当前学术界主要有两种观点:一种是市场失灵的观点。该观点以福利经济学为基础,以市场失灵为逻辑出发点,把提供公共物品作为公共部门活动的基本内容,把满足社会公共需求作为活动的目的,把公共选择作为公共部门决策的政治过程,形成了以公共产品理论为基础的财政理论。这种观点是以市场失灵或市场缺陷为起点论述公共经济的存在依据。另一种是公共需求论的观点,认为公共经济存在的依据是社会公共需求。"所谓'社会共同需要',区别于生产单位、集团和个人的需要,但不是这些需要的简单加总,而是马克思所说的一般需要。它是'社会'的共同需要而不是任意的'共同需要'。"

---

① 《马克思恩格斯全集》第3卷,人民出版社1960年版,第38页。
② 《马克思恩格斯选集》第1卷,人民出版社1995年版,第274页。

"社会再生产过程中为满足社会公共需求而形成的社会集中化的分配关系,这就是财政范畴的一般本质或内涵。"①

公共经济存在的根本依据在于满足社会公共需求。按照人类社会的需要,可以分为私人需要和公共需要两大类:私人需要是社会公众中的个体对产品和服务的需要,这种需要具有竞争性、排他性的特点;公共需要是社会公众的共同需要,是以政府为主体的公共部门通过公共经济提供的公共产品来加以满足的共同性需求,具有非竞争性和非排他性的特点。按照从公共产品提供的主体,可分为私人部门和公共部门两大部门:私人部门主要是指市场,公共部门则是指政府以及具有共同利益的集团、团体和组织。如果说,市场更加注重追求效率的话,那么政府则更加注重公平正义,市场不能或不愿承担的责任主要由政府来承担。在这里,作为公共经济主体的政府在提供公共产品中发挥着主导性的作用,作为公共经济载体的公共产品所固有的职能就在于满足社会公共需求,而市场失灵只是为公共经济的存在提供了一种可能,公共产品也不过是公共需要的表现形式而已。不仅如此,公共经济的扩展也是以公共需求的扩展为依据的。因此,公共经济存在的本质依据和基本功能在于满足社会的公共需求。

公共经济的基本功能。虽然市场经济是迄今为止人类创造物质财富最有效率的经济生产方式,但它并不是万能的,市场失灵是常有的事,而公共经济具有弥补市场失灵、满足社会效益最大化的功能。在市场失灵的情况下,为了保持经济社会平稳健康的运行,满足社会公共需求,必须发挥宏观调控的职能。公共经济集经济、行政、法律于一体的宏观调控方式,是政府在市场经济中弥补市场缺陷的经济手段。作为构建社会主义公共民生体系的物质保证,公共经济具有为公众提供社会公共产品、平衡和消除社会差异、稳定经济社会运行等多重功能。

首先,公共经济通过提供社会公共产品,满足了人们生活的基本需求,成为改善公共民生的物质基础。由于公共产品具有非竞争性与非排他性的特点,它不可能通过市场机制主动来提供,市场经济生产者不会主动地生产和提供公共产品,它需要由国家或政府等公共部门来提供。伴随着市场机制的日臻完善,国家公共经济的规模和范围呈现出不同程度的扩张态势,迫切需要公共经济为公众提供更

---

① [美]马斯格雷夫等著,邓子基、邓力平译校:《财政理论与实践》,中国财政经济出版社2003年版,第98页。

多的公共产品与服务。自改革开放以来,我国经济社会获得了长足的进步,人民群众衣食住行等基本生存条件得到了较大的改善。与此同时,人们对于医疗卫生、教育、社会保障、生态环境保护等公共性需求正在迅猛增加,使得公共产品需求与供应之间出现了一定的脱节情况。由于医疗卫生、教育、社会保障、生态环境保护等均具备公共产品的性质,最有效的供给主体是政府。这就需要加强政府的公共经济建设,尽可能实现公共产品的全面供应,为改善公共民生奠定物质基础。

其次,公共经济具有平衡、化解社会差异与分化的功能。随着我国经济社会的高速发展,社会出现的差异与分化,包括区域之间的差异与分化、城乡居民之间的差异与分化、收入水平之间的差异与分化等等,已成为整个社会令人瞩目的焦点和难点。这样,平衡化解各种社会差异与分化、维护社会公平与正义,成为公共经济建设的又一重要职能。公共部门通过壮大公共经济,完善收入分配制度,可以有效地遏制社会财富占有的两极分化,促进社会财富公平分配,从而进一步降低基尼系数,藏富于民,着力提高居民特别是中低收入者的收入水平,也有利于提高社会整体消费水平。

再次,公共经济还具有满足民生经济不断扩张、引导和带动产业结构的调整和优化、推动政府管理和政策创新的多重功能。(1)满足民生需求和民生经济不断扩张的发展要求。民生需求具有持续扩张的特性,成为公共经济发展的不竭动力。(2)引导产业结构的调整和优化。产业结构是社会经济结构的基础性结构,要提高一个国家或地区的经济增长能力,有赖于产业结构的合理性安排。在市场经济条件下,产业结构主要是通过市场经济来组织完成的,而市场经济坚持的是"效率第一"的原则,存在着经营目标、经营风险等因素,伴随着较大的产业结构调整代价。公共经济则有助于推动产业结构的优化。以保障和改善公共民生需要为目标导向的公共经济建设,可以有效地引导民生需求规模的有序扩张,避免生产过剩,而不是一味热炒产业发展新概念,跟风流行的热门产业,避免产业发展的主观性和盲目性,使产业发展真正成为满足民生需求的物质保障。(3)增强产业带动的功能。公共经济主体"公"的性质,便于其传导政府的政策意图,公共产业、公共产品具有政府宏观经济调控工具的特性。借助于公共经济可以在一定时期内对影响经济和社会发展的相关因素,发生直接或间接的干预、诱导、制约、激励等作用,进而使公共经济成为对其他经济环节、经营主体产生的带动效应,成为经济顺利运行的调节器,为整个社会经济的长久、健康发展及时诊治、持久续航。

(4)公共经济还具有推动政府管理和政策创新的功能。改善公共民生表现为民生需求结构优化与规模扩大,它既是经济结构优化调整的结果,也是经济结构优化调整的方向和动力。政府是民生经济发展的主导者,也是经济结构优化调整的主导者,围绕公共民生需求引导着民生供给的优化和调整,协调着多元目标和多方诉求,也调整着政府管理和政策设计思路。这一切都有助于提高政府管理能力及其政策创新。

二、公共经济建设是公共民生的物质基础

公共经济涉及国民经济发展的基础,通过加强公共经济建设和管理可以成为改善民生的物质基础。公共经济建设之所以成为公共民生的物质保证,是基于公共经济建设与民生经济发展之间的内在关联。这种内在关联,可从理论和实践两个方面来加以说明。

从理论方面来讲,公共经济的"公共性"决定了它要以保障和改善民生为价值取向,体现其对公共福祉的关怀。公共经济活动关注的是公共部门在参与资源配置、协调收入分配和促进经济发展方面的行为方式和作用效果。社会主义民生建设强调,要关心和重视作为社会历史活动主体力量的广大人民群众的生存和发展需要及其满足,要求一切社会历史活动包括公共经济活动,必须在根本上满足广大人民群众的生存和发展需要,有利于人民群众作为"人"所具有的"人的本质力量"的充分发挥及其才能的全面发展。实现人的自由与全面发展是马克思主义公共经济理论的最终落脚点。

反过来说,公共经济作为民生建设的物质保障,也取决于公共民生产品和服务的"公共经济属性"。就是说,我们日常生活中存在的相当一部分民生问题,是由于公共产品和服务的供给短缺和不足造成的,这些公共民生产品的建设与积累,离不开公共经济的条件性支撑。比如,基本医疗卫生、义务教育、基本社会保障(基本养老保险和最低生活保障等)等民生产品和服务都具有很强的公共产品属性,需要以公共经济建设为物质保障。分析表明,政府提供的基本医疗卫生、义务教育、社会保障等这些涉及公共民生的重大事项,都具有公共产品的属性,既然是公共产品,就必须通过政府调控而进行的公共物品的生产、交换、分配、消费等经济活动来加以解决。不仅如此,这种解决还真正地体现了公共经济及其组织者(如政府)公平正义的本意,如基本医疗卫生服务有助于维护社会公平正义,义务

教育公平是社会公平的基础,社会保障能够促进社会公平。

从实践方面讲,公共经济建设对于民生经济发展来说,主要是通过政府公共财政,实现公共服务的均等化来得以实现的。

所谓"公共财政"是指政府将集中的财政收入,用于为民众提供公共物品和服务,以满足民众公共需要的经济行为。这种以满足民众公共需要为取向界定政府财政职能,构建政府财政体系的模式就是公共财政。按照公共经济学的观点,合理的公共财政支出结构是保持国民经济持续稳定增长和社会协调发展的需要。由于公共财政支出体现的是政府的作用和职能,因此,政府作用和职能在不同领域的发挥程度,往往体现在公共财政支出的比例和结构上。从人类历史的发展来看,公共财政支出的规模和结构,是随着政府在不同历史阶段所承担的作用和职能不同而发生变化。20 世纪 60 – 70 年代,经济学家马斯格雷夫和罗斯托就发现,公共财政支出结构的变化往往与经济社会发展的阶段性密切相关:在经济社会发展的早期阶段,由于市场体制的不完善和经济增长的有限性,政府公共财政中的经济性支出在总投资中占有较高的比重,它在提供最基本的基础设施方面如道路、供水、电力起着重要作用。一旦经济达到较为成熟的阶段,基础公共设施的建设基本完成,老百姓就会把提高生活质量和生活满意度以及幸福指数等提到议事议程上来,社会也就进入了一个公共产品和公共服务需求快速扩张的时期。这时,公共财政支出的重点也将转移到教育、医疗卫生、环境保护和公共福利等社会公共服务上来。可见,在经济社会发展到一定阶段以后,随着综合国力的提升和民众生活水平的普遍提高,公共财政作为"以政控财,以财行政"的体系,成就的是"聚众之财,邦民做事"。公共财政理应成为政府改善和保障民生的重要手段,真正体现公共财政的"民生本位"。

马斯格雷夫和罗斯托的上述观点,在中国经济社会发展史上也可以得到印证。我国原来的财政制度主要是以经济建设为主的全能型财政制度。在建国后的计划经济体制下,政府公共财政担负着直接参与经济建设的职能,经济建设支出在财政支出中处于首位,社会公共管理的职能相对弱化。表现在财政支出结构上,购买性支出占一般预算支出的比重长期偏高,转移性支出被严重挤压。社会主义市场经济体制建立后,政府的公共性职能逐渐增强,在财政支出结构上,经济建设所占的支出比重开始较大幅度地下降,而用于教育、医疗卫生、社会保障、环境保护等社会民生领域中的支出占比不断攀升。值得指出的是,与当前中国取得的经济建设成效、经济实力和广大人民群众的迫切要求相比,财政支出的公共性并没有得到充分体现,公共产品总量不足、分配不平衡,基本公共服务领域的投入偏少且不均等,民生建设相对滞后。广大民众对公共产品需求的不断增长与公共财政对民众公共产品的供给不足,成为当代中国社会公共领域中的主要矛盾。为此,政府的财政体制应向公共财政体制转变,财政支出结构要进行重大的调整,做到经济建设与社会建设的协调发展,进而退出长期"与民争利"的格局。

基于当代中国经济发展与社会发展的不协调、不平衡状况,根据公共财政所固有的公共性、公平性、规范性、法制性等原则特点,我们认为,公共财政对于民生经济发展应该发挥更大的作用。具体而言,公共财政的作用主要体现在以下几个方面:(1)保证社会公共需要的满足。公共性作为公共财政的基本原则理念,应着眼于满足社会的公共需要,实现财政公共效益的最大化,为经济社会的有序顺利发展提供物质基础。在民生问题上,财政支出的公共性首先体现在社会公共需要的最基础方面,如社会保障制度的建立和发展。为此,应筹集更多用于公共产品和服务方面的资金,为政府履行公共服务职能提供财力保障,并将保障和改善民生、实现国民共享发展成果作为公共财政资源配置的出发点和落脚点。(2)实现公共财政支出的公平性和基本公共服务的均等化。公共财政支出的公平性和基本公共服务的均等化是公共财政的基本目标,而财政的均等化是实现财政的公平性和公共服务均等化的基础和保证,它旨在缩小资源分配过程中产生的社会差距,维护社会公平,为经济社会发展创造良好的环境。比如,促进教育资源的公平化、医疗资源的全民化、基本公共服务的均等化等,就是实现公共财政支出的公平性和基本公共服务的均等化的具体体现。目前中国教育资源、医疗卫生资源在城乡之间分配不均,贫困地区的教育和医疗卫生条件较差,对此,要以城乡间、区域间公共服务"均等化"为切入点,提高公共资源分配的公平性,缩小城乡差距、区域差距。(3)加强公共财政支出的规范化、法制化。公共财政支出的公共性、公平性、均等化等原则特性,都需要"规范性""法制化"来加以规制和约束,并通过对公共财政支出的"科学决策""制度建设""法制保障",以增强其科学性、正当性与合法性。我们应积极借鉴国际社会的成功经验,加快公共财政建设的法制化进程,建立与社会主义市场经济相适应的民生保障法律和制度体系,使民生建设走向法制化和制度化的轨道。

第二节　公共政治建设是构建公共民生体系的政治保障

"政就是众人之事,治就是管理,管理众人之事,就是政治",孙中山的这一说法本身表明了政治的公共性质,公共政治也即政治的公共性。政府是公共政治的责任主体,公共政治建设实质上是政府的公共性建设。公共政治建设的内涵不是一成不变的,而是一个动态的历史的范畴,但加强和巩固政治的合法性基础是其永恒的主题。在当代,政治合法性基础的民生化转向,使得积极寻求并致力于提升民生时代的公共政治建设水平,成为"民生政治时代"公共民生体系建设的政治保障。

一、公共政治及其功能

所谓"公共政治"是以公共性为内在属性和价值取向,以公共利益的形成、巩固、发展及优先实现为内容的一种具体政治形态。"社会公共政治的形成和发展,在社会基础方面,涉及社会不同群体社会属性的共同性,体现为不同社会属性群体的共同根本利益的形成和发展;在政治和法理层面,涉及政治权力的公共化、社会成员权利发展公民化。在社会政治生活,具体体现在社会政治实际活动、制度机制、文化价值等多方面公共性的形成和发展,由此构成社会政治总体形态的公共性演化。"[1]

公共政治建设的主体当然是政府,政治的公共性也就是以政府为行为主体的公共性,它引领着政府部门的行为方式、价值取向与政策目标。从这一意义上说,政治的公共性也即政府的公共性。所谓"政府的公共性"是指政府作为全体社会成员共有、共用、共享之主体所具有的本质属性,它以解决公共问题、满足公共需要、维护公共利益、实现公平正义、形塑公共精神作为其存在的目的与依据,以行使公共权力、承担公共责任、处理公共事务、提供公共产品与公共服务为基本职责。公共性是政府合法性、正当性的基础,行使社会管理职能是当代国家政权得以维持的基本前提,从价值目标或应然状态来审视政府的公共性,它应当超然于

---

[1]　王浦劬:《论中国社会公共政治的形成与实现》,《国家行政学院学报》,2010 年第 4 期。

各群体、各阶层、各阶级利益冲突之上,公平公正地处理和协调人们的公共利益,以期实现公共利益的最大化,而不是为某个利益集团所豢养或操控。

政府作为公共政治的主体,其公共性价值并不会自动地或自发地得到实现,它在根本上是公众与民主政治合力作用和驱动的结果。实际上,在一个阶级分层、利益分化的社会中,政府常常会受到其自身自利性的影响,甚至受到社会强势集团的操控,使其在公共政策的制定、公共资源的权威性分配中偏离其公共性轨道。因此,政府的公共性并不是一个封闭的实体性范畴,而是需要将其置于政府—公民关系的结构中加以考察。在当代,随着公民社会的成长成熟、社会公共组织的崛起壮大及其自治能力的不断增强,政府公共性出现了向社会领域转移的趋势,政府权力逐渐向社会权利回归,并最终实现公共性与社会性在更高阶段上的重新统一,以最大限度地体现人民政府的人民性向度。可以说,政府与公民、国家与市民社会的关系结构,是我们进一步深化政府公共性理解的关键。

政府的公共性特征,要求政府树立民主行政、依法行政、责任行政、公平行政的理念。(1)民主行政的理念是政府公共性的首要理念。它要求政府的一切行为必须符合和维护最广大人民的根本利益,政府官员与平民百姓在法律面前是平等的,都必须遵守法律的规定,担负同样的责任。不仅如此,人民是国家与政府之公共权力的本原,政府行使公共权利的目的就是为了人民的权利与幸福,保障公民的社会主体性地位,因此,民主行政就是要保障公民参政议政的权力,保证国家行使行政权力的公开透明性。(2)依法行政是政府公共性的基本诉求,主要表现为政府要确立权利本位和依法行政的法治理念。法无授权不可为,法有授权必须为,将维护社会秩序与保障公民权利有机地统一起来。(3)责任行政是政府公共性的又一理念,意指政府必须积极履行社会的义务与职责,包括道德责任、政治责任、行政责任、法律责任等。在制度调控与责任羁绊的框架中行使公共权力,预防和遏制权力拥有者滥用权力的冲动,从而增强民众对政府的信任感。(4)公平行政是政府公共性的本质规定。如果说,市场经济实现社会效率,那么,政府权力维护社会公平;公平是效率的前提、动力与保证,效率则是公平的体现与结果。政府通过强制性权力和诱致性制度安排对社会资源进行合理配置和调剂,力求达到分配上的公正性与社会的公平性,保障公民最基本的生存权利,保障公民正当的劳动所得,以及对社会分配进行公正的再分配,使整个社会最大限度地降低由于社会不公正导致的矛盾冲突。

二、公共政治的合法性基础及其民生化转向

"人们奋斗所争取的一切,都同他们的利益有关"①。在中国历史上,往往将"民生"与"国计"相关联,意指民生牵连着民心民意,关乎着民心向背,民众的生活状态和水平甚至与政权兴衰成败休戚相关,成为一个政权兴衰的风向标,成为统治集团取得政治统治的合法性基础或关键性因素。取得执政地位的政治集团,总会通过"寓政治发展于经济改革之中"的工作思路,不遗余力地巩固、优化和壮大执政的资源或资本,增强自身的政治合法性基础,因为执政资源中的基本内核或核心资源乃是合法性资源。

在政治学中,"合法性"通常用来指政府与法律的权威为民众所认可的程度,是社会公众对某一特定政治系统的评价,其实质是社会成员对政治统治的认同、信任与忠诚,包括对执政党的制度、价值、政绩等方面的认同、信任与忠诚。合法性被认为是政府行政的最基本条件,如果一个政府缺乏必要程度的合法性,它将很快地崩溃瓦解。而民众认同、信任与忠诚度越高,执政党与民众的默契度就越高,执政效能随之攀升,执政的合法性资源也就越丰富。按照政治合法性思想奠基者马克斯·韦伯的观点,"通过对社会史的研究发现,有命令和服从构成的每一个社会活动系统的存在,都取决于它是否有能力建立和培养对其存在意义的普遍信念,这种信念就是其存在的合法性"②。一个制度的合法性取决于它是否获得被统治者们的普遍认同。政治合法性是政治稳定性、统治持续性的力量源泉。哈贝马斯也指出:"合法性意味着某种政治秩序被认可的价值以及事实上的被承认"③,即民众对于其政治体系的认同与忠诚。当代政治学家李普塞特指出:"合法性是指政治系统使人们产生和坚持现存政治制度是社会的最适宜制度之信仰的能力","任何政治体系,如果有什么形成并维持一种使民众相信政治制度对于该社会是最适合的信念,那么其统治就具有合法性。"④阿尔蒙德说:"如果某一社会中的公民都愿意遵守当权者制定和实施的法规,而且还不仅仅是因为若不遵守

① 《马克思恩格斯选集》第 1 卷,人民出版社 1995 年版,第 187 页。

② 杨文革:《马克斯·韦伯政治合法性评析》,《北方论丛》2006 年第 1 期,第 157 页。

③ [德]哈贝马斯:《交往与社会进化》,重庆出版社 1989 年版,第 184 页。

④ [美]李普塞特:《政治人——政治的社会基础》,上海人民出版社 1997 年版,第 55 页。

就会受到惩处，而是因为他们确信遵守是应该的，那么，这个政治权威就是合法的。"①杰克曼的定义是，"如果一个政权不通过诉诸于暴力手段，就能够从大多数人那里引导出大规模的服从，那么，从这一意义上说，这个政权就是合法。"概言之，合法性强调的是社会民众对政治统治、政治秩序的认同、信任与忠诚。而这种认同、信任与忠诚，既不是基于强权驱迫的屈从，也不是对权威的盲从，而是经过理性思虑后的由衷拥护和自觉效忠。因此，对政治合法性的评估主要立足于两个指标：一是民众对既定政权的支持率；二是民众支持既定政权的持久性。

马克斯·韦伯根据不同政权建立时的权威基础，将合法性的类型划分为三种，即法理型（合法性来自于法律制度和统治者指令权力）、传统型（合法性来自于传统的神圣性）、魅力型（合法性来自于英雄化的非凡个人以及他所默示和创建的制度的神圣性），并认为法理型统治是最稳定的统治形式，因为这种统治类型依靠的是人们对社会制度或规章程序的认同和服从。也有学者根据历史时代的演变，将政治合法性认同基础划分为意识形态基础（价值认同）、制度基础（制度认同）、有效性基础（政绩认同）等三种。其中意识形态基础体现为统治阶级通过意识形态的灌输与教育，使民众的情感、态度、价值观合乎统治者的要求，获得民众的支持和认同；制度基础是执政者或统治者的行为合乎既定的社会制度安排或社会公认的法则；有效性基础是指通过满足民众生存和发展的需求，创造良好的社会秩序，保障公民的合法权益，从而获得民众的支持和认同。事实上，当代政治合法型的构建已突破了韦伯的分析框架，执政党越来越倾向于政绩合法性，即基于执政者的政绩或绩效（包括政治绩效、经济绩效、社会文化绩效等）来获得民众对自身的认同、支持与服从。换言之，政绩合法性既可包括通过经济增长提高民众物质生活水平获得的政绩合法性，也可通过强调社会公平而获得的政绩合法性。

政治合法性的来源及其当代的民生化转向。在人类历史上，构成政治合法性的基础不是一成不变的。考察一下中国历史上政治合法性的建构与执政资源获得的历史演变，对于理解当代政治合法性来源的民生化转向是很有意义的。

中国传统社会的政治统治可以说来源于"道德政治"的合法性，即我国古代皇权统治的合法性来源，来自于"天道"与"德行"："道之大原出于天""君权神授"，自然、人事都受制于天，其权威性无可置疑。同时，衡量"天道""天意"的一个重

①　[美]阿尔蒙德:《发展中的政治经济》,上海译文出版社1993年版,第65页。

要标准就是统治阶级尤其是帝王的行为要合乎"德行"。它集中体现了中国传统政治合法性的哲学思想与儒家学说致力于政治之道的追求,认为统治者只有施行礼治、德治、贤政、仁政、德政,并以仁义礼智信的道德规范和伦理秩序来约束统治者,他们才具有合法的统治资格。同时,儒家还将其思想内化为普通百姓的日常生活,将政治秩序道德化,用道德去感化教育人,使人心良善,从而实现稳定的统治和民众的认同。可见,道德在中国古代与政权的合法性相结合,不仅要求执政者具备良好的品行,施行仁政爱民遵守礼治等,而且意味着君主要将这种内在修养施行于外,成就德政。道德政治深刻地影响了古代中国政治合法性的建构路径,以至于它过分重视德政与意识形态的作用,忽视了制度建构的合法性作用。

从中华人民共和国成立到十一届三中全会之前,它体现为马列主义、毛泽东思想的指导地位,只有共产党才能领导中国,只有社会主义才能发展中国的坚定信念,以及毛泽东为核心的中共领袖的人格魅力,使民众对共产党的执政地位充满了信任和期待。十一届三中全会以后,随着改革开放以来经济、政治、社会、文化的变迁,以传统的意识形态、个人魅力为基础的合法性面临重大挑战。坚持以经济建设为中心,通过改革开放与发展经济,改善人民生活水平,使得政治合法性的基础从过去的意识形态为主导转变为经济建设绩效为主导。按照邓小平的说法,发展是硬道理,经济工作是当时最大的政治,经济问题是压倒一切的政治问题,不搞改革开放、发展经济和改善人民生活水平,只能是死路一条。正是"经济增长以及它对中国社会产生的深远影响是中国政权政治合法性的源泉"①。经济增长固然可以提高政治合法性,但过分夸大经济增长或依赖经济增长作为政治合法性的唯一基础,也是十分危险的。正如亨廷顿所提出的"合法性的困局"之命题,"由于它们的合法性是建立在政绩的标准之上,权威政权如果不能有好的政绩,将失去合法性,如果政绩好了,也将失去合法性"②。解决这一矛盾,迫切需要将"公平公正""公民权利""公共利益最大化"等作为政府公共福利和政治合法性的基本原则和价值基础。"这一切都显示出我们已开始由追求经济增长指数作为合法性最重要的支撑时期,进入一个以民生改善、国民福祉为取向,把民众生活质

---

① [法]让·马克夸克:《合法性与政治》,中央编译出版社2002年版,第3页。
② [美]塞缪尔·亨廷顿:《第三波——20世纪末的民主化浪潮》,上海三联1998年版,第54、64页。

量指数作为合法性支撑来源的民生政治时代"①。民生政治就是以改善民生为政治目标,把民生的改善作为衡量发展的最高标准,用民众生活质量指数和满意指数取代简单的经济发展指数作为考量政治发展的标杆。

所谓"民生政治",就是以满足民生需求为首要价值诉求的民主政治模式,它强调民生对政治生活的基础性意义,意味着政府要以民生问题作为政治决策、政治职能和政治资源配置的重心,并将民生改善、国民福祉作为政治发展的根本目的和最高标准。在这里,民生问题不仅是一个经济问题或社会问题,更是一个重要的政治议题。因为民生问题彰显社会公平正义,民生问题关乎公共社会服务,民生问题指涉制度安排,民生问题体现政治价值追求、治国理念和政策导向,民生问题事关国家的长治久安。"保障和改善民生,是我们搞革命、搞建设、搞改革的出发点和落脚点"②。因此,民生问题实质上是一个政治问题。民生政治是政治之于民生与民生之于政治两方面的结合,即民生规定着政治的内容,政治规定着民生的出路。它要求政府坚持以人为本,更加关注民生,为改善民生提供公平正义的环境,加大国家公共财政在基本公共服务中的支出结构和力度,实现基本公共服务的均等化,建设公共服务型政府,并将民生作为政治发展提供动力源泉并成为判断工作成败得失的根本标准。按照民生状况与执政资源两者之间的内在关联,民生问题解决得越好,国民福祉实现程度越高,民众对政府的支持和配合的程度也就越高,政府的合法性资源和程度也就充分。这也表明在民生政治模式下,政治合法性主要源自于民众生活质量与生活满意度的提高,民生改善与发展状况,越来越成为民众对执政党或政治集团认同和信任的决定性因素。无疑,民生政治已成为中国共产党合法性的新资源。

三、提升民生时代公共政治建设水平的条件与路径

提升民生时代公共政治建设水平,关键在于实现政府的公共性,建设以民生为本位的公共民生型政府。所谓"公共民生型政府"是指为满足和提升民众生活需求、实现社会公共利益和维护社会公平正义,并以向社会民众提供充足优质高效的公共产品、公共服务为核心职能的现代政府。公共民生型政府的建设需要一

---

① 曹文宏:《民生政治:民生问题的政治学诠释》,《社会学研究》2007 年第 6 期。
② 中共中央文献研究室编:《科学发展观重要论述摘编》,中央文献出版社 2008 年版,第 75、16、17、56 页。

定的条件和路径。就实现条件而言,包括政府公共理念与公共精神的确立,通过社会生产力水平的提高向社会提供更多的公共产品与公共服务,加强制度建设实行对公权力的规制,以及培育市民社会等。就实现路径而言,公共民生型政府以"经济调节、市场监管、公共服务"为职能定位,实现了对以往全能型政府与经济建设型政府的双重超越。①

(一)政府公共性的实现条件

确立公共理念与公共精神是实现政府公共性的主观条件。这要求加强对政府机关及其官员的职业伦理教育,包括坚持正确的权力观、政绩观、廉政观和民主法治观,牢固树立政府的服务观念、透明高效观念、廉洁从政观念等,培养和强化他们的服务意识和公共伦理。公共精神教育尤其重要,包括民主精神、公正精神等,它是激励政府工作人员实现政府公共性的精神动力和价值追求,增强其工作责任感和使命感,也是有效防止他们偏离公共性,追求自利性的约束机制。同时,确立公共理念和公共精神也是对广大民众的公共伦理要求,是每一位公民应具备的道德品质和操守,也是社会共同体的精神粘合剂,因而是培育壮大具有公共理性与批判功能的公民社会基础和前提,成为促进政府公共性的不竭动力。

通过提升生产力水平壮大公共产品和公共服务的能力。实现政府的公共性离不开向全社会提供公共产品和公共服务,但公共产品与公共服务的供给水平归根到底取决于社会生产力发展的水平并与之相适应。按照马克思的观点,物质生产资料的再生产是人类社会存在和发展的前提,经济因素是人类社会的物质基础和最终决定力量,也是政府公共性实现的客观条件。中国当代社会公共领域的主要矛盾是民众对公共产品与公共服务需求的不断增长和公共财政对民众需求的供给和满足不足之间的矛盾,也即人民日益增长的公共需求与政府公共产品和公共服务供给不足之间的矛盾。解决这一矛盾的根本途径在于通过发展生产力,增强和壮大政府提供公共产品和公共服务的物质基础。

权力规制与公共政策等制度建设是实现政府公共性的制度保证。虽然公民的政治诉求要求政府维护和实现其公共性,但政府机构并不是一个抽象物,而是由公民选举产生的代表即公务人员组成,他们既是"公共人",也是"经济人",具

---

① 参见王同新:《马克思恩格斯政府公共性思想与公共服务型政府构建》,中央编译出版社2014年版。

有双重属性。也就是说,政府在为公共利益的同时,也有追求私人利益即自利性的可能,政府会处于公共利益与私人利益、公共性与自利性的矛盾交织中。在阶级对抗社会中,往往成为统治阶级和强势集团欺压人民的暴力工具。在社会主义国家里,政府机关之公共性也并不会完全由政府自发实现,为规避政府官员受自利性驱使而在制度公共政策和配置公共资源中偏离公共性,必须对公共权力进行规制。具体包括宪法至上、权力制衡、民主法治、民主监督、公开透明、责任追究,以及政府权力与界限,公民权利与义务等制度设计。公共政策也是政府借助公共权力,弥补市场市场机制缺陷而做出的制度安排,其目标是为了维护社会公平正义,解决公共问题和增进公共利益。

公民社会的培育和壮大是推动政府公共性的根本动力。在当代,一个政治社会最终可划分为国家(政府)与公民社会、公共领域和私人领域、政治权力和政治权利等二元结构。国家(政府)与公民社会的关系是正确理解政府公共性的关键之所在。政府公共性的实现,从根本上说是政府与公民社会之间互相制衡的结果,是民主权利和公众力量驱使的结果。因此,公民社会的培育与壮大是推动实现政府公共性的根本动力。在当代社会,随着第三部门的日益成熟和市民社会的崛起,出现了政府、市场主体、公民与社会公共组织多元合作、共同参与公共治理的新格局,由此推动着政府公共性逐步向社会转移,政府权力不断向社会回归。从这一意义上说,公民社会推动政府公共性的过程,就是政府公共性逐渐乃至最终完全向社会转移的过程,也就是政府权力逐渐乃至最终完全向社会权利回归的过程。"自由人联合体"将实现人类真正完全的公共性。

(二)公共民生型政府的建设路径

在民生本位时代,政府公共性的实现形式具体体现为公共民生型政府的构建,构建民生政府是有效推进民生建设的政治保障,也是当代中国行政改革的主旋律。所谓民生型政府,是一种在关注和重视民生的理念指导下,以改善民生为宗旨,实现保障民生职能并承担着相应责任的政府。

首先,要求民生型政府树立"以人为本"和"人民主体"的政治观,以满足人民对美好生活的追求和向往为最大目标。这种民生政治观把人民的需求作为根本价值诉求,把人民群众看作推动发展的力量源泉,把满足人民对美好生活的追求和向往作为根本目标,强调党的领导的力量源泉和责任目标寓于人民群众一体之中。它要求政府把人作为民生型政府建设的根本出发点和归宿,促进人民利益的最大化,不断回应公民和社会的需求,实现好、维护好、发展好最广大人民的根本利益。正如习近平同志所指出的:"我们的人民热爱生活,期望有更好的教育,更稳定的工作,更满意的收入,更可靠的社会保障,更高水平的医疗卫生服务,更舒适的居住条件,更优美的环境,盼望孩子们能成长得更好、工作更好、生活得更好。"人民这种对美好生活的期许和追求需要通过构建民生型政府和民生政治实践得以实现。为此,必须"随时随刻倾听人民的呼声、回应人民的期待,保证人民平等发展的权利,维护社会公平正义,在学有所教、劳有所得、病有所医、老有所养、住有所居上持续取得进展,不断实现好、维护好、发展好最广大人民的根本利益,使发展成果更多更公平惠及全体人民,在经济社会不断发展的基础上,朝着共同富裕方向稳步前进。"①

其次,构建以民生为重点和导向的公共服务型政府,实现对以往"全能型政府"与"经济建设型政府"的双重超越。新中国成立以来,在新中国政府职能定位上先后出现过改革开放前的"全能型政府"和改革开放后的"经济建设型政府"两种形态或两个阶段。"全能型政府片面强调政治统治职能而忽视了社会公共职能,经济建设型政府片面追求 GDP 与经济增长而忽视了社会管理和公共服务,实践中都导致政府公共性一定程度的缺失。"②改革开放以来,我国实现了国家战略中心的转移,凸显了政府的经济职能,即以经济建设为中心,通过市场化改革和引入竞争机制,提高社会活力和效率,创造了 30 多年经济高速增长、成为世界第二大经济共同体的"中国奇迹",人民生活水平明显改善、综合国力显著增强,基本告别了私人产品短缺的时代。但是,政府由于重经济建设、轻社会建设和公共服务,造成了经济增长与社会管理、公共服务之间很不协调,社会建设水平严重滞后。表现在政府在公共产品和服务方面投入不足,尤其是公共医疗卫生、公共教育、社会保障、生态环境保护等公共产品供给严重短缺,难以满足人民群众快速增长的公共需求;基本公共服务发展不均衡,城乡之间、区域之间、不同职业群体之间收入差距拉大、贫富分化严重,彰显公平正义、共享发展成果成为亟待解决的社会难题。面对民众公共需求全面快速增长和基本公共产品和服务严重短缺之间的阶

---

① 《习近平在十八届中共中央政治局常委同中外记者见面时的发言》,《人民日报》2012 年 12 月 11 日。

② 王同新:《马克思恩格斯政府公共性思想与公共服务型政府构建》,中央编译出版社 2014 年版,第 137 页。

段性矛盾,解决公共产品和服务供需之间的矛盾、彰显社会公平正义、共享社会发展成果,已成为政府当前面临的主要任务。因此,转变政府长期充当经济建设主体的角色,构建以民生为重点和导向的公共服务型政府,已成为我国政府职能转换和提升的当务之急。

构建以民生为重点和导向的公共服务型政府,就要增强政府的社会管理和公共服务能力,弱化政府的经济干预职能,积极引导社会组织参与公共服务的提供,以加快推进政府职能的转变;增加公共教育、公共医疗、社会保障、环境保护和科技研发等方面的公共服务投入,以实现"学有所教、劳有所得、病有所医、老有所养、住有所居"的目标要求;提高政府公共产品供给能力,以满足快速增长的社会公共需求;尽量缩小城乡和地区之间基本公共服务的差距,实现基本公共服务均等化,以维护社会公平正义;建立以改善民生为导向的政绩考评制度和相应的行政责任制,实现我国政府绩效评价主体的多元化。

第三节　公共文化建设是构建公共民生体系的精神支撑

文化是民族的血脉,是人民的精神家园,是构成人民精神生活的主要方式。列宁指出:"民族首先是以共同语言为媒体的文化共同体;可以称为民族的精神本质的民族文化是民族生活的全部历史的反映。"[①]在当代,文化为社会发展所提供的思想保障、精神动力、智力支持和凝聚力量,综合融汇在一起,便形成一个国家的软实力,越来越成为综合国力的重要组成部分和显著标志。但是,任何文化的发展只有以民生的维度为支撑才具有扎实的根基和活络的血脉。文化民生是人民生活质量提高的重要标志,它通过以文化建设带动民生建设,以民生建设体现社会建设中的文化关怀,通过提高人们的文化素质和道德修养,带来人们生活态度和价值观念的改变、提升。中国社会民生实践正在从生存型温饱型向发展型享受型、从单一性向多样性、全面性发展,人民最关心、最直接、最现实的利益需求已经不只局限于吃饱穿暖的生存性问题,而是提升到了包括教育和精神文化享受在内的发展性民生问题。在这一过程中,公共文化民生对于民生实践向更全面、更

---

①　《列宁全集》第59卷,人民出版社1990年版,第361页。

高级的发展占有越来越重要的地位。如果说,"就业是民生之本,就学是民生之基,就医是民生之急,那么,文化则是民生之魂"。坚持民生导向,完善公共文化服务体系是当务之急。

一、公共文化及其功能

(一)马克思文化观的实践性本质与主体性功能

虽然马克思在创立唯物史观的过程中,出于对"文化史观""文化中心论"等唯心史观的警惕和批判,而较少使用文化概念,更未提出公共文化范畴,但对文化理论的关注却贯穿于马克思一生理论研究的全过程。其中,从实践活动出发揭示文化的本质,认为文化是人的本质和本质力量的对象性存在,是马克思文化观的根本观点。从最一般的意义上说,文化是一个与"自然"相对的总体性范畴,就是说,凡是区别于纯粹的自然界而为人类社会所特有的一切事物、现象和过程均属于文化的范畴。这是人类居住于自然环境中的独特方式和根本标志,也是人类掌握、控制和调适世界的基本方式。但文化的这种超自然性,并不意味着它可以脱离自然界而从观念的母胎中先验地无中生有。从发生学的角度看,文化是以自然为生命源泉的人类,以感性活动的方式培育和摘取的自然之树上的果实,人类所创造的所有文化都是在人与自然的"为我关系"中的展开,是人与自然在实践基础上的完成了的本质的统一。因此,文化和自然在这里的区别在于,文化是人类以自身的要求为尺度而改造或扬弃了的自然界即"人化"的自然界。这种"人化"的或"人类学的自然界",由于人的本质力量的对象化、"作为人的人"的活动方式、存在方式,从而赋予了文化的性质和内涵。在马克思看来,文化因人而生成,文化即"人化",它"是一本打开了的关于人的本质力量的书,是感性地摆在我们面前的人的心理学"①。

如果说从实践活动出发考察文化的本质是马克思文化观的根本观点,那么,把文化的发展同作为社会历史主体的人的全面发展联系起来,坚持文化发展上的"人本"立场,则是马克思文化观的根本特色。根据马克思的观点,人与文化的关系是历史主客体在实践活动中双向建构的关系,是"人化"与"化人"的辩证统一:一方面,人类在满足自身需要的对象性活动中创造了文化,文化世界乃是人的对

---

① 《马克思恩格斯全集》第 42 卷,人民出版社 1979 年版,第 127 页。

象性存在。这是一个主体客体化的过程;另一方面,人类创造的文化又具有超越主体的客观形式,它形成了人类社会特有的文化遗传机制,反过来塑造人,使人成为特定的文化存在物。"不仅我们创造文化,文化也创造了我们。个体永远不能从自身来理解,他只能从支持他并渗透于他的文化的先定性中获得理解。"①这是一个客体的主体化过程。正是在人与文化的主客体双向建构过程中,包含着"人将自己的本质力量对象化与将成果当作我的东西来占有这两个方面的统一。……在这个互为前提的运动中,主体当然是主导的方面。主体将自身客体化,又导致了客体的主体化。于是主体显示自己的各种本质力量,同时又使这些本质力量得到锻炼、陶冶和发展,从而变革着自身。"②可见,文化在深层本质上是围绕人且指向人的。文化作为人类历史地凝结成的稳定的生存方式,其核心是自觉不自觉地建构起来的人的形象。在马克思看来,人类生产实践的文化意义在于:"培养社会的人的一切属性,并且把他作为具有尽可能丰富的属性和联系的人,因而具有尽可能广泛需要的人生产出来——把他作为尽可能完整的和全面的社会产品生产出来。"③因此,任何文化活动作为主体人的活动,都应该是"围绕人并为了人"的活动。所谓"文化上的每一个进步,都是人类迈向自由的一步"④。

(二)公共文化及其本质特征

公共文化相对于私人文化而言。公共文化是一定范围内的民众共同享有的一种生活方式,是生活在一定共同体的人们较为稳定的一种行为模式,属于人们在相互交往实践中创造的包含生存智慧、交往伦理、价值诉求等内涵的综合体。

按照公共经济学的观点,没有竞争性和排他性消费的产品就是公共产品。公共文化产品也是一样,实际上就是哈贝马斯所说的公共领域,它具有消费对象上的公众性、公用性,提供方式上的公正性、公开性,价值目标上的公益性、共享性等。因此,公共文化的最基本特征在于公共性,这种公共性主要体现在主体上的人民性、性质上的公益性、分布上的均衡性、内容上的基本性等几个方面。

主体上的人本性、人民性。人是民生发展的动力,也是民生发展的目的,人本性是马克思民生思想的出发点和立足点。文化民生以满足广大民众对文化多样

---

① 兰德曼:《哲学人类学》,工人出版社 1988 年版,第 5 页。
② 岩崎允胤:《文化和人类活动的辩证法》,《哲学研究》1990 年第 2 期。
③ 《马克思恩格斯全集》第 46 卷(上),人民出版社 1979 年版,第 494 页。
④ 《马克思恩格斯选集》第 3 卷,人民出版社 1995 年版,第 456 页。

化、个性化、全方位的需求,促进人自由全面发展,改善人民文化生活为目标,它使人的生存意义从"市民社会中的存活"向"人类社会诗意地栖居"提升。公共文化的公共性特质,首先就表现为它是公民的一种基本人权也即"民权",公共文化建设的本质,在于对人的基本文化权利的尊重,并以实现人的基本文化权利为前提。与人的经济权利、政治权利一样,公民文化权利构成人的法定权利,是彰显人民群众作为文化主体首要地位的基本标志。具体而言,公民文化权利主要体现为公民享受消费文化成果的权利、参与文化活动的权利、开展文化创造的权利和文化成果受保护的权利。只有把公共文化服务理解为落实公民的文化权利,才能厘清国家与社会、政府和市场的关系,解决社会力量参与问题,激发社会各类主体参与公共文化活动的积极性,让所有人的文化创造力自由涌动。

性质上的公益性、公用性。政府提供的公共文化服务具有公益性质,目的并不是为了谋求经济利益,而是为了弥补市场文化服务的不足和缺失,体现公共文化资源取之于民用之于民的公共情怀,旨在促进人的素质的提高和全面发展,实现社会公众长远和整体的文化权益。因此,公共文化要始终坚持公益的属性,把社会效益放在首位,大力发展公益性文化事业,加强公益性文化设施建设,降低公共文化服务成本,扩大公共文化服务范围,增强公共文化服务能力,增加公共文化服务供给。

分布上的均衡性、均等性。提供公共文化产品和服务,是政府面向公众的一种文化回报,应面向社会、面向公众普遍开放,为社会的全体成员服务。获取和享有公共文化服务,也是社会公众普遍享有的基本文化权利。因此,要公平分配,均衡布局,使得所有人都能享受到政府提供的同等程度的公共文化服务。尤其要使公共文化资源更多地流向基层、流向农村、流向弱势群体,促进公共文化服务资源的合理配置和均衡发展,全面提高整个社会的公共文化服务保障水平,使经济建设和文化发展的成果,能够真正惠及全体人民。

提供上的基本性、基础性。推进文化民生建设,首要的是要"保基本"。政府向全社会提供的公共文化服务,属于满足人民群众基本文化需求的服务,超出基本公共文化服务范围的需求,可以通过文化市场获得。由于人民群众日益增长的文化需求和公共文化服务供给的有限性,是公共文化服务领域存在的根本矛盾。要解决这个矛盾,最根本的途径,就是要大力解放和发展社会生产力,使社会的物质财富和文化资源极大地丰富起来。目前,各级政府从实际出发,根据一定时期社会经济的发展水平和人民群众的现实需要,来规划安排公共文化服务项目,组织提供公共文化服务,做到既量力而行,又尽力而为。

(三)公共文化建设的民生功能

由于现实的人是物质实践和精神实践、社会存在与社会意识的统一体,现代意义上的民生是包括物质需求和精神需求的综合,一旦人的物质生存需求得到一定程度上的满足之后,随之而来的就是关于如何生存的精神需求问题。如果说"经济民生"是指物质层面的"人民的生计",经济民生问题是贯穿于人的生存和发展过程的基本问题,那么,"文化民生"就是文化层面的人民生计,文化民生问题是广大民众精神生命的安顿与发展问题。"文化上的每一个进步,都是迈向自由的一步"①。因此,建构公共文化服务体系对于民生建设具有多方面的意义。

首先,维护和保障公民的基本文化权利,满足人民群众的精神文化需求。文化消费、享受和创造等权利,与其经济权利、社会权利、政治权利一样,都是公民的自主选择权利,甚至是更为重要的权利,公民文化权利的实现程度也是社会文明与进步程度的标志之一。只有在维护和保障公民的基本文化权利的基础上,才能谈得上更好地满足人民群众的精神文化需求。这种精神文化需求包括文化记忆、文化消费、文化发展等依次递进的三个层次。其中"文化记忆"是文化民生的根,它蕴含着各地的人文地理特征、历史风貌和风土人情,寄托着人们深厚的感情和精神家园,人们在这个精神家园里感受着文化的源远流长和沧桑巨变;"文化消费"是以机会均等与成果共享的原则,使文化产品满足人的精神需求、共享文化发展成果的过程,人们在文化消费中实现着文化生活的参与权、选择权和享受权、评价权等;"文化发展"是一个不断满足人民的精神需求,不断发展创新文化以满足文化民生的过程,文化发展是文化民生最高层次的内容,是文化民生的动力和源泉。

其次,促进人的自由而全面发展,推动社会文明的全面进步。实现人的全面发展,就要不断地满足人的物质和精神两个方面的需求。文化民生可以为人民群众提供他们喜爱的、优秀健康的多元化、多层次、多样性的精神产品;可以实现对人的文化熏陶、心灵净化和境界提升的目标;可以使人们得到全面的人文关怀,促进人的全面自由发展。

---

① 《马克思恩格斯选集》第3卷,人民出版社1995年版,第54页。

任何文化的发展总是体现了一定的文明程度,而任何文明又总是蕴含在一定的文化之中,文化的根本作用在于创造和提升社会的文明程度。建设与发展公共文化,就是要通过先进的思想观念、价值导向的影响和引领,使社会制度的安排更为合理,社会关系更加和谐,社会风气更为净化,社会公德更为高尚,进而使社会发展得越来越文明。具体而言,文化民生通过构建健康向上、协同进步的文化体系,能够发挥文化的熏陶、教化、激励的作用,愉悦民众身心,丰富其精神内涵,培育高尚的道德情操,营造和谐的文化氛围,从而增强减少和化解矛盾的精神力量;通过发挥先进文化的凝聚、润滑、整合作用,通过有说服力的、贴近民众的方式,倡导社会公平、公正、平等,规范个人的思想和行为准则,进而把社会成员的行为纳入一定的轨道和模式,使社会秩序协调融洽。

再次,带动文化产业的大发展。文化产业具有资源消耗低、环境污染小、科技含量高的特点,能极大地优化我国的产业结构,推动社会科学发展,提升可持续发展能力。因此,文化民生不仅具有提高民众生活质量的功能,还可以通过对经济社会发展的导向驱动,促进经济社会结构的转型升级。

二、公共文化建设面临的挑战

公共民生文化的建设与发展是一项系统工程,其建设和发展成效往往与一个国家和地区在某一历史阶段的经济发展水平、财政文化投入、文化产业发展状况、文化政策体系与法律规范等多重因素密切相关。首先,与经济发展水平密切相关。一般来说,经济发展水平越高,财政投入公共文化建设的力度就越大,公共文化服务体系就越完善,民众文化权益的实现程度也就越高。虽然当前我国的经济总量巨大,但人均资源偏少,尤其是对于欠发达地区的百姓来说,文化消费仍属于"奢侈消费"。相对落后的经济发展水平在最终意义上制约了公共文化民生的发展。其次,与政府财政文化投入规模与方式相关。虽然近年来我国政府对文化事业的投入逐年递增,但与加强公共文化服务体系建设的客观要求和人民群众的主观需求来说,仍然存在较大的差距。投入不足已经成为直接制约公共文化服务体系建设的重要因素。与投入规模相比,投入方式存在的问题更大。我国大部分地区公共文化财政是按照传统行政管制的"条块"模式,过分依赖地方财政的投入,这使得投入资金分散化,导致地区之间、城乡之间资金投入的不平衡。再次,与政策体系和法律法规相关。系统和规范的政策、法制和有效监督考核机制是公共文

化服务体系有效建构和运行的制度保障。按照上述形成条件和制约因素,当前我国公共文化建设面临的挑战主要有:

第一,公共文化产品、公共文化服务供给不足,文化产业相对落后。改革开放以来,我国公共文化产品和公共文化服务取得的成就是有目共睹的。但随着经济社会的发展和人民生活水平的提高,人民群众的物质文化需求日益增长,消费方式发生了深刻的变化,对公共文化产品和公共文化服务体系建设提出了新的更高的要求,而文化产品与公共文化服务体系供给则相对不足、质量不高。因此,人民群众的基本文化需求同公共文化服务能力不足之间的矛盾依然较为突出。出现这种情况的根源,主要还是受到经济发展水平的制约,政府财政文化投入不足。虽然我国经济总量已居世界第二,但人均资源还很有限且地区之间很不平衡,特别在欠发达地区受财力所限,政府无力顾及文化建设,普遍存在经济和文化一手硬、一手软的现象,文化消费仍然属于"奢侈消费"。正由于财政投入不足,很多地方即使兴建了文化设施也只是"形象工程",严重影响文化产品和服务的持续供给能力。公共文化服务供给不足,还与文化产业的落后密切相关。文化产业是新兴的朝阳产业,在许多发达国家其发展速度超过传统产业,发展规模已成为国民经济的支柱产业。但我国的文化产业在规模、结构及社会化程度都比较低。"韩国、日本的文化产业占 GDP15%以上,美国占30%,我们连5%都不到。"①相对落后的文化产业势必影响到文化民生的建设水平。

第二,公共文化服务体系不均等现象严重存在,公平性明显不足。公共文化资源在不同阶层、不同地域和不同群体之间的分布不平等、不均衡。这种不均衡性,在很大程度上表现为与经济发展水平相一致,拥有相对丰富经济资源的地区、阶层,政府提供的公共文化资源也就越多,而落后偏远的地区、弱势阶层则可支配的公共文化资源越少。比如:在城乡之间,非均衡的公共政策使得公共文化建设财政投入的差距呈扩大态势;非均衡的国民收入分配政策使得居民对于文化产品及服务的消费差距也呈不断扩大的趋势;政府对农村公共文化事业建设重视不足,使得农村公共文化从业人员数量不足、整体素质偏低;农村文化市场发育不充分,使得农村公共文化建设的多渠道融资机制尚未形成。此外,公共文化服务不

---

① 《放飞"文化强国"之梦——代表委员聚焦文化产业成为"国民经济支柱性产业"》,新华网 http//news.xinhuanet.com/politics,2011 年 3 月 6 日。

均等还体现在:东西部经济社会文化差别,使得西部地区公共文化服务滞后于东部地区;城市常住人口与外来农民工人口差别,使得农民工所享有的公共文化服务不均等。因此,构建覆盖全社会的公共文化服务体系,要着重解决城乡基层民众、广大弱势群体所享有的公共文化服务的不均等问题。

第三,公民公共文化权利未得到应有的尊重和实现。社会的发展归根到底是通过人和为了人的发展。人是社会发展的推动者,社会的发展必须调动发挥人的积极性和创造性,社会发展所需要的物质上的和精神的财富,都是人的活动创造的结果;而社会发展的目的则是为人的发展,人的发展过程实质上又是人的权利的满足和实现过程。但人的权利的满足和实现并不是"天赋"的、自然而然给予的,而是自身努力争取的结果。从这一意义上说,人类社会的发展过程也就是人对自身权利不懈追求的过程,包括文化创造、文化享受、文化消费和文化休闲等权利。这里的文化权利与人的经济权利、政治权利一起,构成了人的法定权利。社会主义制度与以往社会制度的本质区别首先体现在公民的各种权利,社会发展的目的是为了满足人民群众日益增长的物质和精神文化生活需求。但由于社会主义制度的不完善性和我国公共文化发展上的滞后性,在公民公共文化权利的尊重和保障方面仍存在许多缺陷。主要表现在:公民的主体地位得不到尊重。文化民生建设是人类基本实践活动之一,离不开人民群众的参与和创造,民众理应成为建设的主体和监督的主体;公民的一些合理诉求得不到回应。由于现实中存在着不合理的政绩考核体系,如唯上主义、唯 GDP 主义等,导致政府及其官员忽视民众的权利,只对上负责,而文化民生建设对于提高地方官员 GDP 政绩收效不大,动力不足。部分公民的文化权益得不到保障,尤其是社会底层的民众和弱势群体的文化权益无法得到根本保障。

三、公共文化民生建设的基本路径

首先,遵循共建共享机制,以人民为文化民生主体,以实现公民各项基本文化权利为保障,让民众成为文化民生的主角。努力保障和实现人的基本文化权利,是推动文化民生建设的本质所在,公共文化民生的建设理应以发展和实现公民基本文化权益为前提,让他们真正成为文化民生建设的参与者、推动者、享受者和评判者。(1)让公民成为文化民生建设的真正参与者。为了保证公民的参与切实有效地促进文化民生建设,必须不断提高公民参与文化民生建设的能力和水平;(2)

让公民成为文化民生建设的真正推动者。民众当中蕴藏着无限的力量,文化民生建设的推进不能仅仅靠政府,还要依靠民众。政府要创造条件,广开财源,多渠道开展文化民生建设活动,尤其要动员民营企业和富人投资文化民生建设。(3)让公民成为文化民生建设的真正享用者。文化民生建设的出发点和归宿是公民,其根本意义在于满足他们的精神文化生活需求,其基本立场是要将基本公共文化服务普惠于全体民众。应该在坚持基本平等原则的前提下,向普通公民特别是底层社会的弱势群体倾斜。在这里,文化民生建设还承担着在文化领域推进"分配正义"的政治功能。(4)让公民成为文化民生建设的真正评判者。文化民生建设搞得成效如何,最有资格评判的是广大民众,要想从根本上改善文化民生服务,最终的评判权一定要交给公民,由公民客观地对政府的文化民生建设打分。

其次,构建现代公共文化服务体系,实行公共文化建设主体多元化和运作社会化。所谓"现代公共文化服务体系是以保证公民基本文化权益,满足公民基本文化需求为目的,以政府主导,以公正财务为支撑,以公益性文化单位为骨干,向社会提供公共文化设施、产品、服务以及制度体系"①。完善的公共文化服务体系应包括:公共文化产品生产服务供给体系,公共文化服务设施网络覆盖体系,公共文化服务的群众性文化活动体系,公共文化人才、资金投入和技术保障体系,公共文化服务组织支撑体系,公共文化服务评估监督体系等方面内容。构建现代公共文化服务体系是一项系统而长期的"民生工程",为此,必须实行公共文化建设主体多元化和运作社会化,即坚持以政府为主导、以财政投入为保障,突出市场在配置公共文化资源的作用,建立公共文化服务建设主体多元化机制。

政府之所以是主导,是因为建立完善的公共文化服务体系是公共服务型政府建设的重要内容;提供基本的公共文化服务,保障广大群众的基本文化权益,是政府的重要职责。文化发展离不开政府的投入,要建立与经济社会发展相适应的政府财政投入机制,确保财政对公共文化服务体系建设的投入稳定增长。值得指出的是,政府并不是唯一有效的提供者,大量的社会组织和民间力量的参与和支持,对于公共文化产品与服务的有效供给具有不可替代的重要作用。因此,需要充分发挥文化事业单位、文化企业和社会文艺团体等的主体作用,形成公共文化服务

---

① 《中国文化报》评论员文章:《建构现代公共文化服务体系的重要制度设计》,2015 年 1 月 15 日。

体系建设的强大合力。进一步调动文化企业、社会文艺社团、企业文艺团体的积极性和创造性，鼓励和引导社会力量参与提供公共文化产品和服务，建立"政府主导、社会参与、机制灵活、政策激励"的公共文化服务供给模式。积极引导社会力量以多种形式参与公共文化服务，支持民办公益性文化机构的发展，鼓励民间开办博物馆、图书馆等，促进公共文化服务建设的多元化、社会化，满足多样化、多层次的文化需求。同时，要建立科学的考核监督机制，把文化民生纳入政府考核评价体系中。建立公共文化服务体系运行考核标准，完善监督反馈机制，对公共文化服务体系和各个环节进行全面监督和评估，提高公共文化服务的效率和质量。总之，文化民生是一项长期的系统工程，政府既要责任到位，又不能包揽过多。政府要在构建公共文化服务体系上尽全面担当之责，在文化产业大发展中尽推动扶持之责，在文化民生落实中尽管理监督之责。

再次，建设覆盖全社会的基本公共文化服务体系，实现标准化、均等化和公平性的供给。作为一种基本的权益，公共文化服务并不是一种特权，而是每个公民都应当享有的基本权利，这就要求我们在公共文化体系构建过程中要十分注意标准化、均等化与公平性，所谓"保基本，促公平，统筹推进公共文化服务均衡发展"。对于公民文化需求具有基准性的文化产品和服务，政府应无差别地均等化提供，广大公民应该能平等地享有公共文化产品和服务，所谓"有教无类"、普遍均等。为此，就要优化城乡之间、区域之间、群体之间公共资源分配，提供均等化基本公共文化服务，提高文化产品供给的公平性，尤其要解决文化产品在城乡、地域差距问题。要加大对广大农村地区、中西部地区和社会弱势群体的公共文化服务建设的支持和帮扶力度，改善他们的公共文化基础设施条件，完善公共文化服务体系，保障农民和城市低收入群体的基本文化权益。

第四节　公共环境建设是构建公共民生体系的生态保障

在环境、气候、生态、可持续发展等问题日益凸显的今天，公共生态环境建设越来越成为一个具有广泛性和基础性的公共民生课题。我国已经成为全球第二大经济体，经济的快速发展与13亿人口带来的对生态环境资源的巨大消费需求，使得我国生态环境问题日益突出，并成为制约民生改善的重要瓶颈。加强公共环境建设,构筑公共民生体系的生态保障,关系到社会稳定、经济发展和民生幸福。

一、环境的公共性问题

生态环境是指影响和制约人类生存与发展的水资源、土地资源、生物资源、气候资源的总称,是关系到经济社会持续发展的自然资源和生态系统,也是人类赖以生存和发展的基本场域和自然条件。汉娜·阿伦特认为:"地球是人类条件的精髓所在,尘世的自然在向人类提供栖息之地方面或许在宇宙中是独一无二的行为。"①马克思从经济上将生态环境"分为两大类:生活资料的自然富源,例如土壤的肥力、渔产丰富的水域等等;劳动资料的自然富源,如奔腾的瀑布、可以航行的河流、森林、金属、煤炭等等"②。在生态系统中,人类社会是一个引起生态环境变化的强有力的因素,人类的生产活动和其他活动比任何自然变化或其它生物活动更经常、更迅猛地干预着整个生态环境的变化。正如恩格斯所指出的,"动物仅仅利用外部自然界,简单地通过自身的存在在自然界中引起变化;而人则通过他所作出的改变来使自然界为自己的目的服务,来支配自然界"③。

人类对自然界的支配,既可能促进生态系统的平衡与优化,也可能导致生态系统的失衡并造成严重的环境问题。例如空气严重污染、森林惨遭毁灭、物种大量减少、世界性水源危机、臭氧层变薄等,就是当代人类不当活动带来的严重环境问题。被誉为当代最前沿的思想家之一、罗马俱乐部成员拉兹洛认为,以空气、水源和土壤污染为代表的生态环境危机是人类"未来面临的最重大挑战———比健康、人权、人口增长和贫富悬殊等问题更重要",它将是21世纪影响人类生存和发展的最大威胁。④ 这就需要我们深入反省人类活动与生态环境之间的关系问题。而要反省人类活动对生态环境的影响,需要将公共性视域引入眼帘。从公共性视域看,生态环境危机的产生,其根源可归结为:(1)作为公共物品的生态环境与作为经济资源的生态环境之间的矛盾;(2)作为公共物品的生态环境供给与需求之间的矛盾,即公众日益增长的公共环境服务需求和落后的公共环境服务生产及供给能力之间的矛盾。

---

① 阿伦特:《人的条件》,上海人民出版社1999年版,第38页。
② 《马克思恩格斯全集》第44卷,人民出版社2001年版,第586页。
③ 《马克思恩格斯选集》第4卷,人民出版社1995年版,第383页。
④ 拉兹洛:《巨变》,中信出版社2002年版,第165页。

矛盾之一:作为公共物品的生态环境与作为经济资源的生态环境之间的矛盾。从人类生态学的意义上说,生态环境首先是一种公共物品,然后才是一种经济财富上的资源。不仅如此,随着"生态时代"的来临①,生态环境已成为目前人类最大和最为重要意义上的公共物品。按照公共物品的基本界定,所谓公共物品是指由公共部门提供用来满足社会公共需求的产品或服务,具有不可分割性、非竞争性和非排他性。生态环境具有公共物品的特性,不仅是由于生态环境(如优质的空气、良好的自然环境等)能够满足社会公众在生产、生活中的共同需要,具有不可分割性,而且作为一种公共性场域,它所涵盖的空气、水、土壤、气候等可以让每个社会成员无差别地共同享有,每个社会成员享用并不排斥其他社会成员享用,"每个人的消费不会减少任一其他人对这种物品的消费"②,因此具有非排他性和非竞争性的特点。

但问题在于,公共物品的"非排他性"表明,虽然公共物品的生产和供给需要成本,但一旦形成便无法排除那些没有为之付出成本的消费者消费,每个人总是期望别人负担足够多的成本,自己却不付费就可享用公共物品,这就是所谓"搭便车"问题。在这种情势下,公共物品的供给不足便是不可避免的了。"非竞争性"是公共物品在消费上的另一个经典特质,意即公共物品消费再多,也不用自己直接承担成本,由此导致了公共物品的另一个悲剧性结果就是"过度使用"或"公地悲剧"。美国生物学教授哈丁 1968 年在《科学》杂志上撰文指出:"每个人都追求他自己的最大利益,相信自己在公地上的自由,最终必然是所有人的毁灭,公地自由只能带来全体牧人的毁灭。"③可见,供给不足、过度使用、免费搭车等市场失灵问题,是市场经济条件下公共物品供给和需求的痼疾,作为公共物品的生态环境亦不例外。这是因为,依照近代工业(资本)文明之"经济人"的假定,生态环境因其所具有的公共物品属性,绝大多数情况下都会成为私有利益最大化的牺牲品,必然导致哈丁所言的"公地悲剧";工业社会遵循的是一味追求增长的经济学铁律,即更多的需求和供给、更多的生产和消费、更多的利润和更大的 GDP,其结果

---

① "生态时代"的提法,是人们经由资本—工业文明带来的阵痛而不断反省的产物。生态环境问题已成为当代人类所面临的诸多公共性问题之一,但对于生态公共性问题,人们还缺乏深入而广泛的关注。

② [美]缪勒:《公共选择理论》,杨春学等译,中国社会科学出版社 1999 年版,第 15 页。

③ G. Hardin,"The Tragedy of the Commons ",Science,Vol. 162,1968,pp. 1243 – 1248.

必然是经济增长与环境污染的孪生共长。美国麻省理工学院教授丹尼斯·米多斯等写于 20 世纪 70 年代的《增长的极限》,就指出要解决经济增长模式给地球和人类自身带来毁灭性灾难的根本途径,就是要改变不科学的经济增长趋势和建立稳定的生态条件①。

　　作为 20 世纪影响最为深远的哲学家,海德格尔晚期对当代社会所谓"进步强制"所带来的时代困局进行了思索。他认为,当代经济的发展和这种发展所需要的构建即"座架"中发现了"进步强制"的存在论性质,认为"座架"的统治也即技术的全面统治。技术的全面统治及其带来的价值虚无,恰恰是我们这个时代的命运,并可能带来人类自身的毁灭。他追问道:"是什么通过规定了整个大地的现实而统治着当今呢? (是)进步强制(Progrssionszwang)。""这一进步强制引起了一种生产强制,后者又与一种对不断更新的需求的强制联系在一起。"进步强制引起了生产强制,而生产强制又与需求的强制联系在一起,带来了西方学者着重批判的"消费社会"。之所以会出现这种情况,原因就在于需求是被强制的,需求不是服从于自身的逻辑,而是服从于外在的强制——资本的强制所带来的"诸强制"。在"经济发展与这种发展所需要的架构"的控制之下,人与自然都成为资本攫取利润的"资源":人被资本构架成"隶属于生产的消费的人",自然被资本强制为"能量库",它"向自然提出蛮横要求,要求自然提供本身能够被开采和贮藏的能量",并"被引入计算性思维之中"。以技术至上和经济发展的至上性表现出来的"进步强制",人类对待自然和人类自身只剩下计算、谋划、促逼的技术的态度,这是人类中心主义的完全展现,它把人从大地上连根拔起并导致"大地的毁灭",人类由此失去了根基。②

　　可见,单纯依靠市场经济的逻辑无法从根本上解决公共物品的供求问题。因为作为公共物品的生态环境与作为经济资源的生态环境之间的矛盾,导致经济增长与环境破坏的孪生共长。

　　矛盾之二:生态环境供给与需求之间的矛盾,即公民生态需求不断提高与相对落后的生态供给能力之间的矛盾。进入小康社会的当代中国,人们已不仅仅满

---

① 参见薛晓源 李惠斌:《生态文明研究前沿报告》,华东师范大学出版社 2007 年版,第 37 - 40 页。

② 参见海德格尔:《晚期海德格尔的三天讨论班纪要》(丁耘编译),《哲学译丛》,2001 年第 3 期。

足于经济民生的需求,而是更加注重生活品位的提升与环境质量的改善,民众对生态环境、生态产品、生态服务、生态行为、生态文化等的需求日益提高。然而,由于整个社会尚未形成满足共同生态利益、追求共同生态价值取向、实现共同生态需求的浓厚氛围;经济发展面临的资源环境压力空前增大,生态环境治理投入不足,生态产业尚未形成规模;地方政府对生态保护的重视程度和生态问题的治理力度也不够,在调控经济社会发展与保护自然环境方面经常自相矛盾。其结果必然是:政府和社会提供生态产品和生态服务的能力相对滞后,满足公民生态需求的能力相对不足,公民不断增长的生态需求与政府和社会的生态供给能力之间不平衡、不匹配。

二、生态民生的重要内涵

生态民生是生态与民生的结合体,其理论依据是人与自然的共生共荣。在马克思看来,人作为"有生命的个人的存在",与自然生态环境之间具有"同构性"与"一体性"。他说:"感性的自然界,对人说来直接的就是人的感性(这是同一个说法),直接地就是另一个对他说来感性地存在着的人。①""人直接地是自然存在物","在实践上,人……把整个自然界——首先作为人的直接的生活资料,其次作为人的生命活动的对象(材料)和工具——变成人的无机的身体。自然界,就它自身不是人的身体而言,是人的无机的身体。人靠自然界来生活。这就是说,自然界是人为了不致死亡而必须与之处于持续不断的交互作用过程的、人的身体。所谓人的肉体生活和精神生活同自然界相联系,不外是说自然界同自身相联系,因为人是自然界的一部分。"②马克思的上述论述,可解读为三层涵义:(1)人是一个与自然界"同构性"的生命存在,在这种同构性关系中,自然界的"先在条件"、"优先地位"始终存在。因此,人必须按照自然规律开展生命活动、参与生态循环,人如何对待自然的问题,实际上是人类如何对待自己的问题;人对于自然环境的责任,原本就是对于人自身存在的责任。(2)人与自然之间的关系状况,主要取决于人类自身,取决于人类的实践活动方式。人类的文明植根于人与自然界的物质变换,这种变换的主导者是人类自身,而不是自然界。在人与自然相互作用的历史

---

① 《马克思恩格斯全集》第42卷,人民出版社1979年版,第128－129页。
② 《马克思恩格斯选集》第1卷,人民出版社1995年版,第45页。

长河中,人类以实践的方式影响和改变着生态环境,改变了的生态环境也影响和制约着人类的生存和发展。所谓"环境的改变和人的活动或自我改变的一致,只能被看作是并合理地理解为革命的实践"①。(3)人与自然之间的物质变换方式,在不同的历史时期由于人类实践活动的能力、范围、性质的不同,呈现出不同的状态,总的趋势是人类变革和改造自然的能力不断增强、范围不断拓展、性质不断复杂。但这并不意味着人类可逐渐摆脱自然环境的制约和影响,也不意味着自然环境对人类社会发展的反作用的减弱,相反,人类对自然环境的作用越强烈,自然环境对人类社会发展的反作用也就越显著。可以说,人类对自然环境的变革作用与自然环境对人类发展的反作用是成正比的。只是这种反作用的时间和范围,既可能与人类的作用同时发生,也可能滞后于人类的作用;既可能与人类的作用产生于同一区域,也可能在更大区域内发生、甚至产生全球性的影响。随着社会发展和科技进步,人类对资源的需要量会日益增加,资源利用所引起的环境变化也会日益扩大,自然生态系统对人类发展的制约和影响也随之呈现出不断加深和加强的趋势,即使未经人类改造过的自在自然、第一自然,也会间接地或潜在地影响和制约着人类发展的进程和人类获得的文明质量。

生态民生就是人们基于当前日益严重的生态危机和环境污染,并直接影响着亿万人民身体健康和生活质量的情势下而被提出来的。严峻的生态危机和环境污染已成为人民群众反映最强烈的社会问题和民生问题之一,直接影响着人民群众的生态权益。从某种意义上说,它甚至已凸显为比经济民生还要更为重大的民生议题。如果说,"经济民生,即以解决温饱问题为重点的民生,主要针对的是'肠胃之饿'",那么,"生态民生则是以解决生态危机影响人的生存和发展的民生,主要针对的是'心肺之患'"②。由于生态环境是人民生存和发展的自然基础,为人民提供生活必需品和日常消费品,直接影响人民的身体健康和生活质量,是国民获得、拥有并持续性地享有幸福生活和幸福感的前提条件,因而构成了最直接、最现实、最普惠和最持续的民生议题。

所谓"生态民生",就是民生问题中的生态层面,或者说生态层面的人民生计,它是相对于经济民生、政治民生、文化民生和社会民生而言的。生态环境是人们

---

① 《马克思恩格斯选集》第 1 卷,人民出版社 1995 年版,第 55 页。
② 方世南:《从生态矛盾的凸显看生态民生的重大价值》,《苏州大学学报》2014 年第 5 期。

赖以生存和发展的基础,民生的最根本要求是生存权和发展权,生态民生就是基于人类生存和发展理念上的生态与民生之有机结合,致力于同人民群众的生产、生活与经济社会发展密切相关的生态文明建设,为人民群众营造良好的生态环境。其核心思想是达到环境保护、经济发展和民生改善之间互利共赢的统一。生态民生范畴不仅为我们指明了社会主义生态文明建设的基本方向,赋予了新时期民生建设的新内涵,为人的全面发展提供了重要条件,而且为我们正确处理好经济建设与生态建设的关系提供了重要的启示。

首先,生态民生是社会主义生态文明建设的基本方向或价值取向。改善民生即改善人民的生活水平和质量是生态文明建设的基本方向,生态文明建设要解决的是人和自然关系和谐相处的问题,最终目的是为了改善人民的生存环境,符合民生为本、民生优先的根本价值取向。由于生态环境状况直接决定着人的生存质量,直接影响着普通民众的幸福感体验的程度,"建设生态文明,是关系人民福祉、关乎民族未来的长远大计",它"从源头上扭转生态环境恶化趋势,为人民创造良好生产生活环境"①。因此,坚持生产发展、生活富裕、生态良好的有机统一和经济、社会、生态效益的有机统一,不断提升生态文明建设的惠民度,是生态文明建设的核心内涵,是将生态文明建设战略真正落到实处。

其次,生态民生赋予了社会主义民生新的内涵。民生改善不仅需要基本物质条件的满足、基本政治权利的保障,同时还要有良好的生存条件或生态环境,保障广大民众的生态权益。生态环境直接关系到人民群众的生存发展权、生命健康权、生态享受权等,相对于就业、教育、医疗、社保等民生问题,让人们喝上干净的水、呼吸清洁的空气、吃上放心的食物是更为迫切的民生权益需要。"人民群众过去是'求温饱',现在是'盼环保'"②。因此,作为生态民生的生态权益赋予了社会主义民生新的内涵。"生态权益"与人的政治权益、经济权益、文化权益、社会权益一样,构成了人的整体性权益系统中的重要组成部分,是直接影响人类社会生存与发展的带有基础性和根本性的重要权益。1972年6月在斯德哥尔摩联合国人类环境会议上通过的《人类环境宣言》中便明确提出:"人类环境的两个方面,即天然和人为的两个方面,对于人类的幸福和对于享受基本人权,甚至生存权利本身,

---

① 胡锦涛:《坚定不移沿着中国特色社会主义道路前进　为全面建成小康社会而奋斗——在中国共产党第十八次全国代表大会上的报告》(2012年11月8日)

② 《十八大以来重要文献选编》(上),中央文献出版社2014年版,第626页。

都是必不可缺少的"，"人类有在过尊严和幸福生活的环境中享受自由、平等和适当生活条件的基本权利，并且负有保护和改善这一代和将来的世世代代的环境的庄严责任"①。建设美丽中国，必须要把实现和维护公民的生态权益放在重要位置，不断改善生态民生，使每个公民都能在地球上体面、有尊严、健康幸福的生活。维护和实现公民的生态权益，也体现了中国共产党执政为民的价值追求。

再次，生态民生有利于提升全体公民共享美丽中国建设成果的公正性，是实现人的全面发展的重要条件。生态民生强调的是人与自然的平等以及人与人之间生存环境和发展基础的平等，强调生态环境和在生态基础上发展的机会，是全体社会成员都可以共享的利益，在更广泛的水平上体现社会公平与正义。生态公平是社会公平的重要基础，维护和实现公民生态权益，是促进人们在平等参与生态文明建设的同时，公正分享生态文明建设成果的有效实践，使"所有人共同享受大家创造出来的福利"，"同等地、愈益丰富地得到生活资料、享受资料、发展和表现一切体力和智力所需的资料"，"结束牺牲一些人的利益来满足另一些人的需要的状况"②。同时，生态环境作为人类实践活动的积极成果，也是人的全面发展的重要条件：良好的生态自然是营造和提升人们生活环境和生活质量的物质前提；良好的生态环境"作为艺术的对象，是人的意识的一部分，是人的精神的无机界，是人必须事先进行加工以便享用和消化的精神食粮"③，优美的生态环境为人们提供了自然美的对象，唤起了人们的审美情趣，并按照美的规律来塑造人，培养人们优美的情操，美化人的心灵世界；优美和谐的生态环境也折射出人类自身良好的心态和本性，而对自然界的过度开发，则表现出了人性的贪婪与狭隘，也给人类的生存和人的全面发展带来了前所未有的危机。

最后，生态民生还给我们正确处理好生态建设与经济建设之间的矛盾关系提供了重要的启示。启示一：与经济建设相比，生态建设的重要性日益凸显。保障和改善民生既要以发达的经济生活为条件，又要以良好的生态环境为保障，经济发展与生态环境是民生建设中的"一体两翼"，缺一不可。但历史的经验告诉我们，"唯 GDP 式"的经济发展往往会以生态环境的破坏为代价，并导致经济建设与生态建设的尖锐矛盾。改革开放 30 多年来，我国经济建设取得了举世瞩目的巨

---

① 参见蔡守秋：《环境权初探》，《中国社会科学》1982 年第 3 期。
② 《马克思恩格斯文集》第 1 卷，人民出版社 2009 年版，第 689、710 页。
③ 《马克思恩格斯选集》第 1 卷，人民出版社 1995 年版，第 45 页。

大成就,全国人民逐步达到了小康生活状态,物质生活和精神文化生活水准都得到了空前提升。但是,经济建设的巨大成就往往以生态环境的破坏为代价。人民群众赖以生存和发展的自然环境或生态系统结构和功能由于人为的不合理开发、利用而引起生态环境恶化和生态系统严重失衡,生态问题已成为最为重要的民生议题,生态民生已成为重大的民生问题。在我国许多经济发达地区,民生问题的重要性已经由经济民生向生态民生发生显著位移。这是由我国经济和社会发展的客观情况决定的,是由目前粗放型的发展方式导致的和当前严峻的生态危机状况引起的。与经济民生相比,生态民生的重要性日趋凸显。启示二:在改善生态民生的过程中,必须处理好生态建设与经济建设之间的平衡关系。既不能像过去一样片面强化对自然界的支配和攫取,一味追求经济效益和眼前利益,造成生态环境的崩溃;也不能为了保持所谓的生态平衡,要求人们消极对待自然或停止改造自然活动,这是一种非历史主义的态度,必然导致历史的大倒退。正确的态度和做法应该是,把发展科学技术和生产力以提高经济发展水平与保护生态环境有机地统一起来,把人类生活需要或民生建设的内在尺度与生态环境规律的外在尺度有机地统一起来。既不能像古代那样人类成为自然界的奴隶,也不能像工业革命以来那样做自然界的敌人,而应该做自然界的朋友,以一种全面的态度和尺度(科学的、道德的、审美的态度和尺度)对待自然界,建立起人与自然界的全面和谐的关系,实现经济、环境、民生共赢,以及经济效益、生态效益和民生效益的统一。启示三:生态民生要求实现人类实践活动的生态化转向。从实践形态上看,人与自然关系在历史上经历了由"敬畏—服从"自然的渔猎型实践活动到"适应—依循"自然的农牧型实践活动再到"需要—征服"自然的工业型实践活动等具体形态。今天,随着生态问题的出现,人类又迫切需要改变以往实践形态而创建一种适应生态化时代需要的新的实践活动形态,即人与自然"和谐—共处"的生态型实践形态。

三、公共环境建设的基本路径

我国长期处于粗放型的经济增长方式,对生态环境造成了严重的污染和破坏,生态恶化、环境透支使发展的可持续性面临严峻考验。与教育医疗、社会保障公共服务发展迅速相比,我国生态环境领域的公共服务需求量大,公众期望高,生态民生甚至已成为比经济民生还要重大的民生问题而映入人们的眼帘。但政府生态公共服务在整体上一直处于一种短缺、低效和低质状态,面临的任务和压力非常艰巨。究其原因主要有:政府职能定位不准确、公共服务体制不顺、机制单一、投入不够、法治不完善、市场发育不完全、社会中介组织不成熟等。因此,加强政府生态公共服务,必须综合治理,我们可按照公共环境服务类型—公共环境建设路径(性质、主体、保障等)的思路加以阐述。

首先,针对公共环境服务的不同类型,可以采取不同的建设路径。生态环境服务的类型可作如下区分:(1)按照人们对生态环境服务的需求,分为生存性和舒适(享受)性的公共环境服务。前者是指公众健康生活不可或缺的生态环境物品供给,如洁净的空气、水,安全的食品、药品等;即使暂时不提供也不会影响公众健康生活的环境物品可称为舒适(享受)性的公共环境服务,例如绿地、公园。在供给能力有限的情况下,政府应当优先满足生存性环境服务,而在条件许可的情况下,可不断提升舒适性环境服务的比重。(2)按照公共性的强弱,可分为纯公共性和准公共性的生态环境服务。前者是指那些完全具有非排他性和非竞争性的环境物品供给,如绿化、空气,纯公共性环境服务一般由政府通过国家财政供给来提供;后者是不具有非竞争性的环境物品供给,如污水处理、环境监测等,准公共性环境服务可以采用市场化的方式来提供。(3)按照政府职责,还可区分为基本和非基本公共环境服务。基本公共环境服务属于保障性的环境服务,是特定社会经济条件下公民所享有公共环境服务的"最低水平"或"最小范围";非基本公共环境服务是指社会条件未能满足全体社会成员普遍享有、在制度上尚未得到承认和保护的环境物品供给。每个国家在不同历史阶段所能实现的基本公共环境服务是不同的,可根据基本国情、经济发展水平和人们的公共需求不断提高和扩大基本公共环境服务的质量和范围,不断满足公众对高层次环境服务的需求。

其次,公共环境服务性质的政治化。"属于所有人的财产就是不属于任何人的财产,这句保守主义的格言在一定程度上是真实的。所有人都可以自由得到的财富将得不到任何人珍惜"①。因其公共物品属性和特质,生态环境往往会被过度使用和被搭便车。就是说,供给不足、过度使用、搭便车等市场失灵问题,是市场经济条件下公共物品供给和需求的痼疾,作为公共物品的生态环境亦不例外。在经济人假定逻辑的强力推演下,伴随着经济高速增长的是一幅全球性生态环境

---

① [美]奥斯特罗姆:《公共事物的治理之道》,余逊达译,上海三联书店2000年版,第12页。

危机的灾难图景,几乎所有发达国家和发展中国家的经济发展之路都难以摆脱"先污染、后治理"的怪圈,就是对现代工业社会一味追求经济增长这一市场经济学铁律遵循的明证。这也表明,单纯依靠市场经济的逻辑是难以解决公共物品供求问题的,公共环境服务和建设的市场选择是无效的。从生态政治学视角看,生态环境不仅仅是一个经济学上的问题,更是一个政治意义上的问题,关系到政治理念、政治路线和方针政策。当前我国出现的生态矛盾,就是与重经济民生而轻生态民生的政治取向或政绩观密切相关。正是生态环境的公共物品属性,构成了"生态环境问题成为一个政治问题"的根本缘由。法国生态学马克思主义者高兹指出,对生态环境问题经济学解决方案的有效拒斥,只能生成于政治和文化的选择中。只有"为正确地诠释人类和自然的关系探索出一种适当的政治形式",才能找到问题的根源与治本之策。① 作为顺应历史潮流和世界潮流的中国共产党,必须牢固地确立绿色执政的理念,从生态政治高度认识生态问题,将生态问题当作重大的政治问题、民生问题、社会问题、文化问题和发展问题,将生态责任纳入自身责任体系中,将切实推进生态文明建设上升到党和国家的政治意志,作为重大的政治实践活动,并融入和渗透到经济建设、政治建设、社会建设以及文化建设等各个方面和各个领域,增强政府生态服务的能力。习近平总书记多次强调,生态兴则文明兴,生态衰则文明衰,既要金山银山,更要绿水青山。"我们不能把加强生态文明建设、加强生态环境保护、提倡绿色低碳生活方式等仅仅作为经济问题。这里面有很大的政治。"②生态型政府的建设过程就是生态民生建设的过程,也是政府获得合法性的过程。

再次,公共环境服务供给主体的多元化。(1)政府。公共环境服务实质上是一种公共资源的分配,它通过提供公共福利设施满足公众的环境需求。政府是生态公共产品的主要供给力量,作为拥有最优社会资本的公共权力组织,政府对生态公共产品的保障与维护、动员全社会力量建立生态合作机制负有不可推卸的责任。针对人民群众日益增长的公共环境服务需求和落后的公共环境服务生产及供给能力之间的矛盾,政府部门理应以惠及全民、平等分配、水平适度为原则,构建以可持续发展和均等化为目标的公共环境服务供给模式,不断满足公众对公共

---

① ［加］莱斯:《自然的控制》,郭峰译,重庆出版社 2007 年版,第 14 页。
② 中央文献研究室编:《习近平关于全面深化改革论述摘编》,中央文献出版社 2014 年版,第 103 页。

环境服务的多样化需求。针对环境服务等公共物品出现的"市场失灵"现象,政府应着力在以下方面履行自己的法定职责:建设环境基础设施,合理配置环境资源,提供稳定可靠的环境产品和环境服务,保证公众健康和环境质量安全,履行好市场监管、公共服务、维护公平正义的社会规则等。(2)私人部门。市场经济能够对资源配置起着基础性乃至决定性的作用,公共环境服务是纯公共性和准公共性的统一,具有公共物品和私人物品的混合性质,这就决定了企业、私人参与市场化的可能性,政府可将部分生态公共服务项目通过多种方式进行民营化市场化改革。为了使政府的生态管理逐步向生态治理转变,推进国家治理体系和治理能力的现代化,尤其要确立和发挥企业的生态责任与治理主体地位。要转变把企业放在与环境保护和生态建设对立面的固有思维,激励和推动企业发展科学技术,改善生产方式和管理模式,提倡低碳循环清洁生产。对那些可以明确界定产权,有足够大的市场和盈利空间的公共环境服务项目,完全可以通过市场化手段吸引私人投资作为服务提供主体,如供水、医疗保健、垃圾处理等。这样,既可以解决财政用于公共服务的不足,也可以提高公共服务的效率。(3)社会组织。社会组织是公众参与环保活动的重要途径,也是连接公众和政府的重要组织载体,致力于环境建设的社会团体能够代替政府承担部分公共环境服务的供给职责。以环境保护为目标的社团组织,按照多元主义的理解,它们能够在竞争中实现公共环境利益的目标。政府需积极推进社团自主性、自治化、组织化的发展,建立政府与社团组织之间的平等合作关系;鼓励和发展民间横向的环境 NGO 组织,实现从监控向培育发展的政策方向转变,并给予相关政策上的支持;促进民间环保组织间的交流与合作。(4)公众参与。在生态资源配置和利益协调方面突出公众参与能力,使得志愿性的公共环境服务供给随着自主治理公民社会的发达越来越广泛;在生态法治保障和监督方面突出公众参与,强化生态文明发展成果的共建共享,提高全社会民众的环保参与和主体意识,提升公众参与的生态治理功能水平。推动公众参与环境保护是党和国家的明确要求。2014 年新修订的《中华人民共和国环境保护法》以及《关于推进环境保护公众参与的指导意见》中,明确要求尊重和保障公众的环境知情权、参与权、表达权和监督权,强调源头参与和全过程参与,提出了"畅通渠道、接受监督,依法有序、理性有效,平等自愿、公益优先"三项环境保护公众参与的基本原则,并提出积极构建全民参与环境保护的社会行动体系,保障公众参与主体的广泛性。总之,政府要充分调动社会组织、企业、公众等多元主体的积极性,发挥各自的功能作用,形成保护生态、合作治理的巨大合力。

最后,加强政府对生态公共服务的监管和绩效评估,实现公共环境服务保障的法制化。政府除了直接提供生态公共服务外,还要履行对生态公共服务的监管职责,构建科学、公平、有效的生态公共服务绩效评估体系和机制。将政府提供生态公共产品的能力与满足群众对生态公共产品需求之间的差距作为考核政府绩效的重要参数指标,并作为政府官员奖惩、提拔问责等的重要依据,不断探索形成以绿色 GDP 为主导的多元复合政绩考核评价体系。这样做,不仅有利于引导各级政府官员树立科学的生态政绩观,而且也能促进政府形成重视生态公共产品供给的体制机制,使生态公共产品内嵌于政府基本职能之中,使政府职能真正转移到提供生态公共产品和公共服务上来,走出经济发展与生态保护不可兼得的怪圈。同时,生态公共产品的有效供给必须有法律制度的保障。必须从制度层面上加大立法和建章建制的力度,加强供给法制保障。通过制定相应的法律、法规来保障私人资本和民间资本进入生态公共产品的供给的合法权益,为生态公共产品的有效供给提供充足的财力支持;通过制定相应的法律、法规来使我国生态公共产品供给相关制度法律化、规范化,对跨区域生态公共产品的供给问题进行合理的引导、有序的规范和科学的管理,保障生态公共产品的供应实现均等化;通过制定公民生态权益保护法和提供生态公共产品的相关法律,使公民环境权益受到侵害或得不到满足时有法可循、可依,切实保障公民的环境权益。

主要参考文献

[1]《马克思恩格斯选集》第 1—4 卷,人民出版社 1995 年版。

[2]《马克思恩格斯全集》第 1、2、3、18、19、20、23、25、40、42、46、47 卷,人民出版社第 1 版。

[3]《马克思恩格斯全集》第 1、2、3、25、30、31、44 卷,人民出版社第 2 版。

[4]《马克思恩格斯文集》第 2、4 卷,人民出版社 2009 年版。

[5] 马克思:《资本论》第 1 卷,人民出版社 1975 年版。

[6] 马克思:《1844 年经济学哲学手稿》,人民出版社 1979 年版,2000 年版。

[7]《列宁选集》第 1—4 卷,人民出版社 1995 年版。

[8]《毛泽东选集》第 1—4 卷,人民出版社 1991 年版。

[9]《邓小平文选》第 1—3 卷,人民出版社 1993 年版。

[10]《孙中山选集》,人民出版社 1981 年版。

[11] 亚里士多德:《政治学》,商务印书馆 1965 年版。

[12] 修昔底德:《伯罗奔尼撒战争史》,商务印书馆 2011 年版。

[13] 莫尔:《乌托邦》,商务印书馆 1982 年版。

[14]《圣西门选集》第 1—2 卷,商务印书馆 1979、1982 年版。

[15]《傅立叶选集》第 1—3 卷,商务印书馆 1979、1982 年版。

[16]《欧文选集》第 1—2 卷,商务印书馆 1979、1981 年版。

[17] 康德:《纯粹理性批判》,商务印书馆 1960 年版。

[18] 康德:《实践理性批判》,商务印书馆 1999 年版。

[19] 康德:《历史理性批判文集》,商务印书馆 1990 年版。

[20] 黑格尔:《法哲学原理》,商务印书馆 1961 年版。

[21] 黑格尔:《精神现象学》(上、下卷),商务印书馆 1979 年版。

[22] 费尔巴哈:《费尔巴哈哲学著作选集》(上、下卷),商务印书馆 1984 年版。

[23]洛克:《政府论》,商务印书馆1964年版。

[24]亚当·斯密:《国富论》,陕西人民出版社2001年版。

[25]卢梭:《论人类不平等的起源和基础》,商务印书馆1962年版。

[26]马克斯·韦伯:《经济与社会》,商务印书馆1997年版。

[27]哈贝马斯:《交往与社会进化》,重庆出版社1989年版。

[28]哈贝马斯:《公共领域的结构转型》,学林出版社1999年版。

[29]海德格尔:《存在与时间》,三联书店1987年版。

[30]阿伦特:《人的条件》,上海人民出版社1999年版。

[31]阿伦特:《马克思与西方政治思想传统》,江苏人民出版社2007年版。

[32]悉尼·胡克:《理性、社会神话和民主》,上海人民出版社2006年版。

[33]莱斯:《自然的控制》,重庆出版社2007年版。

[34]兰德曼:《哲学人类学》,工人出版社1988年版。

[35]戴维·赫尔德:《民主的模式》,中央编译局2004年版。

[36]城塚登:《青年马克思的思想》,求实出版社1988年版。

[37]缪勒:《公共选择理论》,中国社会科学出版社1999年版。

[38]劳尔:《现象学与哲学的危机》,国际文化出成社1988年版。

[49]阿尔蒙德:《发展中的政治经济》,上海译文出版社1993年版。

[40]让·马克夸克:《合法性与政治》,中央编译出版社2002年版。

[41]伯尔基:《马克思主义的起源》,华东师大出版社2007年版。

[42]奥斯特罗姆:《公共事物的治理之道》,上海三联书店2000年版。

[43]詹姆斯·M·布坎南:《自由、市场与国家》,上海三联书店1989年版。

[44]李普塞特:《政治人——政治的社会基础》,上海人民出版社1997年版。

[45]威尔·金里卡:《自由主义、社群与文化》,上海世纪出版集团2005年版。

[46]塞缪尔·亨廷顿:《第三波——20世纪末的民主化浪潮》,上海三联1998年版。

[47]鲍·斯拉文:《被无知侮辱的思想:马克思社会理想的当代解读》,中央编译出版社2006年版。

[48]约瑟夫·斯蒂格利茨:《对我们生活的误测——为什么GDP增长不等于社会进步》,新华出版社2011年版。

[49]罗纳德·英格尔哈特:《现代化与后现代化——43个国家的文化、经济和政治变迁》,社会科学文献出版社2013年版。

[50]汪晖,陈燕谷主编:《文化与公共性》,三联书店1998年版。

[51]徐大同、吴春华:《西方政治思想史》,天津人民出版社2005年版。

[52]谭培文:《马克思主义的利益理论》,人民出版社2002年版。

[53]郭湛:《社会公共性研究》,人民出版社 2009 年版。

[54]杨楹:《马克思生活哲学引论》,人民出版社 2008 年版。

[55]贾英健:《公共性视域——马克思哲学的当代阐释》,人民出版社 2009 年版。

[56]王同新:《马克思恩格斯政府公共性思想与公共服务型政府构建》,中央编译局 2014 年版。

[57]郭湛:《从主体性到公共性——当代中国马克思主义哲学的走向》,《中国社会科学》2008 年第 4 期。

[58]袁祖社:《文化"公共性"理想的复权及其历史性创生——马克思哲学的一种新的解释视域》,《学术界》2005 年第 5 期。

[59]沈湘平:《历史性转折与公共性吁求——马克思主义哲学的视域转换》,《哲学动态》2008 年第 6 期。

[60]贾英健:《公共性的出场与马克思哲学创新的当代视域》,《湖南社会科学》2008 年第 4 期。

[61]韩庆祥等:《中国特色社会主义建设实践的内在逻辑与发展趋向》,《中国社会科学》2012 年第 3 期。

[62]沈湘平:《历史性转折与公共性吁求——马克思主义哲学的视域转换》,《哲学动态》2008 年第 6 期。

[63]张法:《主体性、公民社会、公共性——中国改革开放以来思想史上的三个重要观念》,《社会科学》2010 年第 6 期。

[64]王浦劬:《论中国社会公共政治的形成与实现》,《国家行政学院学报》2010 年第 4 期。

[65]陈学明:《马克思的公平观与社会主义市场经济》,《马克思主义研究》2011 年第 1 期。

[66]任平:《马克思主义交往实践观与主体性问题》,《哲学研究》1991 年第 10 期。

[67]李延明:《什么是国家的本质》,《马克思主义研究》1999 年第 2 期。

[68]哈贝马斯:《公共空间与政治公共领域——我的两个思想主题的生活历史根源》,《哲学动态》2009 年第 6 期。

[69]海德格尔:《晚期海德格尔的三天讨论班纪要》,《哲学译丛》2001 年第 3 期。

[70]岩崎允胤:《文化和人类活动的辩证法》,《哲学研究》1990 年第 2 期。

后　记

本书是教育部人文社会科学规划基金项目《马克思公共性视域中的民生问题研究》(项目编号:11YJA710078)的最终成果。

之所以做这一课题,是基于现实与理论两个方面的考虑。从现实性上说,以保障和改善民生为重点的社会建设,是中国特色社会主义现代化建设实践赋予当下的一项历史任务,体现为经济民生、政治民生、文化民生和生态民生等诸方面的建设内容;从理论上说,作为以马克思主义为指导思想的执政党,每一项重大战略决策和任务的出台,都必须能够作出马克思主义的科学理论阐释,以取得意识形态的合法性。将民生问题置于马克思的公共性视域中进行研究,就是试图寻求现实问题和理论研究的一个结合点,也可以说是以重大的现实问题来推进马克思主义理论研究的一项课题工作。

人们常说,"马克思是我们的同时代人",人类社会至今仍然生活在马克思所阐明的发展规律之中,马克思主义至今仍然占据着人类真理和道德的制高点。但这并不是说,马克思主义的真理性及其当代性是一种现成的或预成的东西,等待我们去拾取,相反,马克思主义的真理性及其当代性,需要我们去艰苦地开掘和深度的研发。就"马克思公共性视域中的民生问题研究"而言,也是如此。在马克思主义经典著述中,并没有对公共性、民生等问题做过集中而系统的论述,但我们采用类似于阿尔都塞的"症候阅读法",以"公共性""民生"为中心,从经典作家主题各异的著述中,依然可以清晰地勾勒出马克思探索公共性和民生问题的的心路历程和基本图景。这里的关键在于,坚持问题导向和当代语境。从某种意义上说,我们是马克思主义的理解者、阐扬者,无论是理解其文本本意还是阐扬其当代意义,都离不开历史与现实、文本意涵与现实生活之间的交流与对话。理解和阐扬总是带有"前见"的,"合法的前见"蕴含着阐释者置身于其中的现实历史境遇和某种预设的"问题视域",这是历史文本生发出"效果历史"的积极因素。

这是我撰写本书的初衷。现在书稿已经完成并即将出版,但心情仍轻松不起来,或许自身的马克思主义理论学养不逮,或许所选论题本身的难度,我在"导言"要求自己对马克思"民生"与"公共性"思想的理论渊源、探索历程,马克思公共性思想的逻辑谱系及其民生意蕴,中国特色社会主义公共民生体系的构建等研究目标,是否已经达到并无把握,正如道说马克思的思想及其当代意义是一个难以言尽的话题一样。

撰写本著的资料来源主要有两个方面:一是对马克思主义经典作家原著的研读和阐发;二是国内外相关问题研究成果的借鉴与吸收。所列注释和参考文献如有疏漏,恳请方家见谅。

在本书出版之际,要特别感谢浙江师范大学马克思主义理论(省一流学科 A 类)负责人郑祥福先生提供的指导和帮助,感谢北京中联华文图书有限公司编辑部张金良主任、范晓虹编辑为本书出版所做的精心努力。最后还要感谢我的爱人陈建红女士和女儿孟珂,她们的关爱使我在艰辛的写作过程中总是洋溢着生活的欢乐。

作　者

2016 年 7 月于浙江师范大学